O ORÇAMENTO E A CONTA GERAL DO ESTADO

O ORÇAMENTO E A CONTA GERAL DO ESTADO

António Gameiro
Belmiro Moita
Nuno Moita

ALMEDINA

O ORÇAMENTO E A CONTA GERAL DO ESTADO

AUTORES
António Gameiro
Belmiro Moita
Nuno Moita

EDITOR
EDIÇÕES ALMEDINA, S.A.
Avenida Emídio Navarro, 81, 3D
3000-151 Coimbra
Tel.: 239 851 904 · Fax: 239 851 901
www.almedina.net · editora@almedina.net

PAGINAÇÃO
EDIÇÕES ALMEDINA, S.A.

DESIGN DE CAPA
EDIÇÕES ALMEDINA, S.A.

IMPRESSÃO E ACABAMENTO
ACD Print, S.A.

Agosto, 2022

DEPÓSITO LEGAL
503006/22

ALMEDINA | GRUPOALMEDINA

BIBLIOTECA NACIONAL DE PORTUGAL – CATALOGAÇÃO NA PUBLICAÇÃO
GAMEIRO, António Ribeiro, 1970- , e outros
O orçamento e a conta geral do Estado / António Gameiro,
Belmiro Moita, Nuno Moita. – 1.ª ed. – (Economia e finanças)
ISBN 978-989-40-0515-5
I – MOITA, Belmiro
II – MOITA, Nuno
CDU 336

ÍNDICE

Prefácio 11

Capítulo 1 **O Orçamento do Estado** 15

1.1 Noção e âmbito do Orçamento 15

1.2 Orçamento de gerência e Orçamento de Exercício 17

1.3 Funções do Orçamento do Estado 18

1.4 Princípios e Regras Orçamentais. A Lei de Enquadramento Orçamental 20

1.4.1 Introdução 20

1.4.2 Princípios e Regras Orçamentais 22

1.4.2.1 Enquadramento 22

1.4.2.2 Análises dos Princípios Orçamentais 23

a) Princípios da Unidade e da Universalidade 23

b) Princípio da Estabilidade Orçamental 23

c) Princípio da sustentabilidade das finanças públicas 24

d) Princípio da solidariedade recíproca 25

e) Princípio da equidade intergeracional 26

f) Princípio da analidade e plurianualidade 27

g) Princípio da não compensação 28

h) Princípio da não consignação 30

i) Princípio da especificação 31

j) Princípio da economia, eficiência e eficácia 33

l) Princípio da Transparência Orçamental 33

1.4.3 As Regras Orçamentais 34

1.4.3.1 Introdução 34

1.4.3.2 As regras gerais 35

a) Regra do saldo orçamental estrutural 35

b) Regra dos excedentes orçamentais 38

c) Regra do desvio significativo 38

d) Regra do mecanismo de correção do desvio 40

e) Regra de situações excecionais 40

f) Acompanhamento do plano de correção e encerramento de desvio significativo 41

g) Regra do limite da dívida pública 42
1.4.3.3 As regras específicas 42
a) Regra dos saldos orçamentais 42
b) Regra dos limites de endividamento 44
1.5 Relações Financeiras entre subsectores 44
2. A União Europeia e Monetária — Introdução 45
2.1 A UEM — União Económica e Monetária 47
2.2 Fases de Implementação da UEM 48
2.3 A Reforma da UEM 53
2.4 Reforma para uma Estabilidade 54
2.5 Uniões soberanas e financeiras 54
2.6 O BCE como *backstop* 55
2.7 As Reformas: fiscal, défice e dívida 56
3. O Orçamento do Estado e o Pacto de Estabilidade e Crescimento (PEC) 59
3.1 A Política Orçamental na UE 59
3.1.1 Enquadramento 59
3.2 O Orçamento da UE 60
3.3 O Pacto de Estabilidade e Crescimento 61
3.3.1 Introdução 61
3.3.2 Críticas e limitações do PEC 62
3.3.3 A evolução recente do Pacto de Estabilidade e Crescimento 64
4. Do PEC ao Saldo Orçamental Global e Estrutural 65
4.1 Introdução 65
4.2 Limitações do Saldo Orçamental Global (SO) 66
4.3 O Saldo Estrutural 67
4.3.1 Definição e cálculo 67
4.4 A Lei de Enquadramento Orçamental e o Saldo Orçamental e Estrutural 68
5. O Pacto de Estabilidade e Crescimento 69
5.1 Introdução 69
5.2 Novas regras de flexibilidade 84

Capítulo 2 **O Processo Orçamental: Elaboração, Discussão e Aprovação do Orçamento. Programas orçamentais** 87
2.1 Introdução 87

2.2 O Processo Orçamental ... 91
2.2.1 Definição ... 91
2.2.2 Primeira Fase do Processo Orçamental ... 91
2.2.3 Segunda Fase do Processo Orçamental ... 94
2.2.3.1 Prazo de Apresentação e votação da proposta de Lei do Orçamento em situações especiais ... 99
2.2.4 Programas Orçamentais ... 100
2.2.4.1 Introdução ... 100
2.2.4.2 Análise dos Programas Orçamentais ... 102
2.2.4.3 Conteúdos dos Orçamentos da Entidade Contabilística do Estado (ECE) ... 105
2.2.4.4 Orçamentos das Entidades Públicas e da Segurança Social ... 106
2.2.4.4.1 Orçamento das Entidades Públicas ... 106
2.2.4.4.2 Orçamento da Segurança Social ... 107

Capítulo 3 **Execução, Controlo e Transparência Orçamental** ... 109
3.1 Introdução ... 109
3.2 A Execução Orçamental ... 110
3.2.1 Das despesas ... 110
3.2.2 Das receitas ... 112
3.3 Unidade de Tesouraria ... 112
3.4 União de Tesouraria da ECE e das Entidades Públicas ... 113
3.5 Execução do Orçamento da Segurança Social ... 114
3.6 As revisões e alterações orçamentais ... 117
3.6.1 As revisões orçamentais ... 117
3.6.2 Alterações Orçamentais da Competência do Governo ... 120
3.7 Orçamento «retificativo» e orçamento «suplementar» ... 121
3.8 Sistema Contabilístico e Documentos de Prestação de Contas ... 121
3.8.1 O Sistema Contabilístico ... 121
3.8.2 Documentos de Prestação de Contas ... 123
3.8.2.1 Da ECE e das entidades públicas ... 123
3.8.2.2 A Conta Geral do Estado ... 123
3.9 Controlo da execução Orçamental, Responsabilidades e Transparência ... 124
3.9.1 O Controlo da execução Orçamental ... 124

3.9.2 Controlo cruzado ... 125
3.9.3 Responsabilidade no âmbito da execução Orçamental e Transparência 126
3.9.3.1 Responsabilidade no âmbito da execução Orçamental ... 126

Capítulo 4 **As Despesas e as Receitas Públicas** ... 133
4.1 As Despesas Públicas ... 133
4.1.1 Enquadramento ... 133
4.1.2 Conceito de despesa pública ... 136
4.1.3 Classificação das despesas públicas ... 137
4.1.3.1 Classificação económica ... 137
4.1.3.2 Classificação doutrinal ... 138
4.1.3.3 Classificação Orçamental ... 139
4.1.4 Efeitos económicos das despesas ... 140
4.2 As Receitas Públicas ... 142
4.2.1 Introdução ... 142
4.2.2 Definição e modalidades de Receitas Públicas ... 143
4.2.3 As receitas Patrimoniais do Estado ... 144
4.2.4 As Receitas creditícias ou empréstimos ... 145
4.2.5 As Receitas tributárias ... 145
4.3 Os Impostos e as Taxas ... 146
4.3.1 Noção de Imposto ... 146
4.3.2 A taxa e o imposto – Situações de fronteira ... 147
4.3.3 O Princípio constitucional da legalidade fiscal ... 149
4.3.4 Classificação dos Impostos ... 152
4.3.4.1 Imposto sobre o rendimento, o património e sobre a despesa 152
A. Impostos sobre o rendimento ... 152
A.1 O Conceito de rendimento – A Teoria da fonte e a Teoria do acréscimo patrimonial ... 152
B. Impostos sobre o património ... 154
C. Impostos sobre o consumo ... 155
C.1 O Imposto sobre o Valor Acrescentado (IVA) ... 155
C.2 Os Impostos Especiais de Consumo (IEC) ... 156
D. Impostos Diretos e Indiretos ... 157
E. Impostos *ad valorem* e impostos específicos ... 158
E.1 Impostos Proporcionais ... 159

E.2 Impostos Progressivos 161
E.2.1 Progressão Contínua 162
E.2.2 Progressão por dedução.................... 163
E.2.3 Progressão por classes 164
E.2.4 Progressão por Escalões.................... 166
E2.5 O imposto regressivo 169
F. A tributação proporcional e a tributação progressiva..... 170
F1. Enquadramento 170
F.2 Tributação Proporcional ou Tributação Progressiva. Que opção?................................ 174
F.3 *The Flat Tax*.................................. 178
4.3.5 Efeitos económicos dos impostos 179
4.3.5.1 Introdução 179
4.3.5.2 Impostos destorcedores e não-destorcedores............... 180
4.3.5.3 Efeito de um aumento dos impostos..................... 181
4.3.5.4 Efeito de uma variação conjunta dos gastos públicos e dos impostos 182
4.4 A Classificação de impostos da OCDE 185
4.5 Os «Momentos da Vida do Imposto» 186
4.6 Sistema Fiscal Português. Breve referência 188

Capítulo 5 **A Conta Geral do Estado**................................. 191
5.1 Nota Introdutória 191
5.2 A Conta Geral do Estado.. 196
5.3 A essência dos destaques e das recomendações 200
5.4 As recomendações e as ênfases: estudo comparado da sua eficácia na última década 202
5.4.1 O Governo e a implementação das ênfases e das recomendações do Tribunal de Contas 223
5.4.2 Análise crítica ao Controlo Político pelo Parlamento............... 225
5.5 Conclusões 228

Bibliografia 233

PREFÁCIO

John Maynard Keynes revolucionou o conceito de Finanças Públicas, uma vez que segundo ele as finanças públicas devem ser utilizadas pelo Estado para atingir objetivos sociais e económicos. Até então as finanças públicas eram apenas vistas na ótica de obtenção de receitas por forma ao Estado fazer face às suas despesas. Esta revolução na forma de abordar as finanças públicas fizeram desta uma área interdisciplinar que, para além dos aspetos contabilísticos, também deverá estudar e analisar os impactos económicos, sociais, assim como ter em conta os equilíbrios políticos e geoestratégicos de cada nação.

Independentemente de como vemos a função do Estado e de como este gere as finanças públicas de um país, o instrumento fundamental das políticas públicas é o Orçamento do Estado. Como referem os autores do presente volume, este é um documento onde estão explicitadas as previsões das receitas e despesas das entidades do subsector do Estado (conquanto não inclui todo o sector público). A palavra-chave é ser uma previsão, ou seja, o Orçamento do Estado para prever as receitas e despesas tem, necessariamente, de supor o ambiente económico subjacente ao mesmo, assim como o impacto que as suas medidas terão sobre a evolução económica e no comportamento dos diversos agentes económicos. Assim, este documento revela-se essencial para todos os atores de uma economia uma vez que permite a estes, com um reduzido custo, obter um enquadramento da evolução do ambiente económico reduzindo a incerteza e facilitando as decisões de investimento por parte das empresas bem como de consumo e/ou poupança por parte das famílias, sobretudo num ambiente tão incerto como o que vivemos hoje, quer devido à emergência climática e à transição para economias de carbono-zero, quer devido aos novos equilíbrios geoestratégicos e económicos a nível global.

Contudo, para além de permitir a redução da incerteza ao enquadrar todo o ambiente económico, o Orçamento do Estado por ser uma lei com carácter de força obrigatória, ser detalhado e ter de ser aprovado pela Assembleia da República e a sua execução ser escrutinada formalmente pelo Tribunal de Contas, e também ser facilmente analisado por qualquer cidadã ou cidadão ao comparar as previsões com a execução, torna-se numa peça chave da confiança no regime político. Este facto é tão mais importante quando se trata de democracias que, nos tempos que correm, são ameaçadas por fenómenos populistas que não respondem aos problemas do século XXI e apenas vendem ilusões.

Por tudo o dito anteriormente, e pelo muito mais que está incluído neste livro, este volume é uma obra essencial para o conhecimento aprofundado da natureza e regras do Orçamento do Estado e da Conta Geral do Estado da República Portuguesa nas suas diversas dimensões: nas funções, nos princípios e objetivos que têm de obedecer e nos processos de elaboração, aprovação e escrutínio. No entanto, os autores, não se limitaram ao contexto nacional e inseriram na sua análise as regras e disciplina orçamental impostas pela União Europeia (EU), quer conectando as diversas dimensões com as regras da UE, como também dedicando uma parte substancial da obra à União Económica e Monetária (UEM) e ao Banco Central Europeu e à sua importância nas regras impostas a cada estado-membro da UEM na elaboração do Orçamento do Estado e na supervisão da sua execução.

Esta preocupação, revelada pelos autores, é tão mais importante uma vez que, como se verificou na crise da dívida pública de inícios da segunda década do séc. XXI, desequilíbrios excessivos nas contas públicas são uma ameaça ao projeto europeu. Desta forma, as regras e a supervisão pelas diversas entidades europeias, sendo limitadoras da ação do Estado, são também garante da credibilidade e confiança do mesmo junto dos agentes económicos aquando da elaboração e execução do Orçamento do Estado.

É também de realçar que esta obra, não perdendo rigor, nem económico, nem jurídico, está escrita de forma acessível e que mesmo questões mais técnicas, como por exemplo o equilíbrio intergeracional e a sustentabilidade de longo prazo das contas públicas, são de fácil perceção e compreensão por um público mais vasto, contribuindo para que a sociedade em geral possa ter um melhor conhecimento do tema abordado.

Em conclusão, os três autores do texto estão assim de parabéns, pela obra rigorosa, bem estruturada e de fácil leitura que nos proporcionam. Contudo, devo uma especial menção ao Professor Belmiro Moita, docente aposentado da Faculdade de Economia da Universidade de Coimbra, que enquanto seu aluno me despertou para a importância das pessoas para além dos números e que a economia pública é mais do que a soma de receitas e despesas, é sobretudo o impacto que estas têm no bem-estar comum.

PEDRO A. CERQUEIRA

Professor Associado com Agregação da Faculdade de Economia da Universidade de Coimbra

Dedicamos à Adelaide, à Mariana, à Helena, à Rosa e ao Tiago

Um agradecimento muito especial à Iola Correia pelo apoio logístico que nos proporcionou.

Capítulo 1
O Orçamento do Estado

1.1 Noção e âmbito do orçamento

O orçamento é um documento em que as despesas e as receitas se encontram previstas ou, melhor dizendo, orçadas, para o período de um ano e competentemente autorizadas.

A referida definição tem em consideração os dois elementos de qualquer orçamento, seja público ou privado: a previsão e a limitação no tempo.

Porém, no que respeita ao Orçamento do Estado, há que ter em atenção a autorização da Assembleia da República, pelo que a maioria dos autores o define do seguinte modo:

Documento apresentado sob a forma de lei, que comporta uma descrição detalhada de todas as receitas e de todas as despesas do Estado[1], proposto pelo Governo e autorizadas pela Assembleia da República, e previstas antecipadamente para o horizonte temporal de um ano.

Sobre a autorização de receitas e despesas públicas para o período de um ano, é, pensamos nós, importante relembrar o que escreveu Teixeira Ribeiro, em *Finanças Públicas* (1997):

> Foi ao cabo de séculos de luta com a realeza que os povos conquistaram o direito de autorizar periodicamente, através dos seus representantes nos parlamentos, as receitas e as despesas do Estado.
>
> Isso sucedeu primeiro na Inglaterra, onde em 1689, com o *Bill of Rights*, se firmou definitivamente o princípio de que os impostos têm de ser consentidos pelos representantes dos que hão de pagar; ao mesmo tempo que no Parlamento se começou a discutir e a votar anualmente uma parte das despesas públicas (as despesas militares). Daí se passou, pouco a pouco, à

---

[1] Como teremos oportunidade de analisar mais tarde, há uma diferença entre modo de prever receitas e despesas. Do lado da receita, o Governo apresenta uma estimativa de cobrança dos impostos, taxas e outras receitas. Do lado da despesa, o Governo fixa um teto máximo de cada rubrica de despesa.

> votação de todas as receitas e de todas as despesas, num processo longo, que só viria a completar-se em 1887.
> Em França foi com a reforma de 89 que se estabeleceram os princípios da autorização dos impostos e das despesas pelo corpo «legislativo»; como foi cá no País com a Revolução liberal, atribuindo a nossa primeira Constituição (Constituição de 1822) competência às cortes para fixar anualmente os impostos e as despesas públicas.
> Quanto ao período financeiro, o orçamento é uma previsão anual. E porquê o período de um ano e não de 11 ou 13 meses?
> Logo se descortina a resposta: porque os indivíduos — dado existir o período natural de um ano, que influencia a agricultura e a indústria, e consequentemente toda a vida económica — referem ao ano a contabilidade das suas empresas. Sendo assim, é lógico que o Estado também refira ao ano a contabilidade da sua organização. Daí a regra da anualidade orçamental.
> No nosso país, o período financeiro é de um ano, como em quase todos os demais, e começa em 1 de Janeiro para terminar em 31 de Dezembro. Quer dizer coincide com o ano civil[2].

E o período orçamental coincide com o ano civil, porque se começasse a vigorar em junho, por exemplo, as obras públicas nele previstas, com as demoras das propostas e concursos de projetos, só podiam iniciar-se mais tarde, provavelmente lá para o fim do ano, vindo a efetuar-se durante o inverno, ou seja, nos meses menos propícios a tarefas executadas ao ar livre. Assim, começando o orçamento a vigorar em janeiro, já as obras públicas se poderão realizar durante a primavera e o verão, que são as melhores estações para tal.

Quanto ao âmbito do Orçamento do Estado, pode afirmar-se que este engloba todas as despesas e receitas das entidades que compõem o subsector Estado, dos serviços e fundos autónomos e da Segurança Social[3]. Ou seja, o orçamento não integra a previsão das receitas e das despesas de todo o sector público, dado não incluir os orçamentos das Administrações Regionais e Locais.

---

[2] A regra da anualidade, como a coincidência com o ano civil, encontra-se tacitamente prescrita na Constituição (ver artigo 106.º da CRP).

[3] A partir de 2023 (inclusive), o Orçamento englobará todas as receitas e despesas das entidades que compõem o subsector da Administração Central e do subsector da Segurança Social, onde o orçamento da administração central integra os orçamentos dos serviços e entidades públicas e da Entidade Contabilística Estado (ECE), que é constituída pelo conjunto das operações contabilísticas da responsabilidade do Estado e integra, designadamente, as receitas gerais, as responsabilidades e os ativos do Estado;

Para maior desenvolvimento acerca da ECE, ver artigo 49.º da nova Lei de Enquadramento Orçamental.

1.2 Orçamento de gerência e Orçamento de exercício

Quando se fala na previsão de receitas e despesas do período orçamental, há que ter em atenção a que tipo de receitas e despesas nos referimos. As receitas a cobrar durante o ano e as despesas a pagar no mesmo período? Ou a receitas e despesas resultantes de créditos a receber ou de dívidas a pagar no período?

No primeiro caso, estamos perante o orçamento de gerência, isto é, aquele em que se preveem as receitas que o Estado irá cobrar e as despesas que irá pagar durante o período financeiro, independentemente do exercício em que se tenham constituído os direitos e obrigações subjacentes. É, portanto, uma previsão de cobranças e de pagamentos.

Quanto à segunda situação, estamos perante o orçamento de exercício, ou seja, aquele em que se preveem as receitas que o Estado irá cobrar e as despesas que irá pagar em virtude dos créditos e das dívidas que irão surgir a seu favor e contra si durante o período financeiro. É, conforme Teixeira Ribeiro, portanto, uma previsão de receitas e de despesas na sua fase inicial de créditos e de dívidas[4].

Do exposto, facilmente se infere que não há coincidência entre os dois orçamentos[5].

Quando os dois orçamentos não coincidem, podendo até haver consideráveis divergências, põe-se um problema de escolha, ou seja: no orçamento deverão prever-se as receitas a cobrar e as despesas que se irão pagar no respetivo período, ou as receitas e despesas cujos créditos e dívidas irão então surgir?

Qualquer das escolhas tem vantagens e inconvenientes.

Assim, se a escolha for o orçamento de exercício, uma despesa com efeitos plurianuais, por exemplo, há de ser prevista no orçamento do ano (o mesmo para os créditos) em que se efetua o contrato. Por isso, num determinado período, o orçamento de exercício permite-nos saber se os montantes de que o Estado se vai tornar credor são ou não suficientes para cobrir as importâncias de que se vai tornar devedor. Dá-nos,

---

[4] Quando analisamos receitas (créditos a receber num determinado momento) e despesas (obrigação de pagar determinado montante em certa data), estamos perante um regime de competência financeira. Temos um pagamento no momento em que se satisfaz a dívida e um recebimento no momento em que é satisfeito o crédito. É a chamada ótica de caixa ou tesouraria.

[5] Por exemplo, se no ano N um contrato de empreitada for de 20 mil euros, mas porque a obra será efetuada em N e N+1, com os gastos de 8000 euros e 12 mil euros, respetivamente. Então como registar a referida empreitada? No orçamento de exercício inscrever-se-á a importância de 20 mil euros, enquanto no orçamento de gerência o montante será de 8000 euros, isto é, só o montante que vai ser executado e pago no ano.

assim, a situação financeira do Estado, o que é uma vantagem. Há, porém, um grande inconveniente: como nem todos os créditos serão cobrados nem todas as dívidas serão pagas até ao fim do período, o orçamento de exercício não nos diz qual será a situação de caixa do Estado.

A situação de caixa dependerá não só das cobranças de créditos e do pagamento de dívidas que nascerão durante o período a que o orçamento diz respeito, mas também da cobrança de créditos e do pagamento de dívidas que nasceram durante os anos anteriores e só naquele virão a ser satisfeitos.

O referido é, sem dúvida, uma grande vantagem do orçamento de gerência, pelo que no sistema português se optou, desde 1930, pelo orçamento de gerência, com uma ligeira concessão ao sistema de exercício, porque na execução se admite o fecho das despesas num período complementar, no ano seguinte.

Esse período é estimado anualmente pelo Decreto-Lei de execução orçamental.

Em síntese, pode afirmar-se que o orçamento de gerência, apesar das suas vantagens e adoção, dificulta a responsabilização de cada Governo pela elaboração e execução dos orçamentos que lhe são imputáveis. É este o principal mérito do orçamento de exercício.

1.3 Funções do Orçamento do Estado

Definido o orçamento e caracterizadas as receitas e as despesas nele consubstanciadas, vamos agora analisar as funções que desempenha, ou seja, para que serve o orçamento.

Tendo presentes as funções de redistribuição de rendimento, de estabilização económica e de afetação dos recursos económicos, ressalta de imediato que o Orçamento do Estado possui, desde logo, funções económicas. Dentro destas funções, este visa não só a racionalidade económica e a eficiência na gestão dos recursos comuns, mas também a definição de políticas sociais para as famílias e políticas de apoio às entidades coletivas, enquadradas num plano financeiro eficaz, o que estrutura e organiza toda a atividade financeira do Estado.

Além das funções económicas, o Orçamento também dá corpo a funções políticas, que destacam o facto de a autorização política que a sua aprovação encerra se materializar numa garantia dos direitos fundamentais e numa garantia de equilíbrio e separação dos poderes entre os diversos órgãos de soberania.

Como afirma Catarino (2014, página 260), é óbvia a relevância destes dois aspectos na estruturação do poder político democrático. Eles garantem o pleno funcionamento das instituições e, em especial, dos órgãos de soberania intervenientes na sua aprovação e execução, e o funcionamento de dois princípios estruturantes que são o da interdependência e o da separação de poderes, para que as legítimas expectativas dos povos não saiam defraudadas.

Além das funções referidas, consideram-se ainda as funções jurídicas, em virtude de o orçamento se constituir, materialmente, como uma lei da República com carácter de força obrigatória.

Este sentido de juridicidade manifesta-se no facto de o orçamento gozar das características da lei, em termos de coercibilidade e generalidade. Tem natureza imperativa, devendo ser observados os ditames por ele estabelecidos em todos os seus aspectos, pelo que tem natureza vinculativa e não meramente orientadora da ação financeira pública.

Mas, como escreve o autor anteriormente referido, o orçamento também possui, no seu contexto jurídico, a assinalada dimensão limitadora dos poderes executivos, a partir do respeito do princípio do consentimento prévio dos povos no lançamento dos tributos. Esta autorização dos povos surge no orçamento com um conteúdo rigoroso que impõe limites, pois só assim garante o respeito pelos valores de utilização racional dos recursos públicos, da utilização dos impostos como instrumento de financiamento e da própria regulação da economia.

As funções jurídicas acham-se desdobradas no facto de a lei ser, a um só tempo, um limite e uma ordem para ser cumprida nos termos em que se encontra estabelecida. De resto, esta característica é reforçada pelo princípio da competência, próprio das relações jurídicas de direito público, nos termos do qual os órgãos do poder público só podem praticar os atos para os quais estejam legalmente habilitados. O orçamento constitui um limite jurídico sobre a ação do poder executivo (Governo) e da Administração Pública, sobre a qual exerce uma função de tutela superior (artigo 182.º da Constituição da República Portuguesa).

Analisadas as funções do orçamento, que são os seus fins, há agora que analisá-lo de acordo com as regras e princípios referidos na Lei de Enquadramento Orçamental, cujo artigo 2.º estabelece quanto ao seu âmbito institucional:

1 – O sector das administrações públicas abrange todos os serviços e entidades dos subsectores da Administração Central, regional, local e da Segurança Social, que não tenham natureza e forma de empresa, de fundação ou de associação públicas;

2 – Sem prejuízo do princípio da independência orçamental, o disposto no título II e nos artigos 44.º e 74.º é aplicável aos subsectores das administrações regional e local com as devidas adaptações, cabendo às respetivas leis de financiamento concretizar os termos «dessa aplicação».

1.4 Princípios e regras orçamentais. A Lei de Enquadramento Orçamental

1.4.1 Introdução

A Lei de Enquadramento Orçamental (LEO) tem por objetivo definir a relação entre a Assembleia da República e o Governo, no que respeita aos poderes orçamentais. Constitui um elemento-chave para a organização, debate, aprovação, execução e controlo do Orçamento do Estado[6], tendo por base os atuais artigos 105.º, 106.º e 107.º da Constituição da República Portuguesa.

Após uma longa evolução — desde 26 de agosto de 1977 —, a LEO tem-se adaptado, quer por imposições internas e externas, quer por fatores exógenos e endógenos, culminando na atual lei 151/2015, de 11 de setembro (atualizada pelas leis nºs 2/2018, 37/2018 e 41/2020, respetivamentey, de 29 de janeiro, 7 de agosto e 18 de agosto) que se aplica a todos os serviços e entidades dos subsectores da Administração Central, regional, local e de Segurança Social, que não tenham natureza e forma de empresa, de fundação ou de associação públicas.

É também uma lei reforçada, em virtude do que nela está disposto prevalecer sobre todas as normas que estabelecem regimes orçamentais particulares que a contrariem[7], nos termos do n.º 3 do artigo 112.º da Constituição.

Para além do referido, a nova Lei de Enquadramento Orçamental introduz, entre outras, as seguintes inovações, de acordo com Miranda Sarmento:

---

[6] Nos termos da Constituição (artigo 106.º, número1), a Lei do Orçamento é elaborada, organizada, votada e executada anualmente, de acordo com a respetiva lei de enquadramento, que incluirá o regime atinente à elaboração e execução dos fundos e serviços autónomos.

Também Gomes Canotilho (2003) refere que a Lei de Enquadramento do Orçamento estabelece as regras e os princípios (não as bases) vinculativos de elaboração, organização, votação e execução da lei do Orçamento.

[7] Acerca das leis reforçadas, ver Blanco de Morais, em Leis Reforçadas (1998). Porém, refira-se que as leis reforçadas são «leis paramétricas», por estabelecerem os parâmetros ou critérios que as outras leis (financeiras) comuns devem respeitar, sob pena de violarem a Constituição.

Em primeiro lugar, simplifica o calendário orçamental, ligando-o às datas-chave do Semestre Europeu. Neste sentido, sugerem-se dois momentos essenciais no ciclo orçamental anual: a realização do Programa de Estabilidade, acompanhado das propostas de grandes opções do Plano e do Quadro Orçamental Plurianual, a 15 de abril, e a entrega à Assembleia da República da proposta de lei do Orçamento do Estado para o ano seguinte, a 1 de outubro (14 de outubro até que a nova LEO não entre em vigor).

Em segundo lugar, contribui para a redução da fragmentação orçamental, aumentando a responsabilidade dos ministérios sectoriais e alterando o papel do Ministério das Finanças na gestão e controlo orçamentais. De sublinhar que o objetivo de redução da fragmentação orçamental exige um cuidado particular em diversos domínios. Refiram-se, a título de exemplo, a definição da despesa que é objeto dos limites plurianuais de despesa, a inclusão na lei do enquadramento de situações excecionais e a permeabilidade de «Cavaleiros Orçamentais»[8], ou seja, medidas legislativas que os Governos incluem na proposta de lei do Orçamento do Estado, apesar de pouco ou nada terem que ver com a matéria em causa, com o objetivo de passarem despercebidas ou permitirem autorizações legislativas vagas.

Em terceiro lugar, assegura que a orçamentação por programas[9] está efetivamente focada na obtenção de resultados, suscetíveis de serem avaliados com recurso a um conjunto de indicadores mais relevantes. Este objetivo visa contribuir para uma alteração de paradigma no funcionamento das administrações públicas, dando um conteúdo concreto quantificável e avaliável ao princípio da economia, eficiência e eficácia[10], aumentando simultaneamente a transparência orçamental.

---

[8] Guilherme Oliveira Martins define «Cavaleiros Orçamentais» como todas as disposições inseridas no orçamento, não financeiras e todas as disposições financeiras de carácter permanente, ou seja, que tenham uma vigência superior ao período orçamental, que no nosso ordenamento é o ano civil.

[9] A orçamentação por Programas compreende a criação de um ciclo plurianual de planeamento, programação, orçamentação, controlo e avaliação do desempenho da atuação do Estado, com vista a garantir aos contribuintes uma melhor aplicação dos seus impostos, contribuindo para uma despesa pública que maximize os efeitos socioeconómicos (*outcomes*) capazes de melhorar o seu nível de bem-estar, ou seja, potenciar o *value-for-money* (utilidade retirada de cada compra ou gasto público) dos cidadãos. A orçamentação por programas releva não o meio (a dotação orçamental), mas sim o fim, o objetivo. Por isso, os orçamentos por programas são designados por *performance budget*.

[10] Economia: minimizar os custos dos *inputs* utilizados no desenvolvimento de determinada atividade.

Eficiência: relação entre os *outputs* de um serviço ou atividade e a quantidade ou valor dos *inputs* consumidos para gerar esses *outputs*.

Eficácia: conexão entre os *outputs* e os objetivos da organização, ou seja, o grau de êxito ou de fracasso na consecução dos objetivos.

De notar que o sucesso desta orientação condiciona, em larga medida, a redefinição do papel do Ministério das Finanças e dos ministérios sectoriais ao longo de todo o ciclo orçamental.

Por último, em matéria de contabilidade, e de acordo com o relatório relativo à 11.ª revisão do Programa de Assistência Económica e Financeira (Comissão Europeia, 2014), relativamente às reformas orçamentais estruturais, é necessário criar, no âmbito do Ministério das Finanças, através da Direção-Geral do Orçamento, uma área de Contabilidade e Relato, visando melhorar o relato e a monitorização dos fluxos de caixa e económicos, reconhecendo e mensurando ativos, passivos, rendimentos, gastos, despesas, receitas, pagamentos e recebimentos[11], o que aproxima a Contabilidade Pública (assente na ótica de Caixa) à Contabilidade Nacional (ótica de acréscimo).

Refira-se, por um lado, que a nova LEO ressalva a autonomia administrativa e financeira das instituições de ensino superior públicas e das suas unidades orgânicas (ver artigo 5.º do anexo da nova Lei de Enquadramento). Por outro lado, de acordo com o número 1 do artigo 4.º da LEO, é criada a Unidade de Implementação da Lei de Enquadramento Orçamental, que tem por missão assegurar a implementação da LEO nas dimensões jurídicas, técnica, comunicacional, informática e de controlo, de forma a proporcionar ao Estado e aos seus serviços e organismos maior eficácia das políticas públicas numa lógica de resultados.

1.4.2 Princípios e regras orçamentais

1.4.2.1 Enquadramento

Embora alguns autores falem somente em regras[12] orçamentais, caso de Teixeira Ribeiro, há outros que referem regras e princípios orçamentais, mas sem os distinguir,

---

É através dos três E (economia, eficiência e eficácia) que é tratada a chamada *accountability*, que implica não só uma obrigação (responsabilidade), mas essencialmente a obrigação de responder pelas ações e resultados das ações.

[11] Ativos e Passivos: a sua comparação permite calcular o Património Líquido. Rendimentos e Gastos: ótica económica, o que permite o cálculo dos resultados. Receitas e Despesas: ótica financeira, o que permite verificar os créditos e as dívidas. Recebimentos e Pagamentos: ótica de caixa ou de tesouraria, o que permite a determinação do saldo de tesouraria.

[12] Segundo Sousa Franco, ao falar-se de regras, tem-se em vista designar diretivas que, assumindo um teor programático, tendencial ou meramente técnico, podem sofrer limitações mais ou menos extensas; os princípios representam princípios substanciais ou essenciais. Uns e outros poderiam, obviamente, ser

como faz o atual Anexo à LEO, que consagra quer princípios (Capítulo II, do Título II) quer regras orçamentais (Capítulo III, do Título II), pelo que vamos desenvolver, por um lado, os princípios orçamentais e, por outro, as regras. Isto é, vamos distinguir os princípios das regras orçamentais.

1.4.2.2 Análise dos princípios orçamentais

Os artigos 9.º a 19.º da Lei 151/2015 enumeram e explicitam os princípios orçamentais que regem a política orçamental. São eles os seguintes:

a) Princípio da unidade e da universalidade

Este princípio, também referido como da plenitude, diz-nos que apenas existe um orçamento ao nível do Estado (princípio da unidade) e que esse orçamento contempla todas as receitas e todas as despesas, quer da Administração Central[13], quer da Segurança Social (princípio da universalidade). Ou seja, o referido princípio prevê a existência de «um só orçamento e tudo no orçamento», o que tem por objetivo evitar a existência de receitas e despesas que escapem à autorização parlamentar e ao controlo orçamental, como, por exemplo, impedir a existência de desorçamentação[14].

Os orçamentos das regiões autónomas e das autarquias locais são independentes do Orçamento do Estado e compreendem todas as receitas e despesas das administrações regional e local, respetivamente.

b) Princípio da estabilidade orçamental

O sector das administrações públicas, incluindo todas as entidades e serviços que o integram, está sujeito, na aprovação e execução dos respetivos orçamentos, ao princípio

---

violados ou afastados em cada caso concreto, sendo os princípios substanciais e as regras meramente formais. Designamos todos por regras, embora as substanciais e mais importantes (ainda que violáveis ou «afastáveis» na prática) possam, com vantagem, ser designadas por princípios.

[13] Não são englobados os serviços e entidades que tenham natureza e forma de empresa, de fundação ou de associação pública.

[14] Desorçamentação: de acordo com o Conselho de Finanças Públicas, a desorçamentação é o processo pelo qual parte das despesas e das receitas que antes eram objeto de relevação orçamental passam a estar na esfera de entidades fora do âmbito das Administrações Públicas, não ficando, por isso, sujeitas ao controlo financeiro da execução do Orçamento do Estado. A desorçamentação não é necessariamente negativa, podendo resultar da necessidade de adoção de formas modernas, flexíveis e autónomas de gestão, bem como de objetivos de descentralização, racionalidade e eficácia económicas. Constituem exemplos: a empresarialização de serviços do Estado, a criação de fundações e as parcerias público-privadas.

da estabilidade orçamental, que consiste numa situação de equilíbrio ou excedente orçamental. Está em causa, para este efeito, fundamentalmente a noção de saldo global.

Porém, enquanto o equilíbrio respeita ao primeiro momento da «vida» do orçamento (a sua organização), a estabilidade projeta-se durante a fase de execução. Ela é, na verdade, um princípio de execução orçamental.

Refira-se, ainda, que a concretização do princípio da estabilidade depende do cumprimento das regras orçamentais numéricas[15] estabelecidas no Capítulo III, Título II, da LEO, sem prejuízo das regras previstas nas leis de financiamento regional e local.

O artigo em análise é complementado pelo artigo 11.º, que define o conceito de sustentabilidade das finanças públicas, bem como pelos princípios da transparência e solidariedade recíproca.

c) Princípio da sustentabilidade das finanças públicas

Entende-se por sustentabilidade a capacidade de financiar todos os compromissos, assumidos ou a assumir, com respeito pela regra do saldo orçamental estrutural e da dívida pública[16], conforme estabelecido na presente lei.

Acrescente-se que para uma análise da sustentabilidade, é necessário definir um horizonte temporal, geralmente de 20 ou 50 anos, para o qual se estima a evolução dos dados relevantes: dívida pública, taxa de juro, taxa do crescimento do PIB e saldo orçamental primário[17].

---

[15] De acordo com Nazaré Costa Cabral, em Estudos de Homenagem ao Prof. Doutor Jorge Miranda, Faculdade de Direito de Lisboa, as regras orçamentais podem ser de dois tipos: de natureza procedimental, ou seja, regulam os procedimentos e o papel dos autores no processo orçamental; e de natureza quantitativa/numérica, isto é, fixam objetivos quantitativos específicos para um determinado agregado (défice, dívida pública, despesa, etc.).

[16] Há quem defina sustentabilidade das finanças públicas como a capacidade para honrar ao longo do tempo as obrigações decorrentes da dívida pública. Por isso, o conceito de dívida pública é crítico, em qualquer análise de sustentabilidade das Finanças Públicas. Dado que são análises a 50 anos (ou mais), o conceito de dívida pública tem de ser abrangente, incluindo não apenas a dívida pública direta (reconhecida pelos critérios das contas nacionais, ou seja, dívida financeira), mas também a dívida pública indireta (todas as obrigações e passivos contingentes, haja ou não um contrato em forma legal, tais como dívidas a fornecedores, encargos futuros com as PPP e concessões, garantias dadas a entidades fora do sector das Administrações Públicas, mas também os défices futuros da Segurança Social (Freitas Pereira, Capítulo 11, do livro Finanças Públicas da União Europeia, com coordenação de Ricardo Catarino e José F. Tavares).

[17] Como o Saldo Global = Receita − Despesa, então

Saldo Primário = Receita − (Despesa − Juros)
=Receita − Despesa + Juros
=Saldo Global + Juros

Relacionando os referidos dados, é possível chegar-se à seguinte expressão:

$$d_0 = \sum_{t=1}^{\infty} \left(\frac{1+g}{1+r}\right)^t s_t$$

D0 — a representar o montante da dívida acumulada;
St — o excedente orçamental primário (ou défice orçamental primário);
y_t — taxas de crescimento do PIB; e
r_t — taxas de juro.

Da análise da referida expressão, verifica-se que, para haver sustentabilidade, é necessário que o valor atual dos futuros excedentes primários orçamentais em percentagem do PIB iguale o nível presente do rácio dívida pública em termos de PIB.

Para terminar, refira-se que o princípio em análise abrange todos os momentos do ciclo orçamental, da aprovação à execução, não bastando o mero respeito formal, mas uma evidência percetível e coerente no plano substancial.

d) O princípio da solidariedade recíproca

O artigo em análise (12.º da LEO) estabelece o princípio da solidariedade recíproca, ou seja, obriga todos os subsectores, através dos respetivos serviços e entidades, a contribuírem proporcionalmente para a realização da estabilidade referida no artigo 10.º e para o cumprimento da legislação europeia no domínio da política orçamental e das finanças públicas. Isto é, assume-se como princípio orçamental de que o Estado é unitário, e que nenhuma entidade pública pode eximir-se da responsabilidade de sustentabilidade das Finanças Públicas e de boas práticas administrativas.

Do referido, infere-se que o princípio da solidariedade recíproca obriga todos os subsectores a contribuírem proporcionalmente para a estabilidade orçamental, em que todos os subsectores devem apresentar um equilíbrio, ou mesmo um excedente orçamental, em sede de orçamento, bem como contribuírem para o cumprimento da legislação europeia no domínio da política orçamental e das finanças públicas.

Para alguns autores, a autonomia financeira das Regiões Autónomas e das Autarquias locais fica tolhida, no atual quadro legislativo aplicável, perante as exigências de solidariedade recíproca.

Quanto ao Saldo Primário Corrente, tem-se:
Saldo Primário Corrente = Receita − Despesa + Juros + Investimentos
= Saldo Global + Juros + Investimentos

Conclui o artigo 12.º que as medidas que venham a ser implementadas no seu âmbito são enviadas ao Conselho de Acompanhamento das Políticas Financeiras e ao Conselho de Coordenação Financeira, e devem constar da síntese de execução orçamental do mês a que respeitam.

e) Princípio da equidade intergeracional

De acordo com o artigo 13.º, a atividade financeira do sector das administrações públicas está subordinada ao princípio da equidade na distribuição dos benefícios e custos entre gerações, de modo a não onerar excessivamente as gerações futuras, salvaguardando as suas legítimas expectativas através de uma distribuição equilibrada dos custos pelos vários orçamentos, num quadro plurianual[18], ponderação de responsabilidades plurianuais, como as referidas no seu n.º 3, das quais destacamos os encargos explícitos e implícitos em parcerias público-privadas (PPP), concessões, pensões de velhice e das necessidades de financiamento das entidades do sector empresarial do Estado.

Os investimentos públicos são um bom exemplo deste princípio.

---

[18] Guilherme d'Oliveira Martins *et al.* (2007) referem o seguinte:

«A adoção de uma ótica de compromissos, perspetivada em termos plurianuais, na elaboração do orçamento irá, de certa forma, permitir que, no longo prazo, o montante de empréstimos contraídos seja compensado, *caeteris paribus*, por um aumento de poupança total de acordo com a Equivalência Ricardiana* (ideia avançada pelo norte-americano Richard Barro, da Universidade de Harvard), permitindo, assim, que o nível das taxas de juro se mantenha no mercado dos fundos mutáveis. Acrescenta, porém, que é estranho que o legislador tenha consagrado expressamente este princípio sem considerar que o sistema orçamental que vigora no ordenamento financeiro português seja o do orçamento de gerência, com uma certa concessão para o orçamento de exercício, no período complementar (até determinada data do ano seguinte). De facto, assumir que a inscrição de verbas depende da efetivação das mesmas, mesmo que isso represente transparência quanto à situação de tesouraria parece menorizar os compromissos assumidos por um determinado Governo, dificultando, assim, a responsabilização a cada Executivo pela execução e elaboração dos orçamentos que lhe são imputáveis. Ou seja, o sistema de gerência permite que as gerações seguintes suportem os custos criados por uma geração anterior- opondo-se, assim, em termos concetuais, à equidade na distribuição de benefícios e custos».

Essas críticas serão bastante atenuadas se a Contabilidade Pública estiver organizada e aplicada, pois nas demonstrações financeiras há o Balanço, que nos dá, em cada ano económico, os direitos e obrigações de cada serviço ou fundo, mas também o de todo o sector público administrativo através de contas consolidadas.

*A Equivalência Ricardiana, muito simplificadamente, argumenta que a dívida pública e os impostos do tipo *lump sum* (ou de montante fixo, por exemplo, o *poll tax*) são formas equivalentes de financiar um determinado nível de despesas públicas.

f) Princípio da anualidade e plurianualidade

O princípio da anualidade (consagrado no artigo 106.º, n.º 1, da Constituição da República) estabelece que o exercício orçamental é anual, coincidindo o exercício com o ano civil, mesmo nos casos em que o Orçamento do Estado seja entregue já com o ano a decorrer.

Refira-se que o princípio da anualidade, segundo afirma Oliveira Martins (2007), envolve uma dupla exigência: votação anual do orçamento pelo Parlamento e execução anual pelo Governo e Administração Pública. Porém, o princípio em análise também estabelece a regra da plurianualidade, dado que determina que os orçamentos dos serviços e das entidades que compõem os subsectores da Administração Central e da Segurança Social integram os programas orçamentais, que são enquadrados pela Lei das Grandes Opções, em matéria de planeamento, e pela Programação Orçamental Plurianual. Ou seja, a elaboração dos orçamentos deve ser enquadrada na perspetiva plurianual que for determinada pelas exigências da estabilidade financeira e pelas resultantes das obrigações decorrentes do Tratado da União Europeia. Refira-se, contudo, que os mapas plurianuais do Orçamento, no que se refere às verbas para os anos futuros, são meramente indicativos. As verbas incluídas nesses mapas, e que digam respeito aos próximos anos, apenas são válidas se, naturalmente, forem inscritas no respetivo Orçamento. De outra forma, não teriam cabimento orçamental e não poderiam ser executadas. Porém, os quadros plurianuais fixam, para o período de programação em causa, limites máximos para a despesa agregada e, bem assim, para a despesa em cada sector ou área funcional.

De acordo com Catarino (2014), o enquadramento plurianual é resultante das crescentes políticas plurianuais, que requerem financiamento plurianual, atenuando a regra da anualidade orçamental, até porque as políticas de médio e longo prazo são, afinal, um pressuposto do planeamento económico. Com isso, elas chamam a atenção para a circunstância de os entes públicos prosseguirem objetivos estruturais de médio e longo prazo, de existirem planos em que se definem as políticas de longo prazo e os imperativos do sector público, bem como as correspondentes responsabilidades financeiras que extravasam, em muito, os limites temporais do ano civil.

Contudo, estabelece o n.º 4 do artigo 14.º que a existência de um período complementar[19] de execução orçamental, nos termos do decreto-lei de execução orçamental, não viola o princípio da anualidade.

---

[19] Embora vigore o sistema do orçamento de gerência, admite-se o fecho da execução orçamental das despesas num período complementar: até determinado dia de um mês do ano seguinte (por norma

Porquê o período de um ano? O princípio da anualidade justifica-se pelo período de um ano, que em Portugal, como já referimos, coincide com o ano civil, por permitir, por um lado, um controlo mais adequado e regular. Por outro lado, é o período mais natural em termos de referência económica, pois caso fosse um período mais longo, provavelmente tornaria muitas medidas obsoletas ou pelo menos desfasadas da realidade.

Refira-se, porém, que há alguns países que optaram por um ano económico e orçamental distinto do ano civil. É o caso, por exemplo, do Reino Unido, onde o ano orçamental começa a 1 de abril, e dos Estados Unidos, que começa a 1 de outubro.

g) Princípio da não compensação

O princípio da não compensação (ou do orçamento bruto) estabelece que todas as receitas são inscritas no Orçamento do Estado pela importância integral em que foram avaliadas, sem dedução alguma para encargos de cobrança ou de qualquer outra natureza, e que todas as despesas são inscritas pela sua importância bruta, sem dedução de qualquer espécie, permitindo, porém, o n.º 3 do artigo em análise (artigo 15.º) as seguintes exceções:

a) As operações relativas a ativos financeiros;
b) As operações de gestão da dívida pública direta do Estado, que são inscritas nos respetivos programas orçamentais, nos seguintes termos:
   1. As despesas decorrentes de operações de derivados financeiros são deduzidas das receitas obtidas com as mesmas operações, sendo o respetivo saldo sempre inscrito como despesa;
   2. As receitas de juros resultantes de operações associadas à emissão de dívida pública direta do Estado e/ou à gestão da Tesouraria do Estado são abatidas às despesas da mesma natureza;
   3. As receitas de juros resultantes de operações associadas à aplicação dos excedentes de Tesouraria do Estado, assim como as associadas aos adiantamentos de tesouraria, são abatidas às despesas com juros da dívida pública direta do Estado;

---

janeiro) àquele a que respeita. Este período tem uma duração variável e é estipulado anualmente pelo Decreto-Lei de Execução Orçamental. O referido sistema de contabilização aproxima-se do orçamento de exercício, como já foi referido.

4. As receitas de juros resultantes de operações ativas da Direção-Geral do Tesouro e Finanças são abatidas às despesas com juros da dívida pública direta ao Estado.

Quanto à importância integral das receitas tributárias, corresponde, nos termos do n.º 2 do artigo supracitado, à previsão do montante que, depois de abatidas as estimativas das receitas cessantes em virtude de benefícios tributários e os montantes estimados para reembolso e restituições, é efetivamente cobrado.

No que respeita à inscrição orçamental dos fluxos financeiros decorrentes de operações associadas à gestão de carteira de ativos dos fundos sob administração do Instituto de Gestão dos Fundos de Capitalização da Segurança Social, I.P., é efetuada de acordo com as regras estabelecidas no n.º 4 do artigo em análise, que são as abaixo referidas:

a) As receitas obtidas em operações de derivados financeiros são deduzidas das despesas correntes das mesmas operações, sendo o respetivo saldo sempre inscrito como receita;
b) Os juros recebidos de títulos de dívida são deduzidos dos juros corridos pagos na aquisição do mesmo género de valores, sendo o respetivo saldo sempre inscrito como receita.

Acrescente-se, contudo, que o disposto nos números anteriores não prejudica o registo contabilístico individualizado de todos os fluxos financeiros, ainda que meramente escriturais, associados às operações nelas referidas.

Para terminarmos, é de referir que há autores que defendem, como Oliveira Martins *et al.* (2007), que o Orçamento bruto é uma consequência da regra da universalidade, visto que as receitas e as despesas devem ser inscritas pela importância integral sem dedução alguma. Mas há outros que consideram a universalidade corolário do orçamento bruto, como, por exemplo, Teixeira Ribeiro, que, em *Finanças Públicas*, escreveu:

Consideramos a universalidade corolário do orçamento bruto, e não esta daquela, pela razão de que só no caso de ser preferido o orçamento líquido se compreenderia que a orçamentação não fosse universal, não fosse de todas as receitas e despesas. Quer dizer: uma vez que a lei obriga o Estado a ter Orçamento e, portanto, a prever as suas receitas e despesas, naturalmente que o obriga a prever, em globo ou especificadamente, todas as receitas e despesas, a menos que o orçamento ou os orçamentos não sejam brutos, mas líquidos. Por conseguinte, o Orçamento do Estado só não é universal quando se viola a regra do orçamento bruto; é pois, a não violação desta regra (não compensação) que assegura a universalidade.

h) Princípio da não consignação

Além dos princípios do orçamento bruto e da universalidade, as despesas e as receitas devem ainda obedecer ao princípio da não consignação, segundo o qual as receitas devem ser indiscriminadamente destinadas à cobertura das despesas, e não quaisquer receitas afetadas à cobertura de despesas em especial. Ou seja, a totalidade das receitas do orçamento deve servir para financiar a totalidade das suas despesas[20]. Porém, o n.º 2 do artigo em análise (artigo 16.º) prevê algumas exceções:

— As receitas de reprivatizações;
— As receitas relativas aos recursos próprios comunitários tradicionais;
— As receitas afetas ao financiamento da Segurança Social e dos seus diferentes sistemas e subsistemas, nos termos legais;
— As receitas que correspondam a transferências provenientes da União Europeia e de Organizações internacionais;
— As receitas provenientes de subsídios, donativos e legados de particulares, que, por vontade destes, devam ser afetados à cobertura de determinadas despesas;
— As receitas que sejam, por razão especial, afetas a determinadas despesas por expressa estatuição legal ou contratual. Estas consignações têm carácter excecional e temporário.

Todavia, como refere G. Waldemar d'Oliveira Martins (2009), para haver consignação, há que cumprir dois requisitos: deverão, por um lado, ter lugar no mesmo património administrativo e, por outro lado, deverão cobrir uma despesa ou um grupo de despesas (do Estado ou de um qualquer serviço público) — daí falar-se em despesa com compensação em receita.

Em síntese, pode dizer-se que há um alargado conjunto de circunstâncias em que, por um lado, a consignação é admitida, o que obriga ao duplo cabimento, isto é, situa-

[20] Este princípio determina a centralização pelo Tesouro dos recursos financeiros do Estado (contribuindo para a unidade de Tesouraria do Estado), evitando que algumas entidades públicas possam ter uma receita mínima garantida, de forma prévia e automática, sem ter de «lutar à mesa do Orçamento» pelas suas verbas.

ções em que certas despesas só podem ser efetuadas se forem cobradas receitas que as permitam cobrir.

Por outro lado, as exceções que se têm vindo a verificar criam modificações significativas na robustez do princípio e do seu valor, o que implica perda da ideia de solidariedade financeira que assistiu à sua consagração. Solidariedade que é quebrada quando alguns órgãos ou departamentos possuem receita consignada, desligando-se, assim, das dificuldades orçamentais ou financeiras do Estado de que fazem parte, apesar de as receitas que sejam, por razão especial, afetas a determinadas despesas por expressa estatuição legal ou contratual terem carácter excecional e temporário.

i) Princípio da especificação

Este princípio é regulado pelo artigo 17.º, que estabelece:

As despesas são estruturadas por programas, por fonte de financiamento e por classificadores orgânico, funcional e económico.

Quanto às receitas, são especificadas por classificador económico e por fonte de financiamento.

Do exposto, verifica-se que este princípio determina, assim, que as receitas e despesas inscritas no Orçamento do Estado devem ser convenientemente discriminadas e individualizadas[21], para que qualquer utilizador dessa informação possa conhecer a sua origem e destino.

Saliente-se, ainda, que o n.º 3 do artigo supracitado refere:

São nulos os créditos orçamentais que possibilitem a existência de dotações para utilização confidencial ou para fundos secretos, sem prejuízo dos regimes especiais legalmente previstos de utilização de verbas que excecionalmente se justifiquem por razões de segurança nacional, autorizados pela Assembleia da República, sob proposta do Governo.

Estes critérios de classificação têm, nomeadamente, as seguintes vantagens:

---

[21] Para o Tribunal Constitucional, a especificação deve ser mais rigorosa quanto às despesas, uma vez que «a sua maior ou menor especificação (...) diminuirá ou aumentará, no plano dos gastos, a margem de discricionariedade do Executivo, que, de qualquer modo, sempre estará limitado pelo princípio de que as dotações orçamentais hão de constituir o limite máximo a utilizar na realização das despesas". Não se verifica a mesma preocupação quanto à especificação da receita, uma vez que a mesma, " diferentemente do que sucede com as despesas (...) é desprovida de consequências jurídicas de qualquer ordem, pelo menos para o Estado. Assim é que, por exemplo, a cobrança de receitas pode ser efetuada mesmo para além do montante inscrito.» Oliveira Martins *et al.* (2007).

— permitem efetuar comparações intertemporais de prioridades políticas e as suas realizações, comparando-se as escolhas de sucessivos governos;
— garantem uma maior transparência do Orçamento do Estado;
— tornam mais eficaz a execução da despesa e o controlo dessa execução;
— evitam a existência de dotações secretas duvidosas;
— permitem uma mais fácil avaliação e o controlo político das decisões do Governo, por parte da Assembleia da República.

Para terminar, refira-se que, para o cabal cumprimento da regra da especificação, há que ter em atenção as seguintes três classificações:

— Classificação económica: para as receitas e para as despesas, e divididas em duas categorias:
  Receitas e Despesas Correntes; e Receitas e Despesas de Capital
— Classificação orgânica das despesas
  Esta classificação identifica as despesas por cinco níveis orgânicos: Ministério; Secretaria de Estado; Capítulo; Divisão; e Subdivisão
— Classificação funcional das despesas, segue o esquema adotado pelo Fundo Monetário Internacional, dividindo as despesas em quatro funções:

1. Funções Gerais de soberania, constituídas pelo conjunto de funções que compreendem as atividades da administração
2. Funções sociais. Estas funções abrangem serviços que estão diretamente relacionados com os cidadãos e com a satisfação das suas necessidades. Diz respeito, nomeadamente, a áreas como a educação, a Segurança Social, a saúde e a habitação.
3. Funções económicas. As que estão diretamente relacionadas com as despesas para o desenvolvimento económico do país, a correção de assimetrias regionais e locais e do turismo.
4. Outras funções. Abrange as despesas que, pela sua natureza, não se integram em qualquer uma das funções anteriores. São exemplos as operações da dívida pública e das transferências entre administrações.

Acrescente-se, ainda, que a classificação funcional é feita através de um código de três dígitos, representando três níveis.

O primeiro nível (primeiro dígito) estabelece a categoria do grupo de funções, o objetivo geral, a grande função das despesas.

O segundo nível (segundo dígito) define a função (ou grupo de subfunções), ou mais concretamente os meios através dos quais se atingem os objetivos, ou as grandes funções.

O terceiro nível (terceiro dígito) designa a subfunção, a composição ou conteúdo das funções.

j) Princípio da economia, eficiência e eficácia

Este princípio estabelece que a realização de despesas pelos serviços e pelas entidades pertencentes aos subsectores que constituem o sector de Administração Pública estão sujeitas ao princípio da economia, eficiência e eficácia, consistindo:

Economia — utilização mínima de recursos que assegurem os adequados padrões de qualidade do serviço público;

Eficiência — a eficiência técnica (não de Pareto) pode ser vista como a minimização de recursos (*inputs*) para alcançar um dado nível de resultado (*outputs*) ou, inversamente, como a maximização de resultados para um dado nível de *inputs*,

Refira-se que ganhos na eficiência técnica permitem libertar recursos que podem ser aplicados para reduzir a despesa pública ou para a manter com maior oferta de bens públicos (função afetação) ou com maiores benefícios sociais (função redistribuição).

Eficácia — utilização dos recursos mais adequados para atingir o resultado que se pretende alcançar.

O n.º 3 do artigo em análise (artigo 18.º) estabelece também que a avaliação da economia, da eficiência e da eficácia de investimentos públicos que envolvam montantes totais superiores a cinco milhões de euros deve incluir, sempre que possível, as estimativas das suas incidências orçamental e financeira líquidas ano a ano e em termos globais.

l) Princípio da Transparência Orçamental

O referido princípio implica a disponibilização de informação sobre a implementação e a execução dos programas, objetivos da política orçamental, orçamentos e contas do sector das administrações públicas, por subsector. A informação disponibilizada deve ser fiável, completa, atualizada, compreensível e comparável internacionalmente, de modo a permitir avaliar com precisão a posição financeira do sector das administrações públicas e os custos e benefícios das suas atividades, incluindo as suas consequências económicas e sociais, presentes e futuras.

O princípio em análise inclui: o dever de informação pelo Governo à Assembleia da República, no quadro dos poderes de fiscalização orçamental que a esta competem; o dever de informação financeira entre os subsectores e o dever de disponibilização de informação à entidade com competência de acompanhamento e controlo da execução orçamental, nos termos e prazos a definir no decreto-lei de execução orçamental.

1.4.3 As regras Orçamentais

1.4.3.1 Introdução

A nova lei de enquadramento Orçamental[22] transpôs para o processo orçamental as normas europeias constantes no Tratado Orçamental, no Semestre Europeu e no Six-Pack e Two-Pack.

Sabe-se que o Tratado Orçamental tem como objetivo reforçar o pilar económico da União Económica e Monetária, adotando um conjunto de regras destinadas a promover a disciplina orçamental, a reforçar a coordenação das políticas económicas e a melhorar a governação da Europa. Procura-se, por esta via, um instrumento de apoio à realização de objetivos da União Europeia, em matéria de crescimento sustentável, emprego, competitividade e coesão social.

Com base nos objetivos referidos, os Estados acordaram que a situação orçamental das suas Administrações Públicas deverá ser equilibrada ou excedentária, como um objetivo de médio prazo.

Ao abrigo do Tratado Orçamental, a partir de janeiro de 2014, os objetivos orçamentais de médio prazo devem ser consagrados na legislação nacional e terá de ser fixado um limite inferior de 0,5% do PIB, para os défices estruturais (que poderá ser aumentado para 1% se o rácio da dívida em relação ao PIB for claramente inferior a 60%). Trata-se do chamado Pacto Orçamental[23].

---

[22] No ordenamento jurídico nacional, as normas previstas no Tratado Orçamental já tinham sido parcialmente transpostas para a Lei de Enquadramento Orçamental, na sua 8.ª revisão, através da lei 417/2014, de 10 de julho. Esta Lei acrescentou o artigo 12.º-C à anterior LEO.

[23] O Tratado sobre Estabilidade, Coordenação e Governação na União Económica e Monetária (TECG) que estabeleceu, em 2 de março de 2012, o denominado Pacto Orçamental, com o objetivo de reforçar a disciplina orçamental através da introdução de medidas que garantam uma maior fiscalização e uma resposta mais eficaz face à emergência de desequilíbrios na Zona Euro. Tal como resulta do seu artigo 1.º, visa «reforçar a coordenação da sua política económica e melhorar a governação da área do euro, apoiando, assim, a realização dos objetivos da União Europeia em matéria de crescimento sustentável, emprego, competitividade e coesão social».

O Tratado também estabelece que os mecanismos de correção automática devem ser desencadeados se o limite do défice estrutural for posto em causa, o que exigirá que os Estados-Membros definam, na legislação nacional, o modo e o momento em que retificarão o incumprimento no decurso de futuros orçamentos. Estabelece também que deve existir uma rápida convergência para o Objetivo de Médio Prazo (OMP), sendo esse prazo de convergência proposto pela Comissão Europeia, tendo em conta os riscos específicos para a sustentabilidade orçamental do país em causa. Os progressos realizados para atingir o objetivo de médio prazo e o cumprimento do mesmo são apreciados com base numa avaliação global que tenha como referência o saldo estrutural, incluindo uma análise da despesa líquida de medidas discricionárias em matéria de receitas, em linha com o Pacto de Estabilidade e Crescimento revisto. Para terminarmos esta introdução, refira-se que o artigo 3.º foi transposto para a Lei de Enquadramento Orçamental, mas com um período de transição na aplicação do novo processo orçamental previsto nos artigos 20.º a 76.º. Estes artigos, bem como o artigo 3.º do Anexo à LEO, produzem efeitos a partir de 1 de abril de 2020, sem prejuízo do estabelecido no n.º 1 e n.os 3, 7 e 8, respetivamente, do artigo 8.º e 5.º da LEO. Por exemplo, a Entidade Contabilística do Estado é criada de forma faseada, sendo concluída no Orçamento do Estado para o ano de 2023.

1.4.3.2 As regras gerais

a) Regra do saldo orçamental estrutural

Diz-nos esta regra, de acordo com o artigo 20.º da nova LEO, que o objetivo orçamental de médio prazo é aquele que for definido no âmbito e de acordo com o Pacto de Estabilidade e Crescimento.

O supracitado artigo determina, no n.º 2, que a trajetória de convergência é definida no Programa de Estabilidade. Por seu lado, o n.º 3 estabelece que o saldo estrutural[24]

Nota: o TECG foi ratificado através da Resolução da Assembleia da República n.º 84/2012, publicada no DR, 1.ª série, n.º127, de 3 de julho de 2012.

[24] O saldo estrutural é calculado a partir do saldo orçamental corrigido das variações cíclicas e líquido de medidas pontuais e temporárias (não repetíveis), ou seja,

corresponde ao saldo orçamental [25] das administrações públicas, definido de acordo com o Sistema Europeu de Contas Nacionais e Regionais, corrigido dos efeitos cíclicos e líquido de medidas extraordinárias e temporárias, não pode ser inferior ao objetivo de médio prazo (OMP) constante do PEC, tendo por objetivo alcançar um limite de défice estrutural de 0,5% do produto interno bruto (PIB) a preços de mercado.

Por sua vez, o n.º 5 do artigo em análise transpôs o disposto no artigo 3.º, n.º 1, alínea d), do Tratado Orçamental, que refere:

«Sempre que a relação entre a dívida pública e o PIB a preços de mercado for significativamente inferior a 60% e os riscos para a sustentabilidade a longo prazo das finanças públicas forem reduzidos, o limite para o objetivo de médio prazo pode atingir um défice estrutural de, no máximo, 1% do PIB.»

Os números 6 e 7 do artigo 20.º da nova Lei de Enquadramento Orçamental determinam que, enquanto o OMP não for atingido, o Governo fica obrigado, por um lado, a fazer um ajustamento anual do saldo estrutural não inferior a 0,5% do PIB, e, por outro

---

SOE = SO − SOC, em que SOC = $\alpha(\frac{y_t - y_t^*}{yt^*})$, sendo α a elasticidade do SO em relação ao hiato do produto. Diz-se que a situação orçamental da Administração Pública é equilibrada se SOE atingir o objetivo defendido no PEC, que para Portugal é de + 0,25 do PIB.

O hiato do produto corresponde à diferença entre o produto atual (yt) e o produto potencial (y_t^*), em percentagem do produto potencial, isto é: $\frac{y_t - y_t^*}{y_t^*}$

Acrescente-se que:

SOE — saldo estrutural, isto é, parcela do SO que traduz alterações decorrentes de ações deliberadas da política orçamental do Governo.

SO — saldo global, que corresponde à diferença entre as receitas efetivas e despesas efetivas, em que são excluídas as operações sobre ativos e passivos financeiros que não contam para o défice. O SO dá-nos uma importante informação económica: as necessidades líquidas de financiamento a serem suportadas por novas emissões de dívida, o que faz com que este saldo seja, também, uma forma de estabelecer uma relação aproximada entre o orçamento período t e a variação do *stock* de dívida do País.

SOEp = SOE + Juros, onde SOEp designa o saldo estrutural primário.

A metodologia para o apuramento do saldo estrutural é a definida no âmbito e de acordo com o Pacto de Estabilidade e Crescimento. Ou seja, o SOE indica qual seria o saldo global se a economia se situasse ao nível de tendências, isto é, se o produto real observado e o produto potencial fossem idênticos.

Um hiato do produto (PIB) positivo significa que a economia em questão está a apresentar um montante efetivo de produção acima do valor estimado do seu produto potencial. Quando o hiato é negativo, há uma conjuntura económica desfavorável.

[25] O saldo global traduz a diferença entre receitas e despesas efetivas (não englobam quer ativos financeiros quer passivos financeiros) e pode ser deficitário, equilibrado ou superavitário. O Pacto de Estabilidade e Crescimento da UE estabelece que o saldo orçamental deve ser inferior a 3% do PIB pm.

lado, fica restringido no seu poder discricionário de realização de despesa pública[26]. Isto porque o n.º 6 estabelece a obrigatoriedade (enquanto o objetivo de médio prazo de um défice estrutural de 0,5% do PIB não for alcançado) de a taxa de crescimento da despesa pública, líquida de medidas extraordinárias, temporárias ou discricionárias[27] do lado da receita, não poder ser superior à taxa de referência de médio prazo de crescimento do PIB potencial[28], conforme definido no Pacto de Estabilidade e Crescimento.

Acrescente-se, porém, que o n.º 7 impõe que enquanto não for atingido o objetivo de médio prazo, as reduções discricionárias de elementos das receitas públicas devem ser compensadas por reduções da despesa, por aumentos discricionários de outros elementos das receitas públicas ou por ambos, conforme definido no PEC. Contudo, o n.º 8 do artigo 20.º exclui, desta regra da despesa[29], as despesas com juros, as despesas com pro-

[26] De acordo com J. M. Sarmento, o poder discricionário de realização de despesa pública consiste na atuação por parte de um Governo na alocação dos recursos públicos. Ou seja, há vários tipos de despesa em que a atuação do Governo é bastante condicionada por fatores exógenos. Essas despesas são os juros da dívida pública (aqui, diríamos que a capacidade de atuação do Governo, no curto prazo, é, mesmo, praticamente nula), as despesas com prestações sociais, por exemplo, as pensões e os subsídios de desemprego, e como as decisões do Tribunal Constitucional, as remunerações certas e permanentes dos funcionários públicos, ou seja, todas as remunerações pagas como forma principal de retribuição dos trabalhadores em funções públicas, assumindo, assim, um carácter certo e permanente.

[27] As medidas discricionárias podem ser definidas como alterações deliberadas na implementação da política orçamental. Conforme refere o Conselho de Finanças Públicas, a política orçamental pode ser discricionária, se refletir as alterações deliberadas na condução da política orçamental, distinguindo-se do funcionamento dos estabilizadores automáticos. Diminuições de receitas e/ou aumentos de despesa designam-se de impulso orçamental e o inverso por consolidação orçamental. Esta componente pode ser medida através da variação do saldo primário estrutural, embora com limitações, pois este indicador pode ser influenciado por outros fatores. Uma alternativa é considerar apenas o impacto orçamental das mudanças legislativas (por exemplo, a metodologia do Sistema Europeu de Bancos Centrais e metodologia da Comissão Europeia), apesar das limitações na sua medição.

[28] PIB potencial: as metodologias adotadas pela Comissão Europeia podem ser encontradas nas publicações «Economic Papers 536 e Economic Papers 535 — The Production Function Methodology for Calculating Potential Growth & Output Gaps».

[29] A regra da despesa consiste numa regra numérica que procura, para um determinado período (normalmente uma legislatura), definir tetos máximos de despesa, em função de uma regra que determina que despesas são consideradas e que despesas são excluídas. Porém, não é possível determinar, tecnicamente, qual o nível ótimo de despesa, tratando-se antes de uma escolha política, entendida como tal, mesmo nos países com maior tradição em matéria de regras de despesa, por exemplo, a Suécia. A experiência de países que implementaram regras de despesa mostra que, mesmo quando essas são globalmente bem-sucedidas, se verificam pressões no sentido de aumentar a despesa fiscal (entende-se por despesa fiscal uma receita tributária que deixa de ser arrecadada, em virtude da concessão de um tratamento fiscal mais favorável). Relatório da COP, 2008. Ver também artigo 35.º da nova LEO.

gramas financiados pela União Europeia e as despesas com subsídios de desemprego (esta exclusão deve-se ao facto de se tratar de um estabilizador automático[30]).

Sobre a análise deste artigo[31], há, ainda, a referir que o ajustamento orçamental deverá considerar a posição cíclica da economia (n.º 10 do artigo 20.º).

b) Regra dos excedentes orçamentais

Com a aprovação do artigo 21.º da nova LEO, o Governo deve, enquanto se mantiver o incumprimento do limite de 60% do PIB, utilizar os excedentes orçamentais que possam vir a verificar-se, no futuro, na amortização da dívida pública. Quando cumprir esse limite, isto é, se no futuro a dívida pública estiver abaixo do referido limite (60%), aos excedentes orçamentais o Governo poderá continuar a amortizar a dívida pública, ou, em alternativa, criar uma reserva de estabilização, destinada a desempenhar uma função anticíclica em contextos de recessão económica, quando se verificar o cumprimento do limite referido na alínea anterior. Porém, o n.º 2 deste artigo exceciona a utilização dos excedentes anuais do sistema previdencial, que revertem a favor do Fundo de Estabilização Financeira da Segurança Social, nos termos da Lei de Bases da Segurança Social.

c) Regra do desvio significativo[32]

Diz o artigo 22.º, no n.º 1, que a identificação de um desvio significativo face ao objetivo de médio prazo ou face ao saldo previsto na trajetória de convergência constantes, respetivamente, dos n.os 1 e 2 do artigo 20.º, é feita com base na análise comparativa entre o valor verificado e o valor previsto.

Para efeito do disposto acima, o valor verificado é calculado com base nos dados constantes da notificação do procedimento por défices excessivos, efetuada pelas autoridades estatísticas.

---

[30] Conforme o Conselho de Finanças Públicas (CFP), os estabilizadores automáticos correspondem às variáveis orçamentais, tanto do lado da receita como da despesa, que reagem automaticamente ao ciclo económico, reduzindo as suas flutuações. Assim, *caeteris paribus*, sem qualquer alteração discricionária de política orçamental, o saldo orçamental tende a melhorar em anos de crescimento económico e a agravar-se durante períodos de recessão. Por exemplo, se o desemprego aumenta, a despesa com subsídios de desemprego tende a aumentar e as receitas do imposto sobre rendimentos tendem a diminuir.

[31] Na anterior LEO, mas ainda em vigor, a regra do saldo orçamental estrutural era estabelecida no artigo 12.º-C.

[32] Na anterior LEO, a regra do desvio significativo era analisada no artigo 72.ºB.

Face ao saldo previsto na trajetória de convergência, considera-se que existe um desvio significativo, quando, de acordo com o n.º 3, se verifique, pelo menos, uma das seguintes situações:

a) O desvio apurado face ao saldo estrutural previsto for, no mínimo, de 0,5% do PIB, num só ano, ou de, pelo menos, 0,25% do PIB em média anual de dois anos consecutivos;
b) A evolução da despesa, líquida de medidas extraordinárias e temporárias em matéria de receita, tiver um impacto no saldo das administrações públicas de, pelo menos, 0,5% do PIB, num só ano, ou, cumulativamente, em dois anos consecutivos.

Refira-se, porém, que a alínea b) anteriormente referida não será considerada se o objetivo de médio prazo de um défice estrutural de 0,5% do PIB já tiver sido alcançado[33], desde que haja a possibilidade de receitas excecionais significativas, e se os planos orçamentais estabelecidos no âmbito do Programa de Estabilidade não colocarem em risco aquele objetivo ao longo do período de vigência do Programa.

Acrescente-se, ainda, que, nos termos do n.º 5, o desvio pode não ser considerado significativo nos casos em que resulte de ocorrência excecional não controlável pelo Governo, de acordo com o previsto no artigo 24.º, com impacto significativo nas finanças públicas, e em caso de reformas estruturais que tenham efeitos de longo prazo na atividade económica, desde que tal não coloque em risco a sustentabilidade orçamental a médio prazo.

[33] Caso a situação de défice excessivo persistir, o Conselho pode impor e aplicar ao Estado-Membro um conjunto de procedimentos e sanções, entre os quais:

Exigir que o Estado-Membro em causa divulgue informações complementares, a determinar pelo Conselho, antes de emitir quaisquer obrigações e títulos;

Convidar o Banco Europeu de Investimento a reconsiderar a sua política de empréstimos em relação ao Estado-Membro em causa;

Exigir do Estado-Membro a constituição, junto da União Europeia, de um depósito não remunerado de montante apropriado a fixar segundo os critérios previstos no Regulamento (CE) n.º 1466197, até que, na opinião do Conselho, o défice excessivo tenha sido corrigido;

A conversão em multa pelo Conselho desse depósito se, dois anos após a data da decisão de impor ao Estado-Membro participante a constituição de um défice excessivo não for corrigido;

Impor multas de importâncias apropriadas.

O conjunto de procedimentos referido pode ser objeto de revisão caso ocorram alterações sensíveis da situação do Estado-Membro ou quando se verifique uma conjuntura ou circunstância económica adversa e imprevista que produza um impacto desfavorável significativo nas finanças públicas desse Estado.

Caso exista um desvio significativo, a iniciativa da sua comunicação às entidades europeias é do Governo, após consulta do Conselho de Finanças Públicas, ou da iniciativa do Conselho da União Europeia, através da apresentação de recomendação dirigida ao Governo, nos termos do n.º 2 do artigo 6.º do Regulamento (CE) n.º 1466/97, do Conselho, de 7 de Julho de 1997. Reconhecendo-se o desvio significativo nos termos anteriores, o artigo 23.º prevê um mecanismo de correção do desvio, que passamos a analisar.

d) Regra do mecanismo de correção do desvio

Desde que se verifique um desvio significativo, o Governo deve, de acordo com o n.º 1 do artigo 23.º, apresentar à Assembleia da República, no prazo de 30 dias, um plano de correção com as medidas necessárias para garantir o cumprimento da trajetória de convergência anual, para alcançar o objetivo orçamental de médio prazo, que é definido, como se sabe, no âmbito e de acordo com o Pacto de Estabilidade e Crescimento. O desvio deve ser corrigido, de acordo com o n.º 2, em pelo menos 2/3, com um mínimo de 0,5% do PIB, até ao final do ano seguinte àquele em que foi reconhecido. Isto é, na prática, a existência de um desvio significativo no ano t, reconhecido em t+1, permite a correção do desvio em t+2 até 2/3, sendo o restante corrigido em t+3 (exceto em circunstâncias referidas no artigo 24.º). Porém, refira-se que o ajustamento não pode ser inferior àquele que resulta da regra prevista no artigo 25.º da LEO, que propõe o disposto no artigo 4.º do Tratado Orçamental[34]. Regime que estabelece que o Governo fica obrigado a reduzir anualmente 1/20 do excedente de dívida pública face ao limite de 60% estabelecido no Pacto de Estabilidade e Crescimento. Ver também n.os 5 e 6 deste artigo.

e) Regra de situações excecionais

Sabe-se que, de acordo com o artigo 20.º, o objetivo orçamental de médio prazo é definido no âmbito e de acordo com o Pacto de Estabilidade e Crescimento e que a

[34] O artigo 4.º do Tratado Orçamental dispõe que: «Quando a relação entre a dívida pública e o produto interno bruto de uma Parte Contratante exceder o valor de referência de 60% a que se refere o artigo 1.º do Protocolo (n.º 12) sobre o procedimento relativo aos défices excessivos, anexo aos Tratados da União Europeia, essa Parte Contratante deverá reduzi-la a uma taxa média de um vigésimo por ano como padrão de referência, tal como previsto no artigo 2.º do Regulamento (CE) n.º 1467197 do Conselho, de 7 de julho de 1997, relativo à aceleração e clarificação da aplicação do procedimento relativo aos défices excessivos, com a redação que lhe foi dada pelo Regulamento (UE) n.º1177/2011 do Conselho, de 8 de Novembro de 2011.»

Sobre o procedimento respeitante à existência de um défice excessivo ver artigo 126.º do Tratado sobre o Funcionamento da UE.

trajetória de convergência anual para alcançar o objetivo de médio prazo consta do Programa de Estabilidade. Contudo, o artigo 24.º, no seu n.º 1, refere que a admissão de um desvio face ao objetivo de médio prazo ou face ao saldo previsto na trajetória de ajustamento apenas é permitida temporariamente e em situações excecionais, não controláveis pelo Governo e desde que não coloquem em risco a sustentabilidade orçamental no médio prazo, resultantes, nomeadamente:

1) De recessão económica profunda em Portugal, na área do euro ou em toda a União Europeia
2) De catástrofes naturais ou outras situações excecionais com significativo impacto orçamental.

O reconhecimento da situação de excecionalidade atrás referida é objeto de proposta do Governo e de apreciação pela Assembleia da República, precedida de parecer não vinculativo do Conselho de Finanças Públicas, conforme n.º 2 do artigo 24.º.

Ocorrendo a situação prevista no n.º 1, a correção da trajetória de convergência deve ser efetuada, no máximo, nos quatro exercícios orçamentais subsequentes e de acordo com o previsto no n.º 3 do artigo em análise (artigo 24.º), que afirma:

«A correção do desvio previsto no n.º 1 é efetuada mediante a incorporação no Programa de Estabilidade das medidas necessárias para garantir o cumprimentar dos objetivos constantes do artigo 20.º, devendo ser observado o disposto nos n.ºs 4, 5 e 6 do artigo 23.º.»

f) Acompanhamento do plano de correção e encerramento de desvio significativo

De acordo com artigo 24.º-A, compete ao Conselho das Finanças Públicas efetuar anualmente uma avaliação pública do cumprimento dos objetivos do plano de correção.

Caso tenha sido reconhecida uma situação de excecionalidade, nos termos do n.º 2 do artigo 24.º, na avaliação referida, o Conselho das Finanças Públicas deverá analisar se essa situação de excecionalidade deve ser prorrogada ou revogada.

O prolongamento ou revogação da situação de excecionalidade é objeto de proposta do Governo e de apreciação pela Assembleia da República, precedida do parecer não vinculativo do Conselho das Finanças Públicas.

Quanto ao encerramento do mecanismo de correção do desvio, compete ao Governo, mediante prévia consulta do Conselho das Finanças Públicas.

g) Regra do limite da dívida pública

Quando, conforme o n.º 1 do artigo 25.º, a relação entre a dívida pública e o PIB exceder o valor de referência de 60%, o Governo está obrigado a reduzir o montante da dívida pública, na parte em excesso, como padrão de referência.

Considera-se dívida pública, para efeitos de verificação do disposto anteriormente, a definida no n.º 5 do artigo 1.º do Regulamento (CE) n.º 479/2009, do Conselho, de 25 de maio de 2009. Refira-se, ainda, que a variação anual da dívida pública é corrigida dos efeitos decorrentes da alteração do perímetro das administrações públicas efetuadas pelas autoridades estatísticas, nos termos do n.º 4 do artigo 2.º do Anexo à presente lei, da qual faz parte a Lei de Enquadramento Orçamental.

Para terminarmos a análise dos artigos 20.º ao 25.º, com exceção do disposto no artigo 21.º, refira-se que eles são interpretados e aplicados de acordo com as regras e orientações definidas pelas instituições da União Europeia neste âmbito.

1.4.3.3 As regras específicas

a) Regra dos saldos orçamentais

Estabelecem os números 1 e 2 do artigo 27.º da nova LEO, respetivamente, o seguinte:

n.º 1 — Os serviços e entidades integrados nas missões de base orgânica[35] do subsistema da Administração Central devem apresentar na elaboração, aprovação e execução um saldo global nulo ou positivo, bem como resultados positivos antes de despesas com impostos, juros, depreciações, provisões e perdas por imparidade, salvo se a conjuntura do período a que se refere o orçamento, justificadamente, o não permitir.

n.º 2 — O subsector da Segurança Social deve apresentar um saldo global nulo ou positivo, salvo se a conjuntura do período a que se refere o orçamento, justificadamente, o não permitir.

---

[35] O Orçamento da Administração Central integra os orçamentos dos serviços e entidades públicas e da Entidade Contabilística Estado (ECE). A ECE é constituída pelo conjunto das operações contabilísticas da responsabilidade do Estado e integra, nomeadamente, as receitas gerais, as responsabilidades e os ativos do Estado.

O objetivo é, no futuro, apresentar, de forma universal, o Orçamento e um Balanço do Estado.

Para efeitos do disposto nos números anteriores, não são consideradas as receitas e despesas com ativos e passivos financeiros[36], nem o saldo da gerência do ano anterior apurado na Contabilidade Orçamental.

Quanto às regras do saldo orçamental[37] e dos limites do endividamento (ver artigo 29.º) aplicáveis aos subsectores das administrações regionais e local, constam das respetivas leis de financiamento (ver artigo 28.º).

Refira-se que em 2016 o défice orçamental foi de 2% do PIB, embora com um impacto positivo de medidas «*one-offs*», por exemplo, o Programa Especial de Redução de Endividamento ao Estado (PERES) e os «*prepaid margins*» (devolução da comissão paga em empréstimos do Fundo Europeu de Estabilização Financeira), que representaram 0,4 do PIB.

Para outros, também são medidas transitórias e não recorrentes — não sustentadas, transitórias — as cativações adicionais, ou seja, verbas dos serviços que não foram desbloqueadas pelo Ministério das Finanças. Estas medidas, para o Conselho de Finanças Públicas, e que nós validamos, não são consideradas medidas transitórias, uma vez que fazem parte, como a redução do investimento, dos instrumentos de gestão orçamental à disposição do Governo, apesar de merecerem uma análise mais profunda, principal-

---

[36] Ativos financeiros: receitas provenientes da venda e amortização de títulos de crédito, designadamente: obrigações, ações, outras formas de participação, reembolsos de empréstimos e subsídios concedidos.

Passivos financeiros: operações que envolvem pagamentos decorrentes de amortização de empréstimos, titulados ou não, e da regularização de adiantamentos ou de subsídios reembolsáveis, quer, ainda, da execução de avales ou garantias.

Em síntese:

A receita efetiva não inclui passivos financeiros receita — empréstimos contraídos pelas Administrações Públicas — nem ativos financeiros receita — reembolso de empréstimos concedidos.

Quanto à despesa efetiva, não engloba passivos financeiros despesa — reembolso de empréstimos contraídos pelas Administrações Públicas — nem ativos financeiros despesa — despesas com a concessão de empréstimos, aquisição da totalidade ou de partes do capital social de empresas.

[37] No que respeita ao Orçamento, há, por um lado, um equilíbrio em sentido formal, que significa uma igualdade contabilística entre todas as receitas e todas as despesas.

Por outro lado, há também um equilíbrio em sentido substancial, que confronta um certo tipo de receitas com um certo tipo de despesas. Neste tipo de equilíbrio, as receitas e despesas de referência, por norma, são as efetivas. Isto é, o orçamento está equilibrado quando as receitas efetivas são iguais às despesas efetivas, sendo as receitas efetivas as que aumentam o património do Estado (receitas patrimoniais, taxas e impostos) e as despesas efetivas as que diminuem o património do Estado (ordenados, pagamento de juros, subsídios, etc.). Os ativos e passivos financeiros não são, por definição, nem receitas nem despesas efetivas.

mente quando são decididas já depois de as Finanças saberem como estão a evoluir as despesas ao longo do ano.

b) Regra dos limites de endividamento

O artigo 29.º estabelece as regras para o limite de endividamento. A lei do Orçamento do Estado estabelece limites específicos de endividamento anual da administração, das regiões autónomas e das autarquias locais compatíveis com o saldo orçamental calculado para o conjunto das administrações públicas. Saliente-se que, para a administração regional e local, a nova LEO determina que os limites de endividamento a que se refere o número anterior podem ser inferiores aos que resultariam das leis financeiras especialmente aplicáveis a cada subsector. Também, como escreve Sarmento (2016), por uma questão de gestão de Tesouraria e de reembolso da dívida pública por parte do IGCP[38], o n.º 3 deste artigo permite que, em acréscimo à variação máxima do endividamento líquido global consolidado da Administração Central, esta pode financiar-se, antecipadamente, até ao limite de 50% das amortizações previstas de dívida fundada [39] a realizar no ano orçamental subsequente, sem prejuízo do disposto no artigo 25.º da nova LEO. Para concluir a análise do artigo 29.º, há que referir que, caso seja efetuado algum financiamento antecipado, o limite de endividamento do ano orçamental subsequente é reduzido no montante de financiamento, podendo este ser orçamentado até 50% das amortizações previstas de dívida fundada a realizar no ano orçamental subsequente.

1.5 Relações Financeiras entre Subsectores

O artigo 30.º prevê que, a fim de assegurar o cumprimento dos princípios da estabilidade orçamental e da solidariedade recíproca, a Lei do Orçamento do Estado pode

[38] IGCP — Agência de Gestão da Tesouraria e da Dívida Pública (conjunto de situações passivas constituídas em resultado do recurso ao crédito por parte do Estado, materializado na emissão de títulos, colocados no mercado de capitais), tem por missão contribuir para o desenvolvimento dos mercados financeiros e efetuar a gestão, de forma integrada, da Tesouraria e do endividamento público direto do Estado.

[39] Dívida fundada: aquela que compreende os compromissos de exigibilidade superior a 12 meses contraídos mediante emissão de títulos, celebração de contratos para atender ao desequilíbrio orçamental ou ao financiamento de obras e serviços públicos, que defendem de autorização legislativa para amortização ou resgate.

determinar transferências do orçamento de montante inferior àquele que resultaria da aplicação das leis financeiras especialmente aplicáveis aos subsectores da administração regional e local, sem prejuízo dos compromissos assumidos pelo Estado no âmbito do sistema de solidariedade e de Segurança Social.

A possibilidade de redução prevista no número anterior depende da verificação de circunstâncias excecionais imperiosamente exigidas pela rigorosa observância das obrigações decorrentes do Programa de Estabilidade e dos princípios da proporcionalidade, do não arbítrio e da solidariedade recíproca, carecendo de audição prévia dos órgãos competentes dos subsectores envolvidos.

Terminada a análise das regras e dos princípios orçamentais, cujo incumprimento constitui circunstância agravante da inerente responsabilidade financeira (ver artigo 31.º), analisaremos, mais tarde, a problemática do processo orçamental, nas óticas da elaboração, da discussão e da aprovação do Orçamento.

2. A União Económica e Monetária — Introdução

Entre os anos de 2008 e 2012, o mundo deparou-se com uma crise financeira. No que respeitou à União Europeia, esta crise deixou marcas permanentes a nível económico e social.

No que respeita à parte económica, a UE deparou-se com um aumento de desemprego alinhado com o declínio do PIB. A nível social, verificaram-se níveis de pobreza e desigualdade que há muito não se registavam, tudo isto em simultâneo com os baixos apoios de solidariedade entre os vários Estados-Membros da UE e o aparecimento acentuado de movimentos eurocéticos. Esta crise veio mostrar as inúmeras fragilidades governativas da UE, mais concretamente sobre a moeda — o euro —, elemento fundamental para a ausência de confiança dos cidadãos para com as várias instituições comunitárias.

No meio desta crise financeira, o debate sobre a reforma da União Económica e Monetária (UEM) acabou por ganhar vida com o Livro Branco da Comissão que iria abordar o futuro da UE, tendo sido publicado em 2017. Com isto, a UE apresentou uma panóplia de documentos com ideias para a Europa. Em 2015, Jean-Claude Juncker, com a colaboração de Donald Tusk, Jeroen Dijsselbloem, Mario Draghi e Martin Schulz efetuaram um relatório onde constava um plano para aprofundar a União Económica e Monetária (UEM), ou seja, as bases da UEM teriam de ser fortalecidas como garantia de um bom desempenho da união monetária quanto aos Estados-Membros, estes teriam de estar mais bem preparados para futuras adversidades globais. O relatório argumenta que a UEM deve ter um percurso mais transparente e acessível, enfatizando, ainda, a necessidade de salvaguardar a integridade do mercado único.

Essa posição foi segundo um relatório publicado em 2012 com o título «Rumo a uma verdadeira União Económica e Monetária»; neste foram divulgadas muitas das fraquezas da construção da UEM, onde se salienta o dever de se prosseguir com quatro etapas de reforço e integração:

— União Económica: garante que a economia de cada Estado-Membro disponha de condições indispensáveis para progredir dentro da União Monetária;
— União Financeira — fomenta em toda a União Monetária a integridade do euro, amplificando a divisão dos riscos com o sector privado — assim prevê-se a celeridade da União dos Mercados de Capitais e a finalização da União Bancária;
— União Orçamental — assegura um avanço estável e sustentável nos orçamentos;
— União Política — permite que haja uma maior responsabilidade democrática, com mais legitimidade e, por conseguinte, um maior apoio institucional.

Segundo os cinco presidentes, «as quatro Uniões são interdependentes e, nesse sentido, têm de se desenvolver em paralelo, devendo todos os Estados-Membros da Área do Euro participar em todas as uniões». Desta forma, este aprofundamento requer uma partilha de soberania.

Jean Claude Juncker, no seu discurso do Estado da União, apresentou vários estímulos, por exemplo, fortalecer e melhorar as ligações entre os cidadãos e os demais organismos europeus. Anunciou também a vontade de promover reformas, visto que existem razões económicas e também questões geoestratégicas que levam a que haja determinadas alterações:

— O posicionamento económico e político europeu a nível mundial encontra-se em contração, em contrapartida, vários países de outros continentes continuam a crescer;
— A nível europeu, o poder económico apresenta estimativas de menos de 20% do PIB mundial, em 2030, contra os 22% atuais;
— A intervenção das economias que estão em crescimento enfatizam que é indispensável que a Europa fale a uma voz, ou seja, que haja com cada um dos seus Estados-Membros.

No entanto, a imposição de reformas da UEM é politicamente difícil, já que a crise financeira acabou por acentuar as discordâncias que já existiam entre os Estados do Norte e do Sul da UE. Deste modo, uma séria reforma mostra suspeitas de se tornar incerta, salvo se inúmeras questões forem decididas e mostrando também aos contribuintes líquidos os benefícios que advêm do crescimento económico dos Estados que usufruem dos fundos comunitários, assim como da imprescindibilidade de reformar a UEM, já que esta reforma seria um pilar de sustento em caso de possíveis crises financeiras.

2.1. A UEM — União Económica e Monetária

A Zona Euro equivale à união monetária, em que muitos dos Estados-Membros aceitaram usar a mesma moeda — o euro. Fazendo um pequeno enquadramento histórico do que então se passou, em 1988, 11 países da UE determinaram uma panóplia de normas em que todos concordaram em adotar o euro. A 1 de janeiro de 1999, a mesma foi oficialmente criada. Contudo, as notas e moedas só iniciaram o seu percurso a 1 de janeiro de 2002. A origem do euro remonta a 1992 na cidade holandesa de Maastricht, e foi aqui que foram estabelecidos os tão conhecidos «critérios de Maastricht» — critérios esses que determinavam o que cada Estado teria de atingir para ter acesso à chamada Zona Euro. Ainda assim, a decisão final teria de passar pelo Conselho da UE, sendo esta uma sugestão da Comissão e passando também pelo Parlamento Europeu.

Preliminarmente, os Estados-Membros da UE comprometeram-se a adotar o euro nas suas economias, à exceção de países como a Dinamarca e Reino Unido, que se socorreram das «Cláusulas de não participação» — referidas nos Tratados da UE, todavia, estas cláusulas não proíbem uma futura candidatura.

A Zona Euro denominada oficialmente por «área do euro», é composta por 19 Estados-Membros da UE:

Alemanha, Áustria, Bélgica, Chipre, Eslováquia, Eslovénia, Espanha, Estónia, Finlândia, França, Grécia, Irlanda, Itália, Letónia, Lituânia, Luxemburgo, Malta, Países Baixos e Portugal.

Ficou também determinado que o lançamento desta moeda seria em três fases, em que cada uma teria etapas e deveres.

2.2 Fases de implantação da UEM[40]

A primeira fase teve início a 1 de julho de 1990:

— Liberalização máxima dos movimentos de capitais; mais colaboração entre os bancos centrais;
— Livre uso do ECU «*European Currency Unit*», a unidade monetária que precedeu o euro;
— Maior concordância económica.

A segunda fase teve início a 1 de janeiro de 1994:

— Foi criado o Instituto Monetário Europeu;
— Fim do financiamento pelo sector público aos bancos centrais;
— Melhor gestão das políticas monetárias;
— Mais convergência económica;
— Finalização do processo que leva os bancos centrais nacionais a terem a sua independência;
— Preparação de trabalhos para a 3.ª fase.

A terceira fase teve início a 1 de janeiro de 1999:

— Estabilização das taxas de câmbio;
— Introdução do euro;
— Gestão de uma política monetária única pelo Sistema Europeu de Bancos Centrais;
— Início do novo mecanismo das taxas de câmbio entre os países da UE, o MTC II;
— Entrada em vigor do Pacto de Estabilidade e Crescimento.

Dos 27 Estados-Membros da UE, 19 decidiram optar pelo euro como moeda oficial. No que respeita a transações comerciais a nível mundial, é a segunda moeda com mais valor, onde acaba por representar cerca de 30%, atrás do dólar americano, com 43%. Quanto à opinião pública, existe uma boa impressão, assim como determinados fatores indicam que, em alturas de crises, os cidadãos da UE, acabaram por «mostrar apoio» à moeda única. Atualmente, e em períodos menos agitados, é mais evidente o afastamento entre aqueles que apoiam e os que não aceitam esta moeda.

[40] *Fonte:* BCE — https://www.ecb.europa.eu.

Apoio e rejeição ao euro

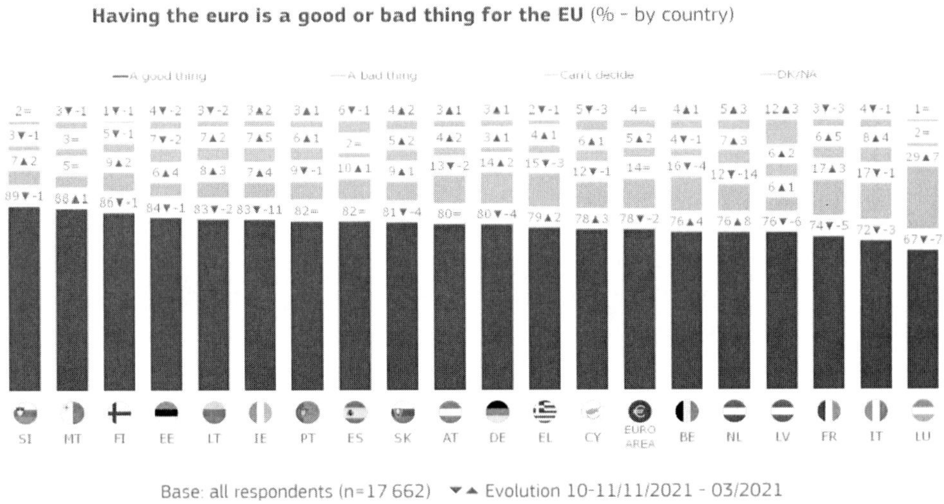

Fonte: Eurobarómetro. Site: https://europa.eu/eurobarometer/surveys/detail/2289. Consultado em: 31/12/2021.

Deste modo, o euro permitiu aos cidadãos dos Estados-Membros de terem um poder aquisitivo mais sólido. Contudo, há dados que afirmam a inevitabilidade de melhorar o projeto europeu, no que respeita ao desemprego e ainda, em 2017, na UE a 28 países, a taxa de desemprego era de 8,2%, porém, acabam por dados animadores, dado que houve uma diminuição dos valores — 12% aquando do pico da crise.

Ainda assim, o desemprego na faixa etária mais jovem continuava a ser preocupante, já que em 2017 apresentava valores de 18,6%.

Outro fator é o receio de os mais jovens terem condições de vida piores que as dos seus pais, cenário que preocupa os governantes, e, como tal, é necessário implementar políticas robustas de modo que esta situação não passe para a realidade.

A nível mundial, entre os anos de 2004 e 2015, os Estados da UE perderam 4% no peso do seu crescimento económico, acabando por revelar uma redução do PIB. No entanto, os países que integram os BRIC — Brasil, Rússia, Índia e China — têm vindo a ganhar influência política e uma notável relevância económica.

UE no PIB mundial (%)

Valores divulgados pelo Eurostat em 2017 no Programa Internacional de Comparação

Em 2017, em termos de produto interno bruto (PIB), China e Estados Unidos foram as duas maiores economias, com participações de 16.4% e 16.3%, respectivamente. Terceiro era a UE (16%).

Fonte: Eurostat. Site: https://www.stone-ideas.com/pt/78526/china-us-eu-largest-economies-in-the-world/.
Consultado em: 31/12/2021.

Abordando o quadro acima, em 2017, o PIB da UE a 27 Estados-Membros representou 16,0% do PIB mundial, já a China e os EUA apresentaram-se como as duas maiores economias mundiais, enquanto a Índia ficou em quarto lugar, seguindo-se o Japão.

Graças ao robustecimento das economias em crescimento, nomeadamente a chinesa, moedas como o dólar, euro ou até a libra começaram a perder destaque, assim, o yuan chinês acabou por ganhar uma grande relevância no que diz respeito a trocas comerciais.

Peso das moedas nas transações mundiais (%) — Atenção: imagem do texto original

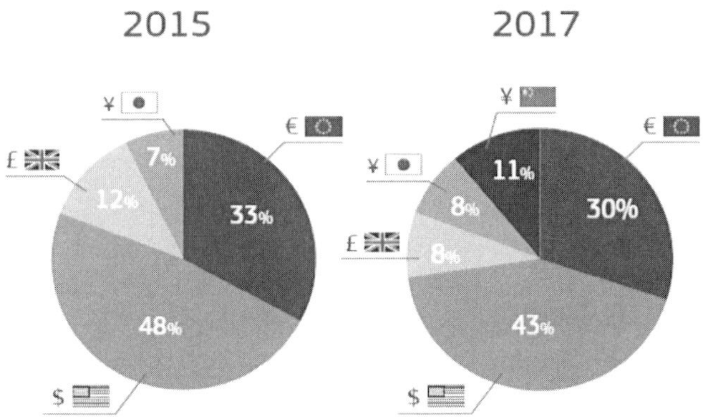

Fonte: Fundo Monetário Internacional, valores referentes a 30.11.2015 e 24.2.2017, respetivamente

Quanto ao PEC — Pacto de Estabilidade e Crescimento —, são vários os Estados-Membros que não respeitam os padrões exigidos, tais como défice e dívida pública. Em 2010, 24 países tinham défice excessivo, situação que tem sido uma constante e economias como, por exemplo, a Alemanha e França fazem parte.

São várias as vulnerabilidades da UEM, sendo que a crise de 2008 acabou por tornar esta situação mais evidente. Deste modo, urge verificar e retificar as seguintes vulnerabilidades:

- A crise mundial não consumiu a economia dos países europeus que não faziam parte da Zona Euro, acredita-se que a moeda pode ter mitigado esse resultado, contudo, esta situação alterou-se quando a Zona Euro mostrou as suas fragilidades, acabando por atingir todos os Estados-Membros;
- Foram inúmeros os Estados-Membros que tiveram de injetar dinheiros públicos para o financiamento do sector bancário por causa do perigo de colapso;
- A taxa de desemprego atingiu valores inconcebíveis, acabando por gerar agitação social;
- Graças aos efeitos causados pela recessão económica, os Estados-Membros entraram em mútua discordância, já que a UEM também não se mostrou preparada para atender esta situação;
- A despesa pública acabou por ficar limitada por causa da dívida estatal;
- Os efeitos grutescos da crise foram apaziguados pelo Banco Central Europeu, já que se viu obrigado a atingir os limites estipulados pelo Tratado, quando teve iní-

cio o programa da compra de ativos, por sua vez, e acabando por dificultar ainda mais a situação, as respostas da UEM, além de escassas, eram também tardias;

Apesar de grande parte das economias e do sector financeiro da Zona Euro terem recuperado, e aproveitando tempos calmos, é necessário implementar reformas nas instituições que comandam a política económica, dado que colocar em prática reformas governativas em tempos conturbados é pouco eficiente, como foi, por exemplo, o caso da Grécia, que, em 2009, a situação económico-financeira do país estava caótica e foi necessário efetuar ao longo dos tempos inúmeras alterações, como a Alemanha e França queriam fazer ao decretar prejuízos a detentores privados de dívida soberana grega, solução que contava com o apoio do antigo Presidente francês, Sarkozy e da ex-chanceler, Angela Merkel. Esta declaração fez com que os mercados vendessem a dívida grega, fazendo com que os problemas de liquidez do país aumentassem, assim como Portugal.

Em 2011, a UE concebeu o Fundo Europeu de Estabilização Financeira, cujo papel era auxiliar os países com dificuldades; foi também aprovado o pacote da união bancária que visava separar o risco da dívida pública do risco financeiro; já o BCE foi o protagonista de criar estabilidade nos mercados da dívida empresarial e soberana. Pode-se afirmar que se esses mecanismos tivessem sido executados em tempo adequado, a crise da dívida soberana não teria sido tão devastadora.

No entanto, é importante destacar que o cenário ainda é delicado, uma vez que, se olharmos para a parte económica e financeira, verificamos que determinados elementos da crise ainda se mantêm, contudo, menos acentuados:

— O nível de integração mantém-se, porém, abaixo dos valores antes da crise, fazendo com que haja uma baliza que limite o acesso ao financiamento;
— Incumprimento de créditos afetam a rentabilidade das instituições financeiras e, por conseguinte, a possibilidade de financiar a economia real;
— No que respeita à percentagem do PIB, mantêm-se elevadas as dívidas soberanas;
— A boa relação que existe entre a banca e os Estados, aliada aos níveis de créditos malparados, são, sem sombra de dúvida, elementos prejudiciais. De forma a evitar esta situação, é necessário implementar medidas que ajudem a controlar os riscos que estão intrínsecos ao sector bancário;
— Quanto às elevadas dívidas públicas, os Estados levarão muito tempo a resolver esta situação, com a agravante de terem uma recuperação lenta. Quando a crise se iniciou, o BCE acabou por ter um papel fulcral no que respeitou a políticas que resolvessem possíveis choques assimétricos, o que acabou por funcionar.

2.3. A reforma da UEM

Com base no relatório dos presidentes das várias instituições da UE, o Livro Branco foi uma contribuição da Comissão para a Cimeira de Roma. Esta obra formalizou o debate sobre o futuro da Europa colocando em cima da mesa cinco situações que são fundamentais, nomeadamente, o Mercado Único e Comércio; União Económica e Monetária; Schengen, Migração e Segurança; Política Externa e de Defesa; e, por último, a Orçamentação da UE. No entanto, e dada a extensão da situação, o enfoque será a União Económica e Monetária, tendo como meta a melhoria da Zona Euro por meio da «melhoria do funcionamento da moeda única, com o intuito de impulsionar o crescimento e prevenir choques financeiros, quer a nível interno quer no exterior». Para isso, é necessário que haja uma restrição ao mercado único e, por conseguinte, uma limitação de cooperação da Zona Euro. De facto, «O euro facilita as trocas comerciais, mas as crescentes divergências e o grau limitado de cooperação são importantes fontes de vulnerabilidade, o que põe em risco a integridade da moeda única e a sua capacidade para fazer frente a novas crises financeiras».

Desta forma, e para quem queira fazer mais, está previsto que um conjunto de países se reúna para analisar o aprofundamento da cooperação nas áreas que merecem mais destaque, tais como a tributação e normas sociais. Assim «Um grupo de países, inclusivamente, da Área do Euro, e, possivelmente, outros, opta por uma cooperação muito mais estreita, nomeadamente, nos domínios fiscal e social. Uma maior harmonização das regras fiscais e das taxas de imposto, reduz os custos de conformidade e limita a evasão fiscal». Se o caminho for fazer menos, mas mantendo a eficácia, serão tomadas medidas com o propósito de enrobustecer a Zona Euro, permitindo que esta tenha mais solidez, no entanto, em determinadas áreas como políticas sociais e de emprego, a atual UE é menos influente. Já «Noutros domínios, continuam a ser tomadas medidas para consolidar a Área do Euro e garantir a estabilidade da moeda comum. O peso da UE no mundo, evolui em consonância com esta recalibragem das suas responsabilidades».

Para se fazer mais e com a colaboração de todos, a União Económica, Financeira e Orçamental foi concluída. «Na Área do Euro, e para os Estados-Membros que pretenderem aderir, haverá maior coordenação em questões orçamentais, sociais e tributárias, assim como, uma supervisão europeia dos serviços financeiros. A UE disponibilizará apoio financeiro suplementar para estimular o desenvolvimento económico e amortecer choques, aos níveis sectorial, regional e nacional.»

2.4. Reforma para uma estabilidade

Aplicação de recursos, estabilidade e redistribuição foram as três áreas que o economista Richard Musgrave identificou como sendo as mais importantes

Começando pela primeira, a aplicação de recursos, esta abrange o abastecimento de bens públicos e eliminação do que não é eficaz. No que toca à estabilidade, esta prende-se com a redução da extensão dos ciclos económicos, quanto à última, a redistribuição, é o mecanismo que permite que se reduza diferenças permitindo que se enfrente melhor os resultados que a instabilidade económica provoca a nível social.

Atualmente, a UE apoia financeiramente os Estados-Membros, nomeadamente com redes de transporte ou I & D, isto através dos fundos estruturais. Quanto à redistribuição, esta ajuda é feita através do Fundo Social Europeu. Sobre a estabilidade, esta diz unicamente respeito aos Estados, já que estes têm a obrigação de respeitar as regras da Zona Euro, designadamente, o Pacto de Estabilidade e Crescimento e o Pacto Orçamental.

Tanto para a simplificação das instituições e consequentes regras como para aperfeiçoar a competência e estabilidade das instituições, é imprescindível que se faça uma reforma institucional da UEM. Para isso, é necessário que se proceda à alteração do Mecanismo Europeu de Estabilidade (MEE) num Fundo Monetário Europeu (FME) com as seguintes finalidades:

- Orientar e monitorizar as políticas orçamentais nacionais;
- Dar apoio financeiro e técnico aos Estados-Membros que estejam em situação de dificuldade financeira;
- Atribuição de mecanismos que permitam dar estabilização por meio de um sistema de seguro-desemprego.

Quanto ao último ponto, é fundamental que se crie esta finalidade para que se evitem transferências entre os Estados-Membros, uma vez que esta finalidade prossupõe o auxílio para choques provisórios, e não para deficiências de natureza estrutural. Caso contrário, o crescimento seria inferior. Assim, o financiamento do FME será proveniente de recursos próprios.

2.5. Uniões soberanas e financeiras

Graças à liberdade de circulação de capitais dentro e fora do espaço europeu, a segurança financeira acabar por ser sempre alcançada. Entre o perigo de uniões entre soberanos e instituições financeiras, e de forma a quebrar esses vínculos, criou-se, em 2013, a União Bancária, que efetuou o seguinte:

— O Mecanismo Único de Supervisão (MUS). Aqui, o BCE tem a obrigação de verificar instituições como, por exemplo, Banco BPI, Caixa Geral de Depósitos, entre outras. Já as menos importantes estão sob fiscalização indireta do BCE, e fiscalização direta das demais autoridades nacionais que reportam ao BCE;
— O Mecanismo Único de Resolução (MUR) é basicamente um Fundo Único de Resolução;
— Por último, o Conselho Único de Resolução garante a resolução de bancos que estejam em dificuldades sem que haja um grande impacto tanto nas finanças públicas dos países da União Bancária como na economia real.

No entanto, e apesar de estas medidas terem significado uma melhoria na estabilidade financeira, existem ainda algumas inquietações, dado que os planos inicias não foram implementados na sua totalidade.

2.6. O BCE como *backstop*

Em 2013, numa declaração do ECOFIN, surgiu uma proposta de se criar um mecanismo *backstop* para o Fundo Único de Resolução, porém, não foi conhecido qualquer avanço, uma vez que surgiram dúvidas e as instituições bancárias teriam de acarretar os problemas de outras. Esta ameaça poderia ser minimizada em caso de envolvimento por parte da entidade financeira que se responsabiliza pela supervisão bancária. De salientar que o Sistema Europeu de Bancos Centrais (SEBC) é uma instituição de grande confiabilidade, sendo capaz de criar moeda e fornecer a liquidez que for necessária. Quando se imputa estabilidade financeira ao SEBC para a Zona Euro, fica também assegurado que o BCE é capaz de garantir o excelente funcionamento dos instrumentos da política monetária.

Esta relação institucional possibilita a separação entre o sistema que efetua a supervisão e a resolução dos bancos. Sendo assim, este é o percurso a fazer de maneira que se eliminem enigmas orçamentais nacionais e divergências bancárias.

Inicialmente, pensou-se em criar o Sistema Europeu de Seguro de Depósitos, porém, este plano não foi avante, uma vez que dos Estados mais competitivos tinham receio que houvesse transferências constantes para os Estados menos competitivos. Mesmo assim, o facto de não existir um Sistema Europeu de Seguro acaba por ser um problema, já que:

- Em termos geográficos, existe uma fragmentação, pois os bancos têm condições de liquidez e capital diferentes por consequência da proteção de depósitos, estas assimetrias acabam por colocar barreiras tanto na integração transfronteiriça como numa União Bancária;
- O facto de não existir o sistema acima referido faz com que o Mecanismo Único de Resolução resolva assuntos dos grandes bancos, não havendo lugar a preocupações sobre custos de garantia de depósitos;
- Isto acaba por afetar a confiança que os cidadãos depositam no sistema financeiro, já que hoje em dia existe uma grande probabilidade de os bancos colapsarem.

Neste contexto, cabe aos Governos proteger a segurança dos depósitos, pois se os depositantes acabarem por receber o mesmo tratamento que os credores empresariais, haverá uma significativa perda de confiança, já que os credores empresariais têm um conhecimento para medir eventuais riscos bancários que os depositantes não têm.

Esses riscos têm de ser evitados ou minimizados; a crise já demonstrou que a solidariedade é imprescindível numa união política e económica e que realmente funciona. Esclarecer apoios que são dados aos Estados em tempos de crise é relativamente fácil, contudo, isto não acontece quando se fala de política. Exemplo disso é a hesitação por parte da Alemanha face ao esforço que se exigia pelas transferências permanentes; como tal, é fundamental que se encontre um equilíbrio politicamente atendível e preciso.

Na opinião de muitos, se houvesse um Sistema Europeu de Seguro de Depósitos, isto seria minimizar os riscos do risco moral ou então conjugar o nível de vigilância com o nível de seguro do depósito. Ora, para instituições com alguma importância e que estivessem sob vigilância do BCE, haveria um seguro de depósito europeu. Já os bancos nacionais seriam abrangidos por seguros nacionais.

2.7. As reformas: fiscal, défice e dívida

Foi pela via da crise financeira e da dívida soberana que determinados sectores económicos, mas também políticos, tiveram a ideia de defender uma maior integração financeira e orçamental e, para tal, pensaram em orçamentos federalistas ou impostos europeus. Porém, não existe consenso para que estas ideias sejam implementadas, uma vez que, em oposição, se pensa que, ao haver um orçamento federal e impostos europeus, os Estados começassem a ter comportamentos de imprudência fiscal, por exemplo, haver lugar ao não financiamento dos seus próprios sistemas. Quanto à consolidação orçamental e redução da dívida, os Governos da UE tornaram-se mais vigilantes por meio do Tratado Intergovernamental a respeito da Estabilidade, Coordenação e Governação na União Económica e Monetária, mais conhecido por Tratado Orçamental. O documento não é um elemento do Tratado da UE, mas tem como base várias regras como a do Pacto de Estabilidade e Crescimento que, por definição, proíbe défices superiores a 3% do PIB e dívidas superiores a 60% do PIB, e em caso de um cumprimento, há possibilidade de sanções. Por via do Tratado Orçamental, é exigido aos Estados-Membros que retifiquem os seus desequilíbrios tendo em conta o tempo em que o fazem, a sua posição cíclica e uma distância do limite de 60% da dívida, face ao PIB. O Tratado, para além de reforçar as regras do PEC, também reforçou a regra do saldo estrutural — défice nominal. Foi em 2005, e com a revisão do PEC, que a regra do saldo orçamental foi produzida e passou também a fazer parte de um OMP — Objetivo de Médio Prazo para cada Estado.

Foi pela mão da Comissão Europeia que o OMP em Portugal foi fixado num *superavit* de 0,25 pontos percentuais. O OMP deve ser revisto de três em três anos. Não só com o OMP, mas também com o Tratado, foram introduzidas mais medidas em que:

- — A dívida pública tem de cair 5% da diferença entre o seu valor e o limite do 60%;
- — O aumento da despesa primária deve estar na mesma direção que a taxa média de crescimento potencial do PIB;
- — Para os Estados-Membros que cumpram o OMP, a despesa em percentagem do PIB precisa de ser contínua, não havendo mais medidas do lado da receita;
- — Para os Estados-Membros que não cumpram estas regras, o aumento da despesa primária terá de estar abaixo da taxa média de crescimento potencial do PIB e a despesa em percentagem do PIB também tem de diminuir. Contudo, terá de haver ausência de mais medidas do lado da receita.

Com estas medidas, ficaram determinados mecanismos de correção automática, para o caso em que o limite de défice estrutural seja posto em causa. Com o Semestre Europeu aprovado, ficou estabelecido um calendário de programação previsional, mais concretamente, a data de entrega do Programa de Estabilidade — para o mês de abril, e do Orçamento nacional para o ano seguinte — para o mês de outubro. Foi graças a esta iniciativa que os Estados-Membros iniciaram entre si e entre as entidades europeias o diálogo em que debatiam os seus planos económicos e orçamentais. Deste modo, o *six-pack* e o *two-pack* ajudaram num maior reforço de prevenção, preparando diversos aspectos em particular, a nível orçamental, na retificação dos desequilíbrios macroeconómicos e no controlo do Procedimento dos Défices Excessivos. Com estas regras, verificaram-se melhorias. Se olharmos para as condições em que é exigida uma redução de défice, estas condições assentam no défice estrutural, o que significa que tem de haver uma estimativa do PIB potencial.

Existem diversas formas para impedir que um Estado seja compelido a executar uma contração fiscal numa altura de dificuldades económicas. Com base nas diretrizes da Comissão Europeia, a medida do PIB é estimada pelos governos nacionais. No entanto, existem sempre divergências por o PIB ser por estimativa e não por observação.

Ainda outra sugestão passa pela adoção de dados estatísticos mais claros, incluindo na estimativa final do PIB potencial, cálculos provenientes do FMI ou a OCDE, bem como de outras instituições internacionais. Ainda a longo prazo, a nível de reformas poderá ser necessário ir mais a fundo, passando pela alteração dos objetivos relacionados com o défice estrutural e limitando a despesa pública. Depois, o limite da dívida pública encontra-se nos 60 pontos percentuais do PIB; assim, e com uma eventual revisão, poderia incluir-se um elemento de sustentabilidade e, desta forma, seria considerada a dívida externa de cada Estado, e não apenas a dívida pública. Contudo, isso não está para breve, uma vez que já foi reconhecido por toda a UE que o atual sistema é eficiente em vários pontos, tanto na melhoria do défice como na descida da dívida pública.

A UE, através da regulação, poderia incentivar o desenvolvimento de mercados de dívida contingente, dado que existem Estados que emitem obrigações que estão indexadas à inflação e cujos pagamentos de juros estão relacionados com essa inflação; desta maneira que investe, acaba por obter uma taxa nominal variável, significando isto que recebe um pagamento. No entanto, há sugestões para a emissão de mecanismos financeiros, que geram meios contracíclicos, em que é efetuada a partilha de riscos com os mercados. Ainda assim, há outra opção: o FME criar alternativas de suporte dos programas da UE, em especial, os que estão orientados para estabilidade.

Concluindo, no documento de reflexão para a UE estão comtempladas todas as sugestões que visam erigir consensos para as adversidades que aí vêm:

— Estabilização da UE;
— Alcançar uma União Económica e Fiscal;
— Responsabilização das instituições da UE.

Ao longo dos anos, muita coisa foi obtida. É, por isso, crucial encontrar consensos para o futuro, uma vez que vários elementos estão a ser discutidos para que sejam implementadas mais medidas até 2025. Este tema requer uma conclusão da União Bancária, dado que existem medidas para que os bancos europeus consigam ter mais resiliência, ajudando nas inúmeras possibilidades de financiamento e inovadoras para a economia real. É essencial que se efetue a integração da União dos Mercados de Capitais. Foi através do relatório dos cinco presidentes que ficou assumido que as estruturas económicas e sociais são essenciais para uma União Económica e Monetária. Os Estados devem robustecer dados que já existiam, por exemplo, o Semestre Europeu. A capacitação de estabilização macroeconómica da área do euro deve ser melhorada. Com o propósito de uma União Económica e Monetária mais estável, os Estados devem distribuir decisões e obrigações no âmbito de um quadro jurídico. Uma maior integração política poderá levar a uma alteração de critérios entre a Comissão e o Eurogrupo. Por fim, a ideia de haver uma instituição como talvez um Ministério das Finanças que tenha poderes orçamentais no âmbito da Zona Euro e de um Fundo Monetário Europeu é, certamente, uma ideia que pode envolver debates que tencionam aprofundar a União Económica e Monetária da União Europeia.

3. O Orçamento do Estado e o Pacto de Estabilidade e Crescimento (PEC)

3.1. A Política Orçamental na UE

3.1.1. Enquadramento

Embora tivéssemos, até ao momento, referido algumas ligações entre a política orçamental portuguesa e as regras da União Europeia, não demos relevância, em si, às Finanças da UE, cujo orçamento representa 1% do Rendimento Nacional Bruto do conjunto dos Estados-Membros, estando inscrito no quadro financeiro plurianual de 2014–2020 e 2021–2027.

Como afirmam Günther H. Oettinger e Corina Cretu, respetivamente membro da Comissão de Orçamento do Parlamento Europeu, por menos do que o custo de um café por dia, os cidadãos europeus financiam um orçamento que abrange um vasto leque de ações[41]. Desde ações relacionadas com o clima, a energia e as migrações, passando

[41] *Vide*, também, Paz Ferreira, Eduardo (2020), *Ensaio de Finanças Públicas*, Almedina, pp. 517 e segs. e MacDougall, D., (1977), *Report of Study Group on the Role of Public Finance in European Integration*, Bruxelas, Comissão Europeia, Vol. 1 e 2.

pela defesa do consumidor, a globalização, o emprego, o mercado único e a moeda comum, o orçamento contribui para a prosperidade dos cidadãos europeus e para o êxito das políticas comuns. Apesar de modesto, ele tem, contudo, um impacte importante na União, embora se tenha perdido um parceiro e contribuinte importante para o financiamento das políticas e dos programas da União Europeia, como foi o Reino Unido. Retirada que, apesar de ser uma perda, que representa, porém, uma oportunidade para um debate sobre a adaptação e modernização do Orçamento da UE.

Debate que terá de passar:

— Pela eficiência de cada euro nos resultados concretos para os cidadãos;
— Pelo princípio da subsidiariedade entre as despesas da UE e as despesas nacionais, ou seja, que resultados podem ser alcançados através das despesas da União Europeia que não possam ser obtidos através de despesas nacionais;
— Pela simplificação e transparência das políticas e programas; e
— Pelo modo como deve ser financiado o orçamento da UE, de forma a assegurar que há recursos necessários para satisfazer as expectativas dos europeus.

Como afirmam os autores anteriormente referidos[42], o poder económico, a sustentabilidade, a solidariedade e a segurança devem constituir os pontos centrais das futuras finanças da União.

Contudo, além do orçamento da UE, que não tem, como se sabe, uma vocação de estabilização macroeconómica global, há também que ter em atenção que os países da UE continuam a ter os seus próprios orçamentos, que são disciplinados e coordenados pelas diversas instituições e regulamentos comunitários, com relevância para os Regulamentos n.ºs 1466/97 e 1467/97, de 7 de julho, que fundamentam o denominado Pacto de Estabilidade e Crescimento.

3.2. O Orçamento da UE[43]

O orçamento da UE é anual (o exercício corresponde ao ano civil), é estabelecido conjuntamente pelo Parlamento, Comissão e pelo Conselho, conforme o artigo 314.º do Tratado de Funcionamento da União Europeia, engloba todas as despesas e receitas da

[42] Ver http://ec.europa.eu/budget/mff/hlgor/library/reports.
Para mais informações ver http://ec.europa.eu/portugal.

[43] Ver (http://europa.eu/european-union/topics/budget.pt).

União previstas em cada exercício orçamental e deve ser equilibrado, isto é, as receitas[44] devem ser iguais às despesas (saldo igual a zero). O orçamento anual deve também respeitar o quadro financeiro plurianual estabelecido por um período de cinco anos, de acordo com o artigo 312.º do Tratado.

Refira-se que as despesas são agrupadas segundo a sua natureza ou o seu destino e subdivididas de acordo com as regras financeiras, que fixam as modalidades relativas ao estabelecimento e à execução do Orçamento e a verificação de contas, bem como as regras que garantem o controlo da responsabilidade dos atores financeiros, principalmente os contabilistas.

Quanto à execução e à gestão do Orçamento, são feitas pela Comissão, em cooperação com os Estados-Membros, conforme as regras definidas no artigo 322.º do Tratado.

Para terminar esta rubrica, há que referir que o orçamento da UE está dividido nos seguintes seis domínios de despesa:

— Competitividade para o crescimento e o emprego;
— Coesão económica, social e territorial;
— Crescimento sustentável;
— Segurança e cidadania;
— Europa no mundo;
— Administração;
— Outras fora do âmbito do quadro financeiro plurianual.

3.3. O Pacto de Estabilidade e Crescimento

3.3.1 Introdução

O pacto de estabilidade e crescimento resultou de uma resolução do Conselho Europeu de 17 de junho de 1997, publicada no Jornal Oficial de 2 de agosto de 1997, e em dois Regulamentos do Conselho Europeu, com os n.os 1466/97, ambos de 7 de julho e publicados no Jornal Oficial de 2 de agosto de 1997[45].

[44] Contributos de cada Estado-Membro com base nos rendimentos relativos, juntamente com os direitos aduaneiros cobrados nas fronteiras externas e uma pequena parcela com base no Imposto sobre o valor acrescentado. Não há um imposto UE. O sistema de receitas é acordado para todos os Estados-Membros e ratificados pelos Parlamentos Nacionais.

[45] Ver http://europa.eu.int/com/economyfinance/about/activities/sgp/sgpeu.htm.

O PEC teve por objetivo principal reforçar a coordenação orçamental na terceira fase do UEM (iniciada a 1 de janeiro de 1999, com o lançamento do euro), estabelecendo que a médio prazo os Estados-Membros deviam atingir uma posição próxima do equilíbrio orçamental, bem como apresentarem um programa de estabilidade — o que foi feito até 1 de janeiro de 1999 —, que deverá ser anualmente atualizado.

Segundo o mesmo modelo, os Estados que não participassem na terceira fase do UEM (adesão ao euro) deviam apresentar um programa de convergência[46].

É ainda de referir que foram também definidos num Protocolo, anexado ao Tratado, os valores de referência para o défice e para o rácio da dívida/PIB, respetivamente 3% e 60%.

Porquê estes valores?

Quando o Tratado de Maastricht foi assinado, o investimento público era, em média, de cerca de 3% do PIB na UE, pelo que o teto de 3% para os défices públicos era consistente com a «regra de ouro», que admite défices orçamentais até ao montante das despesas de investimento público.

Mas como para um défice de 3% foi associado um crescimento de 5% do PIB em termos nominais, então o rácio da dívida estabilizar-se-ia (como veremos mais tarde) em 60% do PIB, isto é, $\frac{3}{5} = 0{,}60$.

3.3.2. Críticas e limitações do PEC

Apesar da sua simplicidade inicial e interesse (coordenar as políticas orçamentais dos membros da UE), o PEC começou desde cedo a ser objeto de inúmeras críticas e de

[46] Diferentes dos programas de estabilidade e crescimento são os programas de convergência. Os primeiros descrevem a posição dos Estados-Membros pertencentes à Zona Euro e as projeções orçamentais de médio prazo. O objetivo final é o do equilíbrio orçamental, para que o limite de 3% do PIB, fixado no tratado da UE, para o défice público, não seja ultrapassado, mesmo em situação económica desfavorável, devendo os Estados especificar as medidas necessárias, adotadas ou a adotar. Em caso de desvio significativo da situação orçamental relativamente à trajetória de médio prazo prevista no programa de estabilidade, o Conselho dirigirá uma recomendação ao Estado para que tome medidas de ajustamento necessárias. Diversamente, os Estados-Membros que não participem na Zona Euro continuam obrigados apresentar programas plurianuais de convergência e estão sujeitos ao procedimento por défice orçamental excessivo (PDOE), exceto no que diz respeito à aplicação das sanções respetivas. Tais programas visam assegurar a convergência duradoura necessária à realização da UEM, em especial no que refere à estabilidade dos preços e à solidez das finanças públicas e têm um conteúdo idêntico ao dos programas de estabilidade dos Estados participantes — Nazaré Costa Cabral *et al.* — Finanças Públicas e Direito Financeiro (20).

propostas de revisão, que divergiam em vários aspectos, nomeadamente no âmbito da reforma: reformulando-o de forma radical para uns, ou melhorando-o a partir da base existente, para outros.

Mas quais as principais críticas que foram feitas ao PEC?

— Uma das primeiras foi de, em termos de política orçamental, não olhar para as necessidades do conjunto da Zona Euro como um todo;
— Outra foi não deixar espaço suficiente para os estabilizadores automáticos[47] funcionarem e para as políticas orçamentais contracíclicas, mas de, pelo contrário, tender a amplificar os ciclos económicos;
— Em terceiro lugar, a de não incorporar a necessidade a que os países menos desenvolvidos têm de realizar mais despesas de investimento público;
— Outra das críticas dizia respeito a não promover a transparência;
— Por último, a de aplicar as mesmas regras a todos os países.

Todas as referidas situações colocaram em risco a sobrevivência[48] do PEC, pelo que, em 2002, a flexibilização das regras do PEC começou então a ser discutida, dando origem a duas propostas de revisão, uma a favor da manutenção do seu carácter rígido e ortodoxo, outra, contra o PEC, com argumentos de ordem muito diversa, tais como:

— A regra dos 3% do défice era considerada arbitrária;
— Era demasiado rígido e era pró-cíclico;
— Os cenários conjunturais em que se baseava eram incompletos;
— As sanções só serviam para agravar a situação dos membros que já se encontravam em dificuldades;
— Fundamentava-se num único indicador — o défice orçamental;
— Baseava-se em conceitos imprecisos, por exemplo, a expressão «orçamento próximo de equilíbrio».

[47] Os estabilizadores automáticos são os elementos da despesa pública e do sistema de impostos que contribuem para amortecer as flutuações cíclicas da economia. Eles têm tanto mais impacto quanto maior for, por exemplo, o peso da despesa pública, a progressividade do sistema fiscal e o peso dos impostos indiretos. Os seus efeitos são diferentes conforme o choque é do lado da procura ou da oferta. No caso de um choque negativo de procura, os estabilizadores mais fortes implicam um maior amortecimento da flutuação do nível de atividade, mas, em contrapartida, uma maior deterioração do saldo orçamental.

[48] Romano Prodi, então presidente da Comissão, considerou o PEC «estúpido, como todas as decisões que são rígidas».

3.3.3. A evolução recente do PEC

Após longas discussões, foram sendo apresentadas algumas propostas, por exemplo, a substituição do equilíbrio orçamental contabilístico (saldo global) pela estimação dos saldos orçamentais corrigidos das variações conjunturais, eliminando-se assim as consequências financeiras dos choques conjunturais aleatórios.

Desta abordagem e de outras (leia-se Bourrinet[49] — 2003) surgiram algumas sugestões, no sentido de alterar o PEC, alterações que se traduziram numa solução compromissória entre as duas visões anteriormente referidas: a perspetiva ortodoxa e a perspetiva mais flexível, através da aprovação dos Regulamentos n.os 1055/2005 e 1056/2005, ambos de 27 de junho.

O primeiro regulamento alterou o regulamento n.º 1466/97, enquanto o segundo alterou o regulamento n.º 1467/97, esclarecendo o processo de implementação do Procedimento por Défices Excessivos (PDE).

Porém, devido à crise financeira de 2007-2008 e à crise das dívidas soberanas houve, como é evidente, novas mudanças e modificações ao PEC, que, de acordo com alguns autores, reganhou, a partir de 2009, uma nova vida e recuperou a sua missão de instrumento rígido e implacável de supervisão multilateral da situação dos Estados.

Este novo fôlego do PEC resultou, por um lado, em grande medida da aprovação, no final de 2011, de um pacote de seis medidas de direito comunitário derivado, designado por Six-Pack, composto por uma Diretiva e cinco Regulamentos, como já vimos anteriormente.

Por outro lado, a redefinição do quadro de coordenação económica no espaço da UE sofreu um último impulso, no início de 2012, com a assinatura de dois novos Tratados: em fevereiro, o Tratado que criou o Mecanismo Europeu de Estabilidade e, em março, o Tratado sobre Estabilidade e Coordenação na UEM (conhecido por Pacto Orçamental).

Mais recentemente, em 2013, a UE fez aprovar mais duas peças legislativas do após crise: os Regulamentos do Conselho n.os 472 e 473, de 21 de maio de 2013, conhecidos pela designação Two-Pack[50], como já vimos.

---

[49] Bourrinet, Jacques (2003), «Quelle Credibilité peut-on accorder au pack de stabilité et croissance dans le cadre de l'Union economique et monétaire européenne?» — Revue du Marché Commun et de l'Union Européenne, n.º 472, 568 ss.

[50] Obriga, entre outras coisas, os países a reduzirem as suas dívidas públicas para 60% do respetivo PIB, ao longo dos próximos 20 anos.

O Six-Pack e Two-Pack serão analisados mais à frente.

Para maior desenvolvimento acerca do PEC, ver Nazaré da Costa Cabral *et al.* (2016) em Finanças Públicas e Direito Financeiro.

4. Do PEC ao Saldo Orçamental Global e Estrutural

4.1. Introdução

O sector das administrações públicas está sujeito, na aprovação e execução dos respetivos orçamentos, ao princípio da estabilidade orçamental, que consiste numa situação de equilíbrio ou excedente orçamental.

Assim, atendendo ao referido nos artigos 105.º da CRP e 10.º da Lei de Enquadramento Orçamental, os orçamentos das administrações públicas devem prever as receitas bastantes para, pelo menos, satisfazer as despesas previstas, isto é, os orçamentos devem, na sua aprovação, estar equilibrados, podendo significar, contudo, um excedente das receitas sobre as despesas. É o chamado equilíbrio formal.

Mas se os orçamentos das administrações públicas têm de se apresentar sempre equilibrados, porque se fala frequentemente em défice? Se isso acontece, então é porque pode haver défice mesmo quando as receitas são iguais ou superiores às despesas. Ou seja, o equilíbrio orçamental não se define pela igualdade entre todas as despesas e todas as receitas, mas sim pelo equilíbrio entre certas receitas e certas despesas. O chamado equilíbrio substancial. Há, por isso, uma questão a que se tem de dar resposta: que despesas e que receitas devem ser comparadas para calcular o excedente, o equilíbrio ou o défice orçamental?

As respostas têm sido diversas, aceitando-se, porém, a comparação entre receitas e despesas efetivas. Isto é, respetivamente, as que aumentam o património do Estado e as que o diminuem, o que, como é evidente, não inclui quer os ativos financeiros (concessão ou reembolso de empréstimos, a aquisição ou alienação de obrigações), quer os passivos financeiros (obtenção ou amortização de empréstimos).

Assim, se as receitas efetivas forem superiores às despesas efetivas, diz-se que o saldo orçamental global é positivo. Se as despesas efetivas forem superiores às receitas efetivas, então o saldo é negativo, isto é, há défice, cujo valor, de acordo com o pacto de estabilidade da UE, deve ser inferior a 3% do PIB.

Acrescente-se, ainda, que Total das receitas – Total das despesas = capacidade (+) ou necessidade (–) de financiamento líquido.

4.2. Limitações do Saldo Orçamental Global (SO)

A variação deste saldo é frequentemente apontada como indicador da natureza da política orçamental levada a cabo pelos governos, dado que o aumento (redução) das despesas ou a redução (aumento) das receitas têm, por norma, um efeito expansionista (contracionista) sobre a atividade económica.

Porém, o valor do saldo global das administrações públicas não reflete com rigor a relação entre receitas e despesas no período a que se refere.

Uma das razões resulta do facto de o referido saldo refletir o pagamento dos juros da dívida pública, cujo valor varia em função da dívida total acumulada em períodos anteriores e das taxas de juro do mercado. O saldo global é, por isso, um indicador imperfeito da orientação da política orçamental discricionária, na medida em que, por um lado, uma política expansionista pode decorrer de um endividamento acentuado em períodos anteriores e/ou de uma subida das taxas de juro de mercado[51]. Por outro lado, uma melhoria do saldo global pode não resultar de quaisquer alterações da política orçamental discricionária, mas sim de resultar automaticamente da descida das taxas de juro.

A influência da conjuntura económica sobre o valor do saldo global constitui outra das suas limitações enquanto indicador do grau expansionista ou contracionista da política orçamental, ou seja, a evolução do PIB condiciona quer o nível de receitas públicas, quer o nível de despesas públicas, pois há receitas que são tanto maiores quanto mais elevado é o rendimento agregado e despesas que crescem (subsídio de desemprego, por exemplo) quando a atividade económica diminui.

Assim sendo, em períodos de expansão (redução) da atividade económica, o saldo global aumenta (diminui) de forma automática, o que é designado por *estabilizadores automáticos*, isto é, mecanismos orçamentais que exercem uma ação contracíclica espontânea, mesmo que nenhuma política orçamental discricionária seja empreendida. Por exemplo, numa fase de crise tem-se: subsídios de desemprego ↑, receitas fiscais ↓ e défice público ↑.

---

[51] Se não englobarmos os referidos juros, então tem-se o saldo primário, que é dado pela seguinte expressão:

Saldo Global Primário: Receitas efetivas – (Despesas efetivas – juros)
= Receitas efetivas – Despesas efetivas + Juros
= Saldo Global + Juros.

Do exposto, infere-se que o saldo orçamental global não permite distinguir os efeitos discricionários (ações deliberadas do governo sobre o saldo) da política orçamental, ou seja, os efeitos pretendidos com a manipulação de variáveis, tais como o regime fiscal, os programas de despesa e o regime de prestações sociais, dos *efeitos automáticos* que decorrem das flutuações conjunturais do nível de atividade económica.

Em consequência do referido, houve necessidade de recorrer a um indicador que permitisse distinguir a componente discricionária da automática, ou seja, um indicador que removesse a influência do ciclo do saldo orçamental global, indicador que veio a ser designado por saldo estrutural (Soe) ou saldo ajustado do ciclo[52].

4.3. O Saldo Estrutural

4.3.1. Definição e cálculo

O saldo estrutural (So_e) define-se como o saldo global corrigido das variações (So_c) e líquido de medidas extraordinárias e temporárias[53] (Met).

Da definição anterior, resulta:

$So_e = So - So_c - Met$ (1), onde $So_c = \alpha \frac{(Yt - Y_t^*)}{Y_i^*}$, sendo α — a elasticidade de receitas e despesas públicas;

$\frac{Yt - Y_t^*}{Y_i^*}$ — o hiato do produto, Y_t com o produto atual e Y_t^* o produto potencial

Da expressão (1) infere-se que o indica qual seria o valor do saldo global se a economia se situasse ao nível de tendência, isto é, se o produto real observado e o produto potencial fossem idênticos.

Caso tal não aconteça, então um hiato negativo (positivo) significa que há uma conjuntura económica desfavorável (favorável), o que contribui para uma diminuição (aumento) do saldo estrutural[54].

---

[52] *Vide* Nuno Moita, Belmiro Moita e António Gameiro, *Finanças Públicas*, Almedina, 2017, páginas 157-160.

[53] Medidas cujo efeito orçamental é transitório e não conduz a uma alteração sustentada da posição intertemporal.

[54] As previsões do saldo estrutural são, para Portugal, as seguintes:

— 1,1 em 2018

— 0,5 em 2019

— 0,0 em 2020

+ 0,3 em 2021

Refira-se, ainda, que da equação acima facilmente se infere que o saldo global é igual: $So = So_e + S_c$, isto é, o saldo orçamental global pode ser decomposto em duas parcelas: estrutural e cílica.

A primeira, a estrutural, é a componente do *So* que traduz as alterações decorrentes de ações deliberadas da política orçamental do governo, que se enquadram na função estabilização do Estado, de acordo com Musgrave.

A parcela cíclica é a parte de *So* que é explicada pela conjuntura económica, incorporando os efeitos «automáticos» de conjuntura, que resultam da atuação dos estabilizadores automáticos.

4.4. A Lei de Enquadramento Orçamental e o Saldo Orçamental Estrutural

Justificadas as razões pelas quais deve ser calculado o saldo estrutural, passamos, de seguida, à análise do artigo 20.º da nova Lei de Enquadramento Orçamental (LEO) — lei 151/2015, de 11 de setembro —, onde são estabelecidos valores do saldo estrutural em duas situações, além de outras considerações.

O referido artigo começa por estabelecer, no seu n.º 1, que o objetivo orçamental de médio prazo (OMP) é aquele que for definido no âmbito e de acordo com o Pacto de Estabilidade e Crescimento[55], o que implica que as linhas gerais da política orçamental devem adequar-se às obrigações decorrentes do referido Pacto.

Por seu lado, o n.º 3 define saldo estrutural e estabelece que ele não pode ser inferior ao OMP constante do Programa de Estabilidade, tendo por objetivo alcançar um limite de défice estrutural de 0,5% do PIB pm. Contudo, o n.º 5 refere que o limite para o objetivo de médio prazo pode atingir um défice estrutural, no máximo, de 1% do PIB pm, sempre que a relação entre a dívida pública e o PIB pm for significativamente inferior a 60% e os riscos para a sustentabilidade a longo prazo das finanças forem reduzidos.

Refira-se, ainda, que por força dos n.os 6 e 7 do artigo 20.º, o governo, enquanto o objetivo de médio prazo não for atingido, fica obrigado:

---

[55] O pacto de Estabilidade e Crescimento foi consequência de uma resolução do Conselho Europeu de 17 de junho de 1997, publicado no Jornal Oficial de 2 de agosto de 1997 e em dois Regulamentos do Conselho Europeu, com os n.os 1466/97 e 1467/97, ambas de 7 de julho e publicados no Jornal Oficial de 2 de agosto de 1997. *Vide* Nuno Moita, Belmiro Moita e António Gameiro, *Finanças Públicas*, Almedina, 2017, páginas 157-160.

— A fazer um ajustamento anual do saldo estrutural não inferior a 0,5% do PIB e a taxa de crescimento da despesa pública, líquida de medidas extraordinárias, temporárias ou discricionárias do lado da receita, não pode ser superior à taxa de referência de médio prazo de crescimento do PIB potencial[56], conforme definido no Pacto de Estabilidade e Crescimento;
— A compensar as reduções discricionárias de elementos das receitas públicas com reduções de despesa, com aumentos discricionários de outros elementos das receitas públicas ou por ambos, conforme definido no PEC.

Contudo, o n.º 8 do artigo referido exclui desta regra da despesa, as despesas com juros, as despesas relativas a programas da União Europeia e as alterações não discricionárias nas despesas com subsídios (esta exclusão deve-se ao facto de se tratar de um estabilizador automático).

Para terminar a análise do artigo 20.º da LEO, há, ainda, a referir que o ajustamento orçamental deverá considerar a posição cíclica da economia (n.º 10). Posição que deixará de existir quando o saldo global for igual ao saldo estrutural. Porém, esta situação, a acontecer, conduz potencialmente ao agravamento da dívida pública, porque, por norma, as economias operam a níveis abaixo do pleno emprego, ou seja, do PIB potencial.

5. O Pacto de Estabilidade e Crescimento

5.1. Introdução

Foi devido à criação da moeda única que os Estados-Membros da União Europeia acabaram por aderir a uma concordância no que respeita às suas políticas orçamentais, mas para isto existem três requisitos:

— Estabilidade dos preços;
— Sustentabilidade orçamental;

[56] PIB potencial: as metodologias adotadas pela Comissão Europeia podem ser encontradas nas publicações «Economic Papers 536 e Economic Papers 535 — The Production Function Methodology for Calculating Potencial Growth & Output Gaps».

— Estabilidade cambial (em que pelo menos dois anos, através do mecanismo do Sistema Monetário Europeu, são admitidas as margens de flutuação).

Isto levou a que, em 1998, fosse assinado o Pacto de Estabilidade e Crescimento. No entanto, o Tratado de Maastricht já contemplava algumas regras sobre a supervisão orçamental. No seu artigo 101.º determina a proibição de empréstimos do Banco Central Europeu (BCE) ou dos bancos centrais nacionais (ou então por meio aquisição direta da dívida pública) aos Estados-Membros. Já o artigo 103 impede o «*bail-out*» por parte da UE ou dos Estados-Membros a um outro Estado Membro (*no bail-out rule*)[57].

No artigo 104.º estão também estabelecidas regras orçamentais, que acabaram por ser ampliadas no Pacto de Estabilidade e Crescimento. No Tratado da União Europeia estava previsto uma transferência de poderes monetários para as autoridades supranacionais, quanto aos Estados-Membros, passaria a existir uma maior coordenação das políticas em contexto económico e social. A meta principal era a estabilidade dos preços

---

[57] Com os acontecimentos dos últimos anos, designadamente os resgates à Grécia, Irlanda e Portugal, colocaram uma grande dúvida no que acima foi descrito. No entanto, nenhum dos Estados aqui expostos viu a sua dívida pública ser reduzida através dos mecanismos europeus, isto sob o valor nominal. Porém, naquela altura, os empréstimos e a extensão das suas maturidades reduziram significativamente o valor das dívidas destes Estados.

Como referido por Catarino & Tavares (*Finanças Públicas na União Europeia*), a obtenção da dívida pelo BCE é efetuada por via indireta, e não diverge do artigo 123.º do TFUE. Dado que a obtenção não é efetuada por subscrição direta, mas por via indireta e de acordo com o artigo 127.º do TFUE, que define ser competência do BCE proporcionar o bom sistema de pagamentos e assim evitando crises sistémicas.

O financiamento por via indireta até aos dias de hoje assumiu dois mecanismos:

O SMP («Securities Markets Programme») é um mecanismo que passa por intervenções do Eurossistema em mercados de títulos da dívida pública e privada na área do euro onde visa garantir a liquidez nos segmentos de mercado que podem ser disfuncionais. A finalidade é reparar um mecanismo adequado de transmissão da política monetária conduzida para que haja uma estabilização de preços a médio prazo. O efeito destas ações é «limpar» através de determinadas operações que se destinam a absorver a liquidez injetada e, deste modo, assegura-se que a condução da política monetária não é prejudicada.

Quanto ao segundo mecanismo PSPP («Public sector purchase programme»): foi em março de 2015 que o Eurossistema iniciou a compra de títulos do sector público, tal programa diz respeito à vertente do Quantitive Easing do BCE. Os valores mobiliários incluídos pela PSPP são títulos do governo central, nominais indexados à inflação e obrigações emitidas por agências, governos locais, bancos, entre outras entidades. É através deste programa que o Eurossistema tem o objetivo de 90% das compras serem destinadas para títulos do governo e 10% a títulos emitidos a organizações internacionais e bancos. Com isto, o Eurossistema pretende efetuar compras paulatinamente e assim alcançar a isenção do mercado.

na Zona Euro[58]. De salientar que as políticas orçamentais podem prejudicar o objetivo acima descrito através de dois motivos: um acréscimo de gastos públicos aumenta a procura, e, por isso, o PIB, por consequência de um aumento da inflação.

O segundo motivo são os Estados que, de forma sistemática, incorrem em défices contínuos, e ainda com a agravante do rácio da dívida pública, o que tornaria obrigatória a monetização de parte da dívida, e como consequência o impacto inflacionista [59] [60] [61] [62] [63] [64].

Foi graças à União Económica e Monetária que se abriu o caminho de integração dos países da União Europeia, quer ao nível económico, uniformização e permissão

[58] Ver outros sobre a Política Monetária e Orçamental da UE: Goodfriend, Marvin (2007), «How the World Archieved Consensus on Monetary Policy», *Journal of Economic Perspectives*, 21/4, 47-68, 56ss; Svensson, Lars E.O (1999a), «Inflaction Targeting as a Monetary Policy Rule», *Journal of Monetary Economics*, 43/3, 607-654.

[59] Devido à moeda única, tanto as políticas monetária e cambial, como a integração dos mercados financeiros e ainda a coordenação de políticas da área económica, aplicadas ao mercado único, têm a tendência de alargar a diversificação industrial no que respeita ao plano nacional, havendo uma proximidade das estruturas de produção (Cavaco Silva, 1999: 99, *União Monetária Europeia: Funcionamento e Implicações*. Lisboa: Ed. Verbo, 1999).

[60] Desde os anos 70 que a subida constante da dívida pública nos países mais desenvolvidos tem sido relacionada a um menor crescimento económico e não só, população envelhecida como um «fenómeno» míope da parte do eleitorado que prefere ter vantagens hoje, com a consequência de lhes serem cobrados impostos depois. Ora, podemos afirmar que, desde a crise financeira, a dívida pública tem aumentado. Alguma evidência empírica sugere que, a longo prazo, os níveis considerados de dívida pública terão um efeito negativo no que respeita ao crescimento económico, uma vez que o efeito da redução na poupança interna terá na formação de capital fixo e, por conseguinte, no desenvolvimento económico. Ver, Schuknecht (2000, 2008).

[61] Com a criação da moeda única, todos os Estados-Membros começaram a ter como mecanismo de financiamento a emissão da dívida pública. Antes, a possibilidade de financiar défices internos era através da emissão de moeda através do Banco Central, mas já não é possível, ficando assim para trás a monetização da dívida pública.

[62] Segundo César das Neves (2002), apesar de as contas públicas não serem um acontecimento diretamente monetário, o valor do défice tem um objetivo monetário, dado que a dívida pública interfere com os mercados financeiros.

[63] Também César das Neves referiu um outro pormenor válido, no entanto, em pequena dimensão. Tendo em conta o Tratado Orçamental e o Semestre Europeu, é o facto de a intervenção na soberania nacional ser bastante limitada por conta de o Pacto de Estabilidade e Crescimento impor limites de défice e de dívida. Deste modo, os governos têm a liberdade nas políticas a tomar, havendo um objetivo: o de cumprir esses limites.

[64] Conforme as conclusões De Haan (2004-2005), o Pacto de Estabilidade e Crescimento entre 1999 e 2004 não foi impeditivo para que vários ciclos políticos aumentassem o défice em anos em que decorriam eleições ou então antes destas. Tal facto possibilitava que os vários governos tomassem políticas expansionistas antes de irem outra vez a eleições.

de deslocações de mercadorias, seja no campo da integração política ou na teoria das zonas monetárias ótimas de Mundell[65].

No Tratado de Funcionamento da União Europeia, mais precisamente no artigo 3.º, n.º 1, alínea c), e artigo 127.º até ao artigo 133.º, ficou estabelecido que, no que diz respeito à política monetária, é para os países da Zona Euro uma competência exclusiva da União. Essa competência diz respeito ao Banco Central Europeu. Posto isto, cada Estado-Membro terá de abdicar da sua política monetária e talvez de uma consolidação monetária, como também de financiamento de défices através da emissão de moeda. De recordar que os mandatos do BCE estão circunscritos ao controlo da inflação por meio da estabilização dos preços [66] [67] [68], agindo de modo independente[69] [70].

---

[65] Quanto a Mundell e a explicação do que são as zonas monetárias ótimas, há quer ver o seguinte: Mundell, R. A. (1963), «Capital mobility and stabilization policy under fixed and flexible exchange rates». *Canadian Journal of Economics and Political Science/ Review e canadienne de economiques et science politique*, 29 (04), 475-485.

[66] Artigo 282.º, n.º 2, do Tratado, e artigo 2.º do Protocolo de 1992 alusivo ao Sistema Europeu de Bancos Centrais e ao BCE.

[67] Foi a partir dos anos 80, e depois da estagnação ocorrida nos anos 70, causada pela crise do petróleo em 1973, e depois pela política monetária de Volcker e Greenspan, na Reserva Federal Americana, que se consegui moderar a inflação sem que houvesse um «suplício» no que respeita ao crescimento e taxas de juro (Bernanke, B.S., & Mihov, I. (1995). «Measuring Monetary policy» (No. W5145). *National Bureau of Economic Research;* Bernanke, Ben S. & Vicent R. Reinhart (2004), «Conducting Monetary Policy at Very Low Short-Term Interest Rates». *American Economic Review*, 94/2, 85-90.

[68] De recordar que, quanto às condições para adesão à moeda única, incluía a exigência de um alto grau de estabilização nos preços e a verificação de uma taxa de inflação igual ou até inferior à registada em três Estados com baixas taxas de inflação, conforme especificado no Tratado de Maastricht e no seu artigo 109.º J.

[69] Denominada por «Regra de Taylor» (Taylor, John B. (1993), «Discretion versus Policy Rules in Practice», Carnegie-Rochester Conference Series on Public Policy, 39, 195-214), ou seja, é a inflação que deve acompanhar a seguinte fórmula: [Taxa de Juro] = 2 + [Inflação corrente] + 0,5 * ([Inflação corrente] - [Inflação - alvo]) + 0,5 * (100 * ((PIB real] - [PIB potencial]) / [PIB real])).

Ou então: [Taxa de Juro] = 2 + [Inflação corrente] + 0,5 * [Excesso de inflação face à taxa-alvo] + 0,5 * [Hiato do produto]

Esta fórmula contempla as seguintes indicações: 1) quando a inflação variar 1%, as respetivas autoridades monetárias têm de variar a taxa de juro em 1,5%, e também no mesmo sentido (quando a taxa de juro subir quando a inflação também subir, descendo a taxa de juro quando houver uma descida da inflação); 2) quando o «hiato do produto» tiver uma variação de 1% as autoridades monetárias têm de variar a taxa de juro em 0,5% (*fonte:* Araújo, 2010).

[70] Quanto à «Regra de Taylor», ver outras obras: Hetzel, Robert L. (2000), «The Taylor Rule: Is It a Useful Guide to Understanding Monetary Policy?», *Federal Reserve Bank of Richmond Economic Quarterly*, 86/2, 1-33; Kozicki, Sharon (1999), «How Useful Are Taylor Rules for Monetary Policy?», *Federal Reserve Bank of Kansas City Economic Review*, 2, 5-33.

De salientar que o papel dos Bancos Centrais advém de modificações tanto a nível político como económico, e também do princípio de Lucas-Sargent [71] [72] [73].

O Pacto de Estabilidade e Crescimento tende a efetuar um controlo multilateral da política orçamental dos Estados-Membros da União Europeia. Isto é, na Zona Euro, todas as regras orçamentais que são colocadas têm como premissa a impossibilidade de alguns países passarem os seus défices e dívidas para outros Estados-Membros[74] e, ao mesmo tempo, criar a impossibilidade que a crise financeira de algum destes Estados venha a afetar outros Estados[75].

Este controlo é efetuado com base nas regras e procedimentos no âmbito da política orçamental e do Procedimento dos Défices Excessivos [76]. O Pacto de Estabilidade e Crescimento visa garantir a realização dos critérios de convergência do Tratado de

---

[71] Lucas, R.E., & Sargent, T. (1981). *After Keynesian macroeconomics. Rational expectations and econometric Practice,* 1, 295–319; Lucas, R.E. (1986). «Principles of fiscal and monetary policy». *Journal of Monetary Economics,* 17 (1), 117–134.

[72] Goodhart, C. A. E. (2011). «The changing role of central banks». *Financial History Review,* 18 (02), 135–154.

[73] Relativamente à política monetária e demais instituições, ver: Romer, C. D., & Romer, D.H. (1989). «Does monetary policy matter? A new test in the spirit of Friedman and Schwartz». *In NBER Macroeconomics Annual 1989,* volume 4 (pp.121–184). MT Press.

[74] Quando estamos perante uma economia fechada, e o governo, por sua vez, aumenta o défice orçamental devido à redução de impostos ou então aumento de despesa, verifica-se que o aumento do rendimento é recompensado por um aumento das taxas de juro. Já numa economia aberta, havendo uma taxa de câmbio fixa, quanto menor peso tiver a economia incorrida em défices da mesma Zona Euro, verificar-se-á um menor efeito na subida das taxas de juro.

[75] Nesta circunstância, e tratando-se de uma economia fechada, o que aconteceria no caso do Estado não se conseguir financiar, o Banco Central Nacional teria de intervir, que autorizaria, o financiamento do «défice interno». Poderia também suceder o financiamento do défice externo, mas, para tal, o Banco Central teria de dispor de reservas cambiais em moeda estrangeira. Ora, de modo a evitar que o BCE tivesse de exercer este papel, para além dos Tratados proibirem o BCE de financiar défices por meio da emissão da moeda, como também o controlo orçamental tem como premissa dar a garantia de sustentabilidade das contas públicas, bem como efetuar um controlo a todos os países da Zona Euro que tenham acesso ao mercado da dívida pública.

[76] A perspetiva do Pacto é reverter situações em caso de excedência de valores do défice público ou da dívida, já que estes valores estão definidos no Tratado. Neste caso, os Estados-Membros podem submeter-se a um procedimento por défices excessivos, obrigando a que haja uma supervisão (Fonte: *CFP – Finanças Públicas: Situação e Condicionantes 2015–2019).*

Maastricht, que são um défice orçamental inferior a 3% e a dívida pública inferior a 60% do PIB[77] [78].

No Tratado acima referido, estão previstas sanções[79], a partir do momento em que os valores ultrapassem o estipulado; no entanto, existem duas razões para que isso não aconteça:

1 – Em caso de défices excessivos atípicos e provisórios, gerados pelo Estado-Membro por causa de alguma situação incontrolável (a Comissão Europeia, conforme as suas projeções, terá de validar o carácter excecional);
2 – Défices excessivos provocados por uma recessão económica (redução no mínimo de 2% do PIB num ano).

O Pacto de Estabilidade e Crescimento é formado por três elementos:

1 – Determinação de quais os compromissos que cada uma das partes envolvidas irá assumir no âmbito do processo orçamental (**Resolução do Conselho Europeu de 17 de junho de 1997);**
2 – Quanto à evolução orçamental, existe um reforço na supervisão multilateral, tendo por base uma apresentação de vários programas de estabilidade e convergência[80] [81] (**Regulamento do Conselho n.º 1466/97**);

---

[77] Ver, artigo 104.º do Tratado de Maastricht.

[78] Um aumento de défice *ceteris paribus* significa que existe um aumento de dívida; já um aumento da dívida significa um aumento de encargos, nomeadamente com os juros da dívida pública, o que, *ceteris paribus*, faz é com que haja um défice orçamental superior.

[79] Segundo Campos, Manuel Fontaine, poderão existir exceções à regra do equilíbrio, sendo o Conselho Europeu que determina quais as sanções a impor. Embora já tenha havido diversas transgressões ao Pacto, até aos dias de hoje, não foram utilizadas quaisquer sanções.

[80] Nos termos do artigo 121.º do TFUE, cada Estado-Membro tem de apresentar, em abril de cada ano, tanto à Comissão como ao Conselho, um programa de estabilidade (para países na área do Euro), ou então um programa de convergência (para países que não pertencem à área do Euro). No que respeita aos programas de estabilidade, nestes terão de estar contemplados o Objetivo de Médio Prazo (OMP), o rumo de ajustamento ao OMP e uma análise sobre os resultados nos cenários orçamentais de alterações. Quanto aos cálculos, estes devem ser efetuados para cenários macroeconómicos.

[81] O Programa de Estabilidade sendo trienal, no entanto, é atualizado anualmente. Este define metas orçamentais e trajetórias de ajustamento, contudo, acaba por condicionar o Orçamento do Estado.

3 – Quanto ao processo de supervisão multilateral, existe um elemento que clarifica e acelera a implementação da metodologia relacionada com os défices excessivos (**Regulamentos do Conselho n.º 1466/97 1467/97 e 1056/2005**).

Ainda assim, existe um objetivo de médio/longo prazo (OMP — este varia em função de cada país, sendo possível determinar um objetivo relativamente rigoroso[82 83]). Este Objetivo de Médio Prazo é determinado consoante o saldo orçamental estrutural, isto é, ao saldo global retira-se os resultados do ciclo económico, bem como os resultados das medidas temporais (*one-off*).

Isto é, em termos nominais, o défice orçamental é apurado em contas nacionais onde são retiradas as medidas «temporais», como também o efeito do ciclo económico, uma vez que, numa altura de expansão económica, o défice orçamental, em termos nominais, é reduzido pelo crescimento da atividade económica. Isto acontece quando há um aumento da receita fiscal, aumento do PIB e diminuição de custos com o desemprego. Em geral, o saldo estrutural alcança o OMP quando este estiver em -0,5% do PIB. Mas pode assim não ser, já que a Comissão Europeia pode decidir que este valor seja inferior ao atrás mencionado (-0,5%). Por exemplo, em Portugal, o objetivo de médio prazo foi determinado pela Comissão Europeia em 0,25% do PIB, ou seja, uma atitude mais rigorosa do que os tais -0,5%[84], já que, e conforme as regras europeias, a cada três anos, o valor deste OMP é revisto. A medição do saldo estrutural e do hiato do produto foi incluída em 2005[85], aquando da revisão do Pacto. Com isto, passou a ser necessário a

---

[82] Ver regulamentos do Conselho (CE) n.º 1055/05, de 27 de junho de 2005 (JO L 174,7.7.2005), que substitui o Regulamento do Conselho n.º 1466/97, de 7 de junho 1997 (JO L 209, 2.8.1997), bem como o Regulamento do Conselho n.º 1056/05, de 27 de junho de 2005 (JO L 174, 7.7.2005), que substitui o Regulamento do Conselho n.º 1467/97, de 7 julho de 1997 (JO L 209, 2.8.1997). De referir que este Pacto passou também a fazer parte do relatório que foi aceite pelo Conselho em 20 de março de 2005, e cujo título é «Melhorar a aplicação do Pacto de Estabilidade e Crescimento».

[83] A «regra do saldo orçamental estrutural» é um défice orçamental estrutural inferior a 5%, e onde os desvios orçamentais são corrigidos (caso exceções como, por exemplo, recessão económica), no decurso de dois anos. A dívida pública tem um limite de 60%. O tempo de redução da dívida pública está fixado em 5% sobre a diferença da média dos últimos três anos da dívida, tendo o referencial de 60%.

[84] Na altura em que o *post programe surveillence report* foi avaliado, foi também decidido que, de acordo com o excessivo nível de dívida pública, o valor do OMP teria de ser aproximadamente de 0%, mesmo depois da decisão de -0,25%.

[85] Quanto à revisão ocorrida em 2005 sobre o Pacto de Estabilidade e Crescimento, ver Buti (1998a, 1998b, 2003, 2005, 2007); Schuknecht (2005, 2011); Amtenbrink (2006).

estimativa do hiato do produto[86] [87] [88] [89], bem como procedimentos da extinção do efeito do ciclo económico, onde a sua compreensão é efetuada com algumas dúvidas.

Assim sendo, o esforço da consolidação passa pelas variações do saldo primário, onde as mesmas acabam por depender das decisões discricionárias tomadas pelo governo [90] [91] [92].

---

[86] Quanto ao «hiato do produto», é a diferença entre o produto atual e o produto potencial; já o saldo estrutural é determinado através do saldo orçamental revisto do ciclo económico, não contando com medidas provisórias ou pontuais. Sendo este um indicador que não é diretamente percetível, o saldo estrutural está sujeito à estimativa do hiato do produto, que, por sua vez, não é fácil de se avaliar no imediato. Assim, o saldo estrutural é o saldo orçamental que teve acerto das sequelas económicas, assim como dos resultados das medidas provisórias ou pontuais. A UE utiliza um critério de cálculo para determinar estes valores, os cálculos são efetuados sobre a estimativa do hiato do produto do Ministério das Finanças. Isto significa que um hiato do produto (PIB), com saldo positivo, é sinal de uma economia que apresenta um montante acima do valor que foi previsto do seu produto potencial, ou seja, neste caso, estamos perante uma economia com um cenário económico bastante proveitoso. É através do hiato do produto que se verifica a evolução da economia.

[87] Sobre a modificação dos critérios referente ao cálculo do hiato do produto, esta pode ser verificada em *European Economic Forecast — Spring 2014, Box I.1: The revised methodology for calculating output gap*. Esta modificação ocorre do uso dos critérios que estimam o desemprego estrutural; esta variável acaba por afetar o cálculo referente à taxa de crescimento potencial da economia, deixa consequências no cálculo do hiato do produto e no saldo estrutural por estimativa (*fonte: CFP Relatório do DEO 2014*).

[88] As funções de produção que a OCDE utiliza são: tipo Cobb-Douglas, neste estão comtempladas o elemento trabalho, o elemento capital, mas também o progresso técnico. A Comissão Europeia utiliza critérios que estão subjacentes ao «filtro Hodrick Prescott»; com estes, é possível efetuar uma estimativa do PIB potencial, para vários elementos do PIB dos Estados-Membros.

Quanto ao filtro HP, verificar outras obras: Hodrick, R. J., & Prescott, E.C. (1997). «Postwar US business Cycles: an empirical Investigation». *Journal of Money, Credit, and Banking, 1–16;* Ravn, M. O., & Uhlig. H. (2002). «On adjusting the Hodrick-Prescott filter for the frequency of observation». *Review of economics and statistics*, 84 (2), 371–376.

No que respeita à metodologia que a OCDE utiliza, verificar: Koske, I. and N. Pain (2008), «The Usefulness of Output Gaps for Policy Analysis», *OECD Economics Department Working Papers*, No. 621, OECD Publishing.

[89] Quanto ao FMI (FMI, 2015), este utiliza a lei de Okun (Okun, 1962), onde o *output* é obtido sem que haja coações inflacionistas. Deste modo, o *output gap* pode ser definido como o produto potencial, e o produto atual onde a percentagem do produto potencial é medida. O FMI destaca inúmeras técnicas capazes de se utilizar, em que a mais simples passa por se usar um *single variate filter;* no entanto, o mais utilizado é o *Hodrick-Prescott.*

[90] No âmbito do poder discricionário, a despesa pública é efetuada por um governo na alocação de recursos públicos. Existem vários tipos de despesa onde o governo vê a sua ação limitada por consequência de inúmeros fatores exógenos. Estes tipos de despesa passam pelas prestações sociais, nomeadamente pensões e subsídios de desemprego, outras, como os juros da dívida pública, entre outras.

[91] Estas decisões discricionárias podem ser determinadas como alterações na implementação da política orçamental. Esta política orçamental, quando é discricionária, tem de espelhar as modificações que

Já os valores do ciclo são apurados por um método muito comum na UE, que passa pela estimativa do hiato do produto proveniente do Ministério das Finanças.

Deste modo, o saldo primário ajustado do ciclo económico dá-nos a possibilidade de identificar qual a orientação da política discricionária[93] [94] e conforme o seguinte:

- Uma variação positiva do saldo traduz-se numa política orçamental contracionista;
- Uma variação negativa do saldo traduz-se numa política orçamental expansionista.

Conforme a situação orçamental de cada Estado-Membro, o Objetivo de Médio Prazo deve ser adequado a essa situação, como também determinados encargos, nomeadamente o envelhecimento populacional. No entanto, para que se consiga atin-

---

foram tomadas para a condução da política orçamental. Caracteriza-se por impulso orçamental diminuições de receita ou aumentos da despesa, já o contrário denomina-se por consolidação orçamental. Este indicador pode ser medido pela variabilidade do saldo primário estrutural, no entanto, com limitações, uma vez que este indicador pode sofrer alterações por outros aspectos.

[92] Segundo alguns artigos científicos, as consolidações orçamentais têm resultado bem quando baseadas na redução da despesa primária, em vez do aumento de impostos. (Alesiana, A., & Ardagna, S. (2010). «Large changes in fiscal policy: taxes versus spending». *In Tax policy and the Economy*, Volume 24 (pp. 35–68). The University of Chicago Press.

[93] No que diz respeito à orientação da política orçamental, a medição é efetuada sobre a variação do saldo primário ajustado do ciclo económico. O uso deste indicador tem dois benefícios: o mesmo não sofre qualquer impacto aquando da liquidez dos juros da dívida pública, nem pela evolução da situação económica daquele momento. Já uma política orçamental discricionária expansionista representa uma variação negativa sobre este indicador. Já uma política orçamental pró-cíclica exige um aumento do défice primário assim que o hiato do produto for positivo. Ao existir uma política orçamental pró-cíclica, terá de existir também uma redução do défice primário assim que o hiato do produto diminuir. Perante isto, não se usa uma política orçamental de forma a retificar o ciclo económico por meio de incentivos orçamentais discricionários. Assim, e neste contexto, quando o défice primário aumenta, há lugar a uma política orçamental contra cíclica.

[94] Preposição de Ricardo-Barro, ou mais conhecida por Equivalência Ricardiana, afirma que, mesmo que os governos tenham défices ou dívida pública, estas acabam por não causar qualquer impacto negativo à atividade económica. Neste caso, como a dívida adia os impostos, os contribuintes acabam por aumentar as suas poupanças. E com o aumento das poupanças privadas ao mesmo montante que o défice orçamentário, a taxa de juro acaba por se manter inalterável. O défice não promove reduções na acumulação do capital, como também não afeta as contas externas. Já a dívida pública não prejudica a riqueza do sector privado. Deste modo, o financiamento da despesa pública pela dívida pública equivale ao financiamento por impostos. Ver: Varro, R. J., & Redlick, C. J. (2009). «Macroeconomic effects from government purchase and taxes» (No. W15369). *National Bureau of Economic Research*; Seater, J. J. (1993). «Ricardian equivalence». Journal of economic literature, 31 (1), 142–190;

gir este objetivo, está prevista uma melhoria do saldo estrutural de 0,5 p.p. por ano, até o Objetivo de Médio Prazo ser atingido. O processo de consolidação vai-se adaptando à situação de cada país. Assim, o Pacto de Estabilidade e Crescimento acaba por ter um papel mais cauteloso. No entanto, assume também um papel dissuasor, dado que foram emitidas recomendações pelo Conselho a todos os Estados-Membros, com a finalidade de corrigirem défices excessivos, havendo tempo para que estas correções sejam executadas. De relembrar que há uma regra que os Estados-Membros têm de cumprir, falamos então da redução do défice estrutural em direção ao OMP, a 0,5 p.p. por ano. Todavia, para os Estados-Membros que detenham uma dívida pública acima dos 60%, a Comissão Europeia tem o direito de requerer um maior acerto.

TABELA 2

Matriz utilizada para definir o ajustamento orçamento anual para atingir o OMP no âmbito da vertente preventiva

		Ajustamento orçamental anual exigido *	
	Condição	Dívida inferior a 60 e nenhum risco em matéria de sustentabilidade	Dívida superior a 60 ou riscos em matéria de sustentabilidade
Conjuntura económica excecionalmente desfavorável	Crescimento real <0 ou diferencial do produto < -4	Não é necessário qualquer ajustamento	
Conjuntura económica muito desfavorável	-4 ≤ diferencial do produto <-3	0	0,25
Conjuntura económica desfavorável	-3 ≤ diferencial do produto <-1,5	0 se o crescimento for inferior ao potencial, 0,25 se o crescimento for superior ao potencial	0,25 se o crescimento for inferior ao potencial, 0,5 se o crescimento for superior ao potencial
Conjuntura económica normal	-1,5 ≤ diferencial do produto <1,5	0,5	> 0,5
Conjuntura económica favorável	diferencial do produto ≥ 1,5	> 0,5 se o crescimento for inferior ao potencial, > 0,75 se o crescimento for superior ao potencial	≥ 0,75 se o crescimento for inferior ao potencial, ≥ 1 se o crescimento for superior ao potencial

Notas: "Diferencial de produto" corresponde ao hiato do produto. (*) Em percentagem do PIB.

Fonte: *CFP – Finanças Públicas: Situação e Condicionantes 2015–2019*, página 27.

Quando o *ex post assessment* entende que existe um desvio face ao OPM, é iniciado um processo, nos termos do artigo 121, n.º 4, do TFUE, e do artigo 6.º, n.º 2, e artigo 10.º, n.º 2, do Regulamento 1466/97, um «Procedimento por desvio significativo».

Deve ter-se em conta que a avaliação resultante do Pacto de Estabilidade e Crescimento ocorre em duas etapas: sendo que, na primeira, os objetivos para o Objetivo de Médio Prazo no Programa de Estabilidade, depois dos cálculos tanto do saldo estrutural e do hiato do produto, cumprirem as regras Europeias; quanto à segunda fase, o objetivo passa por efetuar uma avaliação dos riscos que foram considerados no Programa de Estabilidade e os atuais destaques da Comissão Europeia. De referir que são os serviços técnicos da Comissão que efetuam de forma independente estas projeções.

O reconhecimento da existência de um desvio do Objetivo de Médio Prazo ou até de um ajustamento é aprovado segundo a execução orçamental. A avaliação do desvio contempla uma análise da despesa (esta, por sua vez, inclui medidas não discricionárias, um «abrandamento» na despesa de investimento que terá de ser ajustada à média dos últimos quatro anos) e medidas discricionárias, principalmente no que se refere à receita.

Assim, o Objetivo de Médio Prazo não alcançado por um Estado-Membro significa que houve um desvio significativo, sendo um destes motivos a sua causa (ver tabelas 3 e 4):

- Num ano, o desvio do saldo estrutural for inferir a 0,5% do PIB ou então a média de 0,25% referente aos últimos dois anos;
- Verificar-se que houve um aumento da despesa muito acima da taxa de ajustamento, taxa esta que foi determinada consoante a taxa média do eventual crescimento do PIB. Este aumento só está em causa se for acima de 0,5 p.p. do PIB[95] [96].

[95] A evolução da despesa pela Comissão, que, por sua vez, tem como referência a taxa média do eventual crescimento do PIB. Para esta avaliação, não estão contemplados vários fatores, nomeadamente os programas cofinanciados e medidas não discricionárias. Isto não se aplica às despesas cujo aumento poderá implicar um aumento da receita que a financia (em Portugal, é intitulado por duplo cabimento).

[96] A taxa média de crescimento do PIB é prevista nos termos do *two-pack*. Para isso, relaciona-se o aumento da despesa primária com o da economia, tendo também em atenção que o aumento da despesa discricionária fique de acordo com os padrões do objetivo de médio prazo e das finanças públicas. Ou seja, o aumento da despesa acaba por manter o país no OMP, mas, caso o OMP ainda não tenha sido conseguido, dá como garantia o caminho para atingir o mesmo. Quanto ao saldo estrutural em 0,5% PIB/ano, a extensão deste depende da despesa primária no PIB (P, em %PIB), ou seja, quanto maior for o P, melhor será o progresso do saldo estrutural.

TABELA 3. Critérios OPM

País que execute bem o OMP	**País que transgrida o OMP**
- Crescimento da despesa primária alinhado com a taxa média de crescimento potencial do PIB.	- Aumento da despesa primária inferior à taxa média de aumento potencial do PIB.
- Despesa sucessiva em percentagem do PIB, com a inexistência de regras complementares para o lado da receita.	- Diminuição da despesa em percentagem do PIB. Inexistência de regras acrescidas ao lado da receita.
- Continuidade do défice estrutural.	- Redução do défice estrutural. O posicionamento das contas públicas é consolidado.
- Mantém-se no OMP	- Em convergência para a OMP.

Fonte: Adaptado do Eurostat «Vade mecum SGP».

TABELA 4. Cálculo da despesa primária no PEC

How is the net expenditure growth rate for year t computed on an ex ante basis?

Variable (for t unless otherwise mentioned, in nominal terms)	**Source**
+ Government expenditure aggregate	SCPs (table 2a, row 7)
- Interest expenditure	SCPs (table 2a, row 9)
+ Government expenditure on EU programmes which is fully matched by EU funds revenue	SCPs (table 2c, row 1)
- Gross fixed capital formation (for year t)	SCPs (table 2a, row 21)
+ Gross fixed capital formation averaged over t-3 to t	SCPs (table 2a, row 21) + ESTAT for past data
- Cyclical unemployment benefit expenditure	SCPs (table 2c, row 2)
= Modified expenditure aggregate G1	

Fonte: Adaptado do Eurostat «Vade mecum SGP».

TABELA 5. Cálculo do crescimento despesa primária no PEC

Variable (for t unless otherwise mentioned, in nominal terms)	**Source**
+ Government expenditure aggregate	SCPs (table 2a, row 7) for year t-1, AMECO for year t-2
- Interest expenditure	SCPs (table 2a, row 9) for year t-1, AMECO for year t-2
- Government expenditure on EU programmes which is fully matched by EU funds revenue	SCPs (table 2c, row 1) for year t-1, and the previous year´s SCPs for t-2
- Gross fixed capital formation (for year t-1)	SCPs (table 2a, row 21) for year t-1, AMECO for year t-2
+ Gross fixed capital formation averaged over t-4 to t-1	SCPs (table 2a, row 21) for the t-1 outturn and AMECO or all past data
- Cyclical unemployment benefit expenditure	SCPs (table c, row 2) for year t-1
= Modified expenditure aggregate Gt-1	

Fonte: Adaptado do Eurostat «Vade mecum SGP»

Existe ainda uma segunda regra obrigando a uma avaliação do *benchmark* de despesa. Caso o país ainda não tenha alcançado o OMP, este deverá apresentar um reforço com os seus objetivos de cumprimento referente aos níveis de despesa que foram estabelecidos no programa de estabilidade.

Caso o país tenha alcançado o OMP, e exista um pequeno «atalho» quanto à execução das metas de despesa, não significa que exista um desvio do OMP, no entanto, pode significar que é necessário que haja alguma observação. O *benchmark* é calculado segundo o que se pode verificar na tabela 5:

Caso se verifique que existe um aumento da despesa e que esta está acima do que foi previsto, o excesso tem de ser emendado; para tal, utiliza-se como referência o ano t-2:

Desvio = (Despesa t-2 (diferença na taxa de crescimento em p.p.)) /Yt-1; o Y simboliza o PIB. Se o valor for superior a 0,5% do PIB, estamos diante de um desvio considerável.*

Contudo, e ainda sobre a segunda regra, a questão não é se o país já atingiu ou não o OMP, exceto se este for posto em causa nos próximos anos devido a receitas cíclicas

(i. e., *Windfall revenues*[97]). Isto é, um país que cumpra o OMP pode deixar que a sua despesa líquida suba acima da taxa média de crescimento, contudo, essa subida não pode ser compensada por receitas circunstanciais.

Quando o saldo orçamental atinge o OMP, permite que se faça a manutenção da disciplina orçamental, bem com a sustentabilidade das Finanças Públicas. Com isto, fica assegurado um quadro macroeconómico seguro, permitindo assim ao Banco Central Europeu que siga a ideia de uma política de estabilidade de preços.

O OMP tem ainda como finalidade dar uma comunicação segura para que os estabilizadores automáticos[98] consigam operar em tempos de crise económica, não sendo necessário colocar a sustentabilidade das Finanças Púbicas em causa. Tenciona-se, assim, que o OMP, no que diz respeito ao saldo orçamental, seja minucioso, para que os estabilizadores automáticos (perda de recita fiscal e aumento das prestações sociais) possam atuar. Quando esta finalidade é alcançada, há a certeza de que o aumento do défice estimulado pelo ciclo económico não sofrerá um ajuste por uma política pró-cíclica. Todavia, e nestas circunstâncias, o desempenho dos estabilizadores automáticos estão limitados a um défice que não ultrapasse os 3% do PIB.

O Pacto de Estabilidade e Crescimento refere que a efetivação do OMP possibilita uma abordagem simétrica da política orçamental no decurso dos ciclos económicos, em que está previsto que, ao existir um período de crescimento económico, haja um reforço da disciplina orçamental. Assim, há também a garantia que não ocorram políticas pró-cíclicas em momento do período de expansão. Como tal, podemos concluir que o Pacto de Estabilidade e Crescimento tem como finalidades o seguinte:

- A sustentabilidade das Finanças Públicas;
- Prevenir défices excessivos e garantir a confiabilidade na estabilidade económica da Zona Euro;
- Impedir que uma política orçamental «descuidada» de um Estado-Membro venha prejudicar as finanças públicas de outros Estados-Membros.

---

[97] Quanto à noção de «windfall revenues» ver: Van der Ploeg, F., & Venables, A.J. (2011). «Harnessing Windfall Revenues: Optimal Policies for Rewsource-Rich Developing Economies*». *The Economic Journal*, 121 (551), 1-30.

[98] O papel dos estabilizadores automáticos consiste na perda de receita fiscal e no aumento das prestações sociais num período de abrandamento económico ou de uma recessão. Ver: Crespo Cuaresma, J., Reitschuler, G., & Silgonor, M. A. (2011), *On the effectiveness and limits of fiscal stabilizers. Applied Economics*, 43 (9), 1079-1086.

No âmbito dos objetivos do Pacto de Estabilidade e Crescimento, a Resolução do Conselho considerou que determinadas regras devem ser prosseguidas pelos Estados-Membros (Jesus, 2008)[99]:

- Dar cumprimento ao Objetivo de Médio Prazo;
- Em caso de haver recomendações por défices excessivos, executar medidas corretivas para o ajustamento orçamental;
- Retificar défices orçamentais nos tempos que foram acordados com o Conselho.

Ainda assim, a mesma Resolução do Conselho conferiu à Comissão Europeia um determinado conjunto de funções; eis aqui algumas apresentadas:

- Divulgar, atempadamente, a informação para que seja tomada a decisão num processo por parte do Conselho;
- Quando está iminente o risco por parte de um Estado-Membro de défice excessivo ou quando o mesmo ocorre, preparar um relatório;
- Tomar procedimentos rigorosos para que se atinja e cumpra o Pacto de Estabilidade e Crescimento.

No ano 2005, no Regulamento 1056/2005, de 27 de junho, foram divulgadas várias alterações ao Pacto de Estabilidade e Crescimento. Essas alterações eram de carácter corretivo e preventivo, de forma a proteger a sustentabilidade das Finanças Públicas a médio e longo prazo, como também fomentar o crescimento económico e impedir que gerações vindouras venham a sofrer com encargos desnecessários. Alterou-se também o conceito de «circunstâncias cíclicas excecionais», que permite que um Estado-Membro possa incorrer num défice excessivo sem que haja procedimentos sancionatórios. Este novo conceito diz que:

- Quando existe uma situação de incumprimento sobre o valor de referência, esta passa a ser considerada excecional, caso provenha de:
  1) Uma taxa de crescimento anual negativa do volume do PIB;
  2) De uma perda acumulada do produto durante um extenso período de aumento anual reduzido do PIB.

[99] Jesus, Maria Antónia Jorge de (2008), *A contabilidade pública e a contabilidade nacional: principais divergências e implicações no défice público em Portugal*, ISCTE, da tese de doutoramento.

Com o intuito de avaliar se determinado Estado-Membro ultrapassou o valor de referência de 3%, a Comissão terá de ter em conta cada caso, bem como inúmeros fatores, como as políticas que estão inerentes à Investigação e Desenvolvimento, a sustentabilidade das finanças públicas, contributos financeiros ligados à solidariedade internacional, não esquecendo a carga fiscal que está associada à unificação da União Europeia. Foram determinados prazos mais longos para a aplicabilidade de regras e medidas corretivas; o intuito é permitir que os próprios Estados-Membros possam implementar essas medidas nos seus orçamentos nacionais. As medidas estruturais foram favorecidas. Quanto às previsões económicas, estas deverão ser atualizadas regularmente por cada Estado-Membro e enviadas à Comissão Europeia.

Quanto às reformas estruturais, de frisar que, com o objetivo de fomentar o crescimento e o emprego, o Pacto de Estabilidade e Crescimento recomenda que os Estados-Membros definam o seu processo de ajustamento tendo em consideração o OMP, e estabeleçam determinadas reformas estruturais. Estas reformas têm exigências diversificadas, dado que cada Estado-Membro possui condições específicas; são também uma mais-valia para os Estados-Membros que ainda não atingiram o OMP. São apenas apontadas como reformas estruturais aquelas que têm efeito a médio e longo prazo no défice orçamental, bem como na dívida pública, sendo que o seu efeito é verificado no crescimento económico, proporcionando uma maior sustentabilidade das Finanças Públicas[100].

5.2 Novas regras de flexibilidade

A Comissão Europeia averiguou novas formas de aumentar o investimento, com o intuito de promover o crescimento e a criação de emprego. Deste modo, foram divulgadas que as regras que dizem respeito ao PEC seriam alvo de alguma «flexibilidade».

A Comissão ditou regras para uma consolidação orçamental diferente, ou seja, alguns países teriam a possibilidade de terem uma redução do ritmo de consolidação e, assim, atingir o tão desejado OMP. Assim, em ligação com o plano de investimentos «Juncker», a diminuição das taxas de juro das dívidas públicas e esta «flexibilidade» per-

[100] Reformas estruturais são aquelas que são implementadas pelo Estado-Membro e onde o mesmo fornece toda a sua informação à Comissão Europeia, informação essa que tem de estar completa e pormenorizada. Tanto a Comissão Europeia como o Conselho Europeu têm de verificar toda essa informação e avaliar o impacto orçamental.

mitiriam acelerar o crescimento económico na UE, e assim haveria também lugar a um maior incentivo para a aplicabilidade das reformas estruturais e ponderar a maneira mais correta do efeito cíclico da economia para cada país. No entanto, as reformas estruturais teriam de ser respeitadas por todos; assim, seria também uma forma de proteger a união monetária. Adiantado pela própria Comissão, os países não iriam beneficiar da mesma flexibilidade aquando da aplicabilidade das regras, independentemente de nos Tratados estar essa ressalva (igualdade entre os países da Zona Euro). O próprio Pacto de Estabilidade e Crescimento refere um tratamento diferenciado para os países que não vivam em situações específicas, ou seja, para aqueles que têm um défice abaixo dos 3%. Em conclusão, todos os países que contenham políticas orçamentais responsáveis beneficiaram de mais flexibilidade no seguimento dessas políticas.

As alterações aplicam-se a várias áreas, designadamente no investimento público, nas reformas estruturais e nas condições cíclicas.

No investimento público, a contribuição dada por cada país para o plano de investimento Juncker é vista como uma despesa pontual e, desta forma, não será apontada para o apuramento do défice, mesmo que esse país esteja em situação de procedimento preventivo ou em procedimento corretivo. Isto é, a Comissão não terá em conta esta despesa quando efetuar a avaliação para verificar se determinado país fez ou não melhorias para atingir o OMP ou se cumpriu com a redução do défice. Como tal, todos os países da Zona Euro poderão beneficiar desta regra.

Já nas reformas estruturais, e dependendo das circunstâncias, a Comissão pode ter em linha de conta o efeito das reformas estruturais no défice orçamental e, assim, desvalorizar esse efeito na avaliação do progresso que leva a que seja possível alcançar o OMP. No entanto, esse efeito não pode passar os 0,5% do PIB, já que as reformas têm de ser implementadas e ter um impacto orçamental positivo. Mas esta mudança é complicada, uma vez que as reformas a curto prazo têm um impacto orçamental negativo. Dando o exemplo: quando existem situações em que haja despedimentos na função pública, por um lado, reduz-se na despesa com as renumerações mensais, mas, por outro lado, haverá a curto prazo mais despesa por causa das compensações.

Quanto às condições cíclicas, a Comissão tem mais atenção no momento da avaliação da evolução orçamental de cada país. Isto é, o ajustamento orçamental «incorporará» determinadas situações, tais como contração ou recessão económica, já que a consolidação orçamental de países cuja dívida pública ultrapasse os 60% não será de 0,5% ao ano, mas sim de 0,25% do PIB.

Capítulo 2
O processo orçamental: elaboração, discussão e aprovação do orçamento. Programas orçamentais

2.1 Introdução

Nos últimos anos, a UE tem desenvolvido medidas que visam uma melhor coordenação de decisões económicas e orçamentais, medidas que visam não somente os países da Zona Euro, mas o conjunto dos Estados-Membros.

Elas consistem não só na fixação de prioridades económicas, mas também na introdução de mecanismos de coordenação e planeamento das políticas orçamentais. Assim, com a introdução, em 2010, do Semestre Europeu, tem-se permitido aos Estados-Membros discutir, ao longo de diversos momentos do ano, os seus planos económicos e orçamentais com os restantes países e com as diversas entidades europeias[101].

Para além da discussão entre países, este mecanismo permite que a Comissão Europeia possa pronunciar-se e emitir recomendações e orientações em tempo útil, a fim de influenciar as decisões tomadas a nível nacional. Assim, o Semestre Europeu inicia-se em novembro de cada ano. No referido momento, realiza-se a análise anual de crescimento da Comissão, que define as prioridades económicas globais da UE para o ano seguinte. Realizada esta análise, o processo continua, de acordo com o seguinte cronograma (seguindo de perto Sarmento–2016):

[101] O Semestre Europeu pretende corrigir uma incongruência do calendário orçamental da UE, uma vez que, no passado, a análise das políticas económicas de cada país era feita ao nível europeu na primavera, e os planos orçamentais eram analisados em outubro.

Com o novo mecanismo, estabelece-se uma calendarização comum, com o desenvolvimento de um programa faseado ao longo do primeiro semestre. Ver Silva (2012).

Mês de novembro — após a análise anual de crescimento para o ano seguinte, elabora-se o Relatório do Mecanismo de Alerta, que analisa a situação dos Estados-Membros, tentando identificar os desequilíbrios económicos. A Comissão publica os seus pareceres sobre os projetos de planos orçamentais (para todos os países da área do euro) e programas de parceria económica para os países da área do euro com défices orçamentais excessivos. Os planos orçamentais são também debatidos pelos ministros das Finanças da área do euro.

Mês de dezembro — Os Estados-Membros da área do euro adotam os respetivos orçamentos anuais definitivos, tendo em conta o parecer da Comissão e dos ministros das Finanças.

Mês de fevereiro /março — O Parlamento Europeu e os ministros relevantes da UE (os das áreas do emprego, da economia e finanças e da competitividade), reunidos em Conselho, discutem a Análise Anual de Crescimento. A Comissão publica as suas previsões económicas de inverno. O Conselho Europeu adota as prioridades económicas da UE, com base na Análise Anual do Crescimento. É por esta altura que a Comissão publica análises aprofundadas dos Estados-Membros com desequilíbrios potenciais (identificados no Relatório do Mecanismo de Alerta).

Mês de abril — Os Estados-Membros apresentam os seus Planos de Estabilidade/Convergência (planos orçamentais a médio prazo) e os seus Planos Nacionais de Reformas (planos económicos), que devem ser compatíveis com todas as recomendações anteriores da UE. Os planos devem, preferencialmente, ser apresentados até 15 de abril, e nunca depois de 30 de abril de cada ano.

O Eurostat publica dados verificados sobre a dívida e o défice do ano anterior, que são importantes para verificar se os Estados-Membros estão a cumprir os seus objetivos orçamentais.

Mês de maio — A Comissão propõe Recomendações Específicas por País, com base nas prioridades identificadas na Análise Anual do Crescimento e na informação sobre os planos recebidos em abril.

Em maio, a Comissão publica, também, as suas previsões económicas de primavera.

Mês de junho/julho — O Conselho Europeu aprova as Recomendações Específicas por País, que são discutidas pelos ministros da UE reunidos em Conselho. São, porém, os ministros das Finanças que, em julho, adotam, em última análise, essas recomendações.

Mês de outubro — Os Estados-Membros da área do euro apresentam à Comissão, até 15 de outubro, os seus projetos de planos orçamentais para o ano seguinte.

Se um desses planos não estiver em conformidade com os objetivos de médio prazo do Estado Membro em questão, a Comissão pode solicitar que seja reformulado.

Os Estados-Membros que sejam objeto de um Procedimento por Défice Excessivo (PDE) devem apresentar não só planos orçamentais, mas também Programas de Parceria Económica, que incluirão planos pormenorizados de reformas orçamentais (por exemplo, no que respeita ao sistema de pensões de reforma e à fiscalidade ou ao sistema público de saúde) que permitam corrigir os seus défices de forma duradoura.

Além do Semestre Europeu, há que sublinhar a importância do Six-Pack[102], ou seja, o conjunto de seis diplomas, dos quais cinco são regulamentos e uma diretiva, com o objetivo de reformar o Pacto de Estabilidade e Crescimento e introduzir maior vigilância económica e orçamental.

O referido dispositivo entrou em vigor a 13 de dezembro de 2011, e consiste nos seguintes diplomas, sendo uns respeitantes à política orçamental e outros ao desequilíbrio económico:

— Respeitantes à política orçamental:
Regulamento 1175/2011; Regulamento 1177/2011; Regulamentos 1173/2011 e 1174/2011e a Diretiva 2011/85.
— Respeitantes ao desequilíbrio económico:
Regulamentos 1176/2011 e 1177/2011.

Quanto ao Regulamento (EU) n.º 1176/2011, de 16 de novembro, analisa a prevenção e correção de desequilíbrios macroeconómicos.

O Regulamento n.º 1177/2011, de 16 de novembro, diz respeito à aceleração e clarificação da aplicação do procedimento relativo aos défices excessivos.

No que respeita ao Regulamento n.º 1173/2011, de 16 de novembro, fixa um regime de sanções destinadas a reforçar a aplicação das vertentes preventiva e corretiva do PEC.

Em relação ao Regulamento n.º 1174/2011, de 16 de novembro, relativo a medidas de execução destinadas a corrigir os desequilíbrios macroeconómicos excessivos na área do euro, prevendo também a instituição de sanções relativas à correção de tais desequilíbrios, por exemplo, depósito remunerado e multas.

O Regulamento n.º 1175/2011, de 16 de novembro, analisa o reforço da supervisão das situações orçamentais e a supervisão e coordenação das políticas económicas, onde

---

[102] Este pacote visou reforçar as medidas de supervisão multilateral das políticas económicas, essencialmente as orçamentais, e associar-lhe novas sanções para o caso de incumprimento dos objetivos orçamentais fixados aos Estados-Membros.

há a previsão de um conjunto de medidas com vista à deteção precoce de uma situação de défice orçamental excessivo.

A Diretiva do Conselho 2011/85/EU, de 8 de novembro, que estabelece requisitos aplicáveis aos quadros orçamentais dos Estados-Membros, destaca as seguintes orientações:

- Os Estados-Membros devem criar sistemas contabilísticos que abranjam, de forma integral e coerente, todos os subsectores da Administração Pública;
- Cada Estado-Membro deve estabelecer as suas regras orçamentais numéricas específicas. Essas regras devem promover, nomeadamente:
  a) O cumprimento dos valores de referência aplicáveis ao défice e à dívida estabelecidos nos termos do Tratado sobre o Funcionamento da União Europeia;
  b) A adoção de um horizonte plurianual de planeamento orçamental, no qual se inclua o respeito dos objetivos orçamentais a médio prazo do Estado-Membro.
- Os Estados-Membros devem estabelecer um quadro orçamental eficaz e credível, a médio prazo, que facilite a adoção de um horizonte de planeamento orçamental de, pelo menos, três anos, a fim de assegurar que o planeamento orçamental nacional se inscreva numa perspetiva de planeamento orçamental plurianual.

Acrescente-se, ainda, em relação ao referido, que o Parlamento Europeu e o Conselho da UE adotaram dois regulamentos, designados de Two-Pack, cujo objetivo é reforçar os esforços encetados com o Six-Pack.

Como o nome também sugere, trata-se de um pacote legislativo, estabelecido em novembro de 2011, comunitário com dois regulamentos:

- o Regulamento 473/2013, que determina as regras comuns para monitorização e avaliação dos planos orçamentais apresentados por cada país, assegurando também a correção dos défices excessivos dos Estados-Membros da Zona Euro.
- o Regulamento 472/2013, que reforça a vigilância económica e orçamental dos membros da Zona Euro.

Refira-se que o segundo regulamento (472/2013) é apenas aplicável a um Estado que peça assistência financeira ou que tenha um procedimento por desequilíbrios macroeconómicos.

No regulamento 473/2013 visa-se fortalecer a base jurídica do processo de coordenação económica do Semestre Europeu, dando maiores poderes à Comissão na monitorização do cumprimento dos objetivos orçamentais definidos de acordo com o PEC.

Do que foi referido nesta introdução, pode afirmar-se que, além de outras informações-chave, há dois momentos muito relevantes no processo do Semestre Europeu: um, em abril — quando os Estados Europeus entregam os seus programas de estabilidade para o triénio seguinte —, outro, em outubro — em que são entregues os orçamentos para o ano seguinte.

Estas datas-chave do Semestre Europeu são refletidas na nova LEO através dos artigos 32.º, 33.º, 34.º, 35.º e 36.º, cujos conteúdos passamos a analisar.

2.2 O processo orçamental

2.2.1 Definição

De acordo com a Lei n.º 64.º-C/2011, de 30 de dezembro, que aprova a estratégia e os procedimentos a adotar no âmbito da Lei de Enquadramento Orçamental, bem como a calendarização para a sua implementação, define o processo orçamental «como o conjunto de regras e procedimentos, de carácter formal e informal, que regem a elaboração, aprovação, execução, monitorização, controlo e correção do orçamento, bem como a prestação de contas».

A nova Lei de Enquadramento Orçamental distingue o processo orçamental em primeira fase, segunda fase e em situações especiais.

2.2.2 Primeira fase do processo orçamental

Esta fase começa com o início do processo orçamental, que é estabelecido no artigo 32.º, e que se inicia com a apresentação, pelo Governo, na Assembleia da República, dos seguintes documentos.

a) Atualização anual do Programa de Estabilidade;

b) Proposta de lei das Grandes Opções em matéria de Planeamento e de Programação Orçamental Plurianual, doravante designada por Lei das Grandes Opções.

É natural, como refere o artigo 33.º, que a atualização do Programa de Estabilidade compita ao Governo e seja realizada de acordo com a regulamentação em vigor na União Europeia.

Apresentado o Plano de Estabilidade, o Parlamento dispõe de dez dias para o apreciar[103], dado que o Governo tem de o enviar à Comissão Europeia até ao final de abril (n.º 6, do artigo 33.º).

Quanto à atualização do Programa de Estabilidade, ela deve especificar, partindo de um cenário de políticas invariantes[104], as medidas de política económica e de política orçamental do Estado português, apresentando de forma detalhada os seus efeitos financeiros, o respetivo calendário de execução e a justificação dessas medidas.

Há, ainda, de acordo com o n.º 5 do artigo em análise, que ter em atenção a revisão anual do Programa de Estabilidade, que inclui um projeto de atualização do quadro plurianual das despesas e receitas públicas, sem prejuízo da sua concretização na Lei das Grandes Opções.

A referida Lei, que deve ser apresentada à Assembleia da República até 15 de abril, é acompanhada de nota explicativa que a fundamenta, devendo, como estabelece o n.º 2 do artigo 34.º da nova LEO, conter a justificação das opções de política económica assumidas e a sua compatibilização com os objetivos de política orçamental, devendo a Assembleia da República aprová-la no prazo de 30 dias a contar da data da sua apresentação.

Acrescente-se, contudo, que a Lei das Grandes Opções é estruturada em duas partes:

a) Identificação e planeamento das opções de política económica;
b) Programação orçamental plurianual, para os subsectores da Administração Central e Segurança Social.

Conclui o n.º 5 do artigo em análise que a programação orçamental plurianual se concretiza através do quadro plurianual das despesas públicas.

O artigo 35.º da atual LEO refere, no seu número 1, que o quadro plurianual das despesas públicas dos subsectores da Administração Central e da Segurança Social define, para o respetivo período de programação:

---

[103] O Parlamento não vota (formalmente) o Programa de Estabilidade (qualquer votação será, do ponto de vista político, meramente simbólica).

G. Oliveira Martins (2009) refere que o modelo constitucional português não prevê a intervenção do Parlamento nos assuntos comunitários, em matérias que não sejam de reserva da sua competência legislativa (artigo 161.º, alínea n) da CRP.

[104] Por políticas invariantes, entende-se a ausência de quaisquer novas medidas de política orçamental.

a) O limite da despesa total, compatível com os objetivos constantes do Programa de Estabilidade;
b) Os limites de despesa para cada missão de fase orgânica;
c) As projeções de receitas, por fonte de financiamento.

O quadro plurianual deve ser apresentado pelo Governo anualmente e deve incluir o ano em curso e os quatro anos seguintes, bem como mapas respeitantes ao valor acumulado dos compromissos contratados.

Quanto aos limites das despesas referidas nas alíneas a) e b) do n.º 1, diga-se que são vinculativos para o orçamento do ano económico seguinte e indicativos para o período de programação que coincida com o resto da legislatura.

Para o limite da despesa definido para a missão de base orgânica respeitante ao subsector da Segurança Social, conforme o n.º 4 do artigo 35.º, apenas pode ser excedido quando resulte do pagamento de prestações que constituam direitos dos beneficiários do sistema de Segurança Social e que se encontrem diretamente afetas pela posição cíclica da economia.

Diga-se, ainda, que, conforme o n.º 5 do artigo em análise, artigo 35.º, o programa a que se refere a primeira parte do n.º 11 do artigo 45.º (dentro do Ministério das Finanças, é obrigatório a constituição de um programa destinado a fazer face a despesas imprevisíveis e inadiáveis...) concorre para os limites referidos na alínea a) do n.º 1 do artigo 35.º e pode destinar-se a despesas de qualquer outro programa.

Quando os limites de despesa são vinculativos, o Governo não pode estabelecer um limite superior, salvo se tal se justificar em virtude de:

a) Redefinição pela Comissão Europeia do objetivo de médio prazo;
b) Desvio significativo em relação ao objetivo de médio prazo, tendo em conta as medidas de correção adotadas ou a adotar nos termos do artigo 23.º da LEO (mecanismo de correção do desvio);
c) Verificação de uma das situações previstas no artigo 60.º da LEO (Alterações Orçamentais de competência do Governo);
d) Nas situações excecionais referidas no artigo 24.º da LEO (situações excecionais).

Para concluir, há, de acordo com o n.º 8 do artigo 35.º da LEO, que ter presente que os saldos apurados em cada ano nas missões de base orgânica podem transitar para os anos seguintes, com base nas regras constantes do Decreto-Lei de Execução Orçamental.

2.2.3 Segunda fase do processo orçamental

A segunda fase do processo orçamental inicia-se de acordo com o artigo 36.º, com o Governo a elaborar e apresentar[105/106] à Assembleia da República, até 10 de outubro de cada ano, a proposta de lei do Orçamento do Estado para o ano económico seguinte, acompanhada de todos os elementos referidos no artigo 37.º da nova LEO.

Acrescenta ainda o n.º 2, do artigo 36.º, que o Governo envia à Comissão Europeia, para efeitos de emissão das recomendações nacionais específicas, a proposta de lei do Orçamento do Estado, também até 10 de outubro.

Refira-se, porém, que o prazo referido no artigo 36.º não se aplica nos casos em que a tomada de posse do novo Governo ocorra entre 15 de julho e 30 de setembro; nos casos em que o Governo em funções se encontra demitido em 1 de outubro, e o termo da legislatura ocorra entre 1 de outubro e 31 de dezembro.

Nos casos referidos anteriormente, a proposta de lei do Orçamento do Estado para o ano económico seguinte é apresentada pelo Governo à Assembleia da República e enviada à Comissão Europeia no prazo de 90 dias a contar da tomada de posse do Governo, segundo o artigo 39.º.

Em função das situações referidas no artigo 39.º, além de outras, o artigo 58.º prevê um regime transitório de execução orçamental, durante o qual a execução mensal dos programas em curso não pode exceder o duodécimo da despesa total da missão da base orgânica, com exceção das despesas referentes a prestações sociais devidas a beneficiários do sistema de Segurança Social e das despesas com aplicações financeiras.

Acerca dos elementos que acompanham a proposta de lei do Orçamento do Estado, o artigo 37.º estipula, no seu n.º 1, o seguinte:

A proposta de lei do Orçamento incorpora um articulado, os mapas contabilísticos e demonstrações orçamentais e financeiras, sendo acompanhada pelo respetivo relatório e pelos elementos informativos, referidos[107] nos n.os 2 e 3 do artigo 37.º.

---

[105] A apresentação da Lei do Orçamento do Estado é uma competência exclusiva do Governo, mas a alteração à proposta de Lei é uma competência exclusiva da Assembleia da República.

[106] A lei do Orçamento é elaborada, organizada, votada e executada, anualmente, de acordo com a respetiva lei de enquadramento (artigo 106.º da CRP).

[107] N.os 2 e 3 do artigo 37.º:

n.º 2 — O relatório que acompanha a proposta de lei do Orçamento do Estado contém a apresentação e justificação da política orçamental proposta e inclui a análise dos seguintes aspectos:

a) Evolução, previsões e projeções das principais variáveis orçamentais e macroeconómicas relevantes e respetiva análise de sensibilidade, de acordo com o artigo 8.º;

Após a data da sua admissão pela Assembleia da República, a votação da proposta de lei do Orçamento do Estado deve realizar-se no prazo de 45 dias, o que, para alguns

---

b) Linhas gerais da política orçamental e a sua adequação às obrigações decorrentes do Pacto de Estabilidade e Crescimento e do Tratado sobre a Estabilidade, Coordenação e Governação da União Económica e Monetária;
c) Evolução da situação financeira global do sector das administrações públicas e de cada subsector e dos sectores empresariais públicos, incluindo informação sobre o respetivo endividamento global;
d) Sustentabilidade da dívida pública, incluindo a análise da sua dinâmica de evolução;
e) Informação sobre a previsão da receita fiscal, permitindo verificar o montante da receita bruta, reembolsos e transferência para outros subsectores;
f) Situação das operações de tesouraria e das contas do Tesouro;
g) Composição da despesa anual de cada um dos programas orçamentais, por missão de base orgânica;
h) Medidas de racionalização da gestão orçamental;
i) Medidas de política orçamental de natureza temporária e permanente;
j) Análise de riscos orçamentais;
k) Memória descritiva das razões que justificam o recurso a parcerias dos sectores público e privado;
l) Informação global e individualizada sobre despesas anuais e plurianuais com parcerias público-privadas e sobre a situação de endividamento global respetiva;
m) Informação sobre os encargos assumidos e em execução e sobre a totalidade das responsabilidades contingentes do Estado;
n) Evolução dos pagamentos em atraso em cada missão de base orgânica;
o) Demonstração do desempenho orçamental consolidada, preparada de acordo com o Sistema Europeu de Contas Nacionais e Regionais, onde se evidenciam os diferentes subsectores do sector das administrações públicas, e se demonstra o cálculo das necessidades ou da capacidade líquida de financiamento;
p) Outras matérias consideradas relevantes para a justificação da decisão orçamental.
q) Informação sobre os dividendos pagos ao Estado por cada uma das empresas do sector empresarial do Estado, especificando as empresas públicas reclassificadas, acompanhadas dos principais indicadores patrimoniais e as que se encontram fora do perímetro das administrações públicas;
r) Atualização do quadro referido na alínea j) do n.º1 do artigo 75.º.

n.º 3 — O relatório a que se refere o número anterior é ainda acompanhado, pelo menos, dos seguintes elementos informativos:

a) Desenvolvimentos orçamentais* que individualizem cada um dos programas, desagregados por serviços e entidades, evidenciando os respetivos custos e fontes de financiamento;
b) Estimativa para o ano em curso e previsão da execução orçamental consolidada do sector das administrações públicas e por subsector, na ótica da contabilidade pública e da contabilidade nacional;
c) Memória descritiva das razões que justificam as diferenças entre valores apurados, na ótica da contabilidade pública e da contabilidade nacional;
d) Os quadros que integram o Projeto de Plano Orçamental, a remeter à Comissão Europeia;
e) Situação financeira e patrimonial das entidades que compõem o subsector da administração central e o subsector da Segurança Social;

autores, é um prazo reduzido, para a discussão no Parlamento, em relação a outros países, conforme se verifica no quadro abaixo.

Calendário de apresentação e aprovação orçamental

	Início do ano orçamental	Prazo para apresentação (A)	Prazo para aprovação (B)	Duração da análise do Orçamento (B-A)
Estados Unidos	1 de outubro	Primeira segunda-feira de fevereiro	Antes do início do ano orçamental	Cerca de 8 meses
Países Baixos	1 de janeiro	Terceira terça-feira de setembro	Antes do início do ano orçamental	Mais de 3 meses
México	1 de janeiro	8 de Setembro	Um mês antes do início do ano orçamental	Cerca de 3 meses
França	1 de janeiro	Primeira terça-feira de outubro	Antes do início do ano orçamental	Cerca de 3 meses
Japão	1 de abril	Durante janeiro	Antes do início do ano orçamental	Mais de 2 meses
Suécia	1 de janeiro	20 de Setembro	Um mês antes do início do ano orçamental	Mais de 2 meses
Coreia	1 de janeiro	2 de outubro	Um mês antes do início do ano orçamental	2 meses
Portugal	1 de janeiro	10 de outubro	Um mês antes do início do ano orçamental	50 dias

Fonte: OCDE, Avaliação do processo orçamental de Portugal, 2008.

---

f) Transferências financeiras entre Portugal e o exterior com incidência no Orçamento do Estado;
g) Transferências orçamentais para as regiões autónomas;
h) Transferências orçamentais para as autarquias locais e entidades intermunicipais.
i) Transferências orçamentais para entidades não no sector de administração central
j) Receita cessante dos benefícios tributários em vigor e dos que eventualmente sejam propostos, sua justificação económica e social é afetação da receita cessante dos princípios benefícios tributários, tendo em conta essa justificação, por missão de base orgânica.
k) Montante das verbas sujeitas a cativação cada programa orçamental, por classificação orgânica e funcional, discriminados por serviços integrados e serviço e fundos autónomos.

* Por desenvolvimentos orçamentais entendem-se os mapas desagregados que permitem informações adicionais sobre receitas, despesas, programas, medidas e orçamentos dos organismos públicos, com um nível de detalhe muito micro, mas que permitem um nível de informação que vai à classificação económica por organismo.

Quanto à discussão e votação do Orçamento na Assembleia da República, a nova Lei de Enquadramento Orçamental mantém, em Plenário da Assembleia da República, a discussão e votação na generalidade, e discute na especialidade a proposta de lei do Orçamento do Estado, nos termos e nos prazos estabelecidos no Regimento da Assembleia da República.

Porém, com exceção das matérias votadas na especialidade pelo Plenário[108], nos termos do n.º 4 do artigo 168.º da Constituição[109], a votação na especialidade da proposta de lei do Orçamento do Estado decorre na Comissão Parlamentar competente e tem por objeto o articulado[110], os mapas contabilísticos e as demonstrações orçamentadas e financeiras constantes daquela proposta de lei, de acordo com o artigo 40.º.

---

[108] O n.º 4 do artigo 168.º da Constituição estabelece: são obrigatoriamente votadas na especialidade pelo Plenário as leis sobre as matérias previstas nas alíneas a) a f), h), n) e o) do artigo 164.º, bem como na alínea q) do n.º1 do artigo 165.º.

[109] Há que ter presente que quaisquer matérias compreendidas na fase de votação na especialidade da proposta da lei do Orçamento do Estado podem ser objeto de avocação pelo Plenário da Assembleia da República, nos termos previstos no respetivo Regulamento (n.º 7 do artigo 38.º e n.º 3 do artigo 168.º da CRP).

[110] Artigo 41.º:

Conteúdo do articulado

1 – O articulado da lei do Orçamento do Estado contém, nomeadamente:

a) As normas necessárias para orientar a execução orçamental, incluindo as relativas ao destino a dar aos fundos resultantes excedentes dos orçamentos das entidades do subsector da administração central e as respeitantes a eventuais reservas;
b) A aprovação dos mapas contabilísticos;
c) A determinação do montante máximo do acréscimo de endividamento líquido e as demais condições gerais a que se deve subordinar a emissão de dívida pública fundada pelo Estado e pelos serviços e entidades do subsector da administração central;
d) A indicação das verbas inscritas em cada missão de base orgânica a título de reserva e as respetivas regras de gestão;
e) A determinação dos montantes suplementares ao acréscimo de endividamento líquido autorizado, nos casos em que se preveja o recurso ao crédito para financiar as despesas com as operações a que se refere a alínea c) ou os programas de ação conjuntural;
f) A determinação das condições gerais a que se devem subordinar as operações de gestão da dívida pública legalmente previstas;
g) A determinação do limite máximo das garantias pessoais a conceder pelo Estado e pelos serviços e entidades do subsector da administração central, durante o ano económico;
h) A determinação do limite máximo dos empréstimos a conceder e de outras operações de crédito ativas, cujo prazo de reembolso exceda o final do ano económico, a realizar pelo Estado e pelos serviços e entidades do subsector da administração central;
i) A determinação do limite máximo das antecipações a efetuar, nos termos da legislação aplicável;

Quanto ao articulado, consiste no conjunto de normas legais através das quais o Governo estabelece um conjunto de disposições estritamente necessárias para a execução do orçamento.

Os mapas contabilísticos[111] (que são 14) englobam as receitas e as despesas previstas, classificadas, respetivamente, de acordo com a classificação orgânica e económica, e as despesas através da classificação orgânica, económica e funcional (ver artigo 42.º)

As demonstrações orçamentais e financeiras (ver artigo 43.º) dizem respeito a valores consolidados do desempenho orçamental para os subsectores da Administração Central e da Segurança Social, onde se demonstre o cálculo dos saldos orçamentais.

Os mesmos valores são consolidados para a Segurança Social e para cada missão de base orgânica, concluindo-se com demonstrações financeiras consolidadas para os subsectores da Administração Central e da Segurança Social, contendo uma estimativa para a execução do ano em curso.

---

j) A determinação do limite máximo de eventuais compromissos a assumir com contratos de prestação de serviços em regime de financiamento privado ou outra forma de parceria dos sectores público e privado;

k) A determinação dos limites máximos do endividamento das regiões autónomas, nos termos previstos na respetiva lei de financiamento;

l) A eventual atualização dos valores abaixo dos quais os atos, contratos e outros instrumentos geradores de despesa ou representativos de responsabilidades financeiras diretas ou indiretas ficam isentos de fiscalização prévia pelo Tribunal de Contas;

m) O montante global máximo de autorização financeira ao Governo para satisfação de encargos com as prestações a liquidar referentes a contratos de investimento público no âmbito da Lei de Programação Militar, sob a forma de locação;

n) As demais medidas que se revelem indispensáveis à correta gestão financeira dos serviços e entidades dos subsectores da administração central e da Segurança Social no ano económico a que respeita a lei do Orçamento do Estado.

2 – As disposições constantes do articulado da lei do Orçamento do Estado limitam-se ao estritamente necessário para a execução da política orçamental e financeira.

[111] A inscrição das despesas e das receitas, de acordo com o artigo 44.º, nos mapas contabilísticos, tem em consideração:

- As opções de política orçamental contida no Programa de Estabilidade, tendo em vista, nomeadamente, assegurar o cumprimento do objetivo de médio prazo;
- Os limites de despesas e as projeções de receitas, previstos na Lei das Grandes Opções;
- As obrigações decorrentes do Tratado da União Europeia (vinculações externas);
- Os mapas devem ainda prever as dotações necessárias para a realização das seguintes despesas obrigatórias:
- As despesas que resultem da lei ou de contrato;
- As despesas associadas ao pagamento de encargos resultantes de sentenças de quais tribunais;
- Outras que, como tal, sejam qualificadas pela lei.

Os referidos mapas de demonstrações orçamentais e financeiras englobam também estimativas para o ano em curso e para as demonstrações analisadas anteriormente, bem como uma demonstração da evolução da dívida direta do Estado e outra com as dotações para pagamentos de cada programa orçamental, desdobradas pelas respetivas ações.

Para terminar o processo de elaboração e votação do orçamento, há que referir que compete ao Presidente da República, com base no artigo 13.º, alínea b), da CRP, promulgá-lo.

A falta de promulgação determina a inexistência jurídica do diploma (artigo 147.º).

De acordo com Catarino (2014), a promulgação corresponde a uma declaração formal e solene dessas qualificações, mas também da conformidade constitucional do diploma com o texto fundamental e com as demais normas Constitucionais. Em alternativa à promulgação, o Presidente da República pode vetar a Lei do Orçamento do Estado ou, então, suscitar a apreciação prévia da sua constitucionalidade, remetendo, para o efeito, o diploma ao Tribunal Constitucional.

2.2.3.1 Prazo de apresentação e votação da proposta de Lei do Orçamento em situações especiais

O prazo referido no artigo 36.º não se aplica nos casos em que:

a) A tomada de posse do novo Governo ocorra entre 15 de julho e 30 de setembro;
b) O Governo em funções se encontre demitido em 1 de outubro:
c) O termo de legislatura ocorra entre 1 de outubro e 31 de dezembro.

Acrescenta, ainda, o artigo 39.º que, nos casos anteriormente referidos, a proposta de lei do Orçamento do Estado para o ano económico seguinte, acompanhada dos elementos a que se refere o artigo 37.º da LEO, é apresentada pelo Governo à Assembleia da República e enviada à Comissão Europeia no prazo de 90 dias a contar da tomada de posse do Governo.

2.2.4 Programas orçamentais

2.2.4.1 Introdução

Uma das principais reformas introduzidas pela nova Lei de Enquadramento Orçamental tem por objetivo a implementação de uma verdadeira orçamentação por programas[112], algo que foi, de modo ténue, tentado na lei n.º 64/77, sendo apenas objeto de tratamento constitucional, com a revisão de 1989.

Esta classificação das despesas por programas tem, desde logo, a vantagem de permitir comparar as despesas orçamentadas com os resultados alcançados, o que facilita uma análise custos-benefícios[113], isto é, analisar a eficiência da despesa pública, bem como garantir aos contribuintes uma melhor aplicação dos seus impostos, contribuindo para uma despesa pública que maximize os efeitos socioeconómicos (*outcomes*) capazes de melhorar o seu nível de bem-estar, isto é, potenciar o *value-for-money* (utilidade retirada de cada compra ou gasto público, baseando-se não no menor custo de aquisição/produção, mas sim na máxima eficiência dos gastos públicos). Acrescente-se que cada missão e cada programa estão associados a objetivos e a indicadores[114] de resultados, em que os objetivos devem ser medidos por indicadores quantificáveis e responder a três preocupações:

---

[112] Programa é um instrumento de racionalização orçamental que reúne conjuntos de despesas de carácter plurianual, que concorrem para um ou vários objetivos específicos, relativos a uma ou mais políticas públicas.

A ideia básica de um programa é a de as decisões deverem basear-se em *outputs* (objetivos e medidas concretas) e não em *inputs* (pessoal e custos com o equipamento).

[113] A análise custos-benefícios começou a desenvolver-se em 1965 nos Estados Unidos, através do Planning-Programming Budgeting System (PPBS); este sistema de orçamentação anual (*budgeting*) das despesas dos programas plurianuais (*programming*) incluídas nas despesas para longo prazo (*planning*).

Refira-se, contudo, que graças essencialmente às dificuldades da análise custos benefícios, bem como às resistências burocráticas e políticas, o sistema PPBS não teve os resultados correspondentes às expectativas, pelo que outros processos foram desenvolvidos, como o *management by objectives* (MBO), o Zero Budgeting (ZBB) — não considerado na atual LEO — e o Balanced Scorecard (BSC), respetivamente em 1973, 1977 e 1992, cujos efeitos também não foram os desejados.

[114] O termo indicador, do latim *indicare*, é definido pela maioria dos teóricos como «uma valorização associada a uma atividade, processo ou sistema que, através da sua comparação com determinadas referências, permite conhecer as alterações produzidas nas principais variáveis — nos diferentes momentos da sua execução —, assim como realizar comparações com outras entidades, programas ou serviços de similares características, possibilitando, por conseguinte, estabelecer o controlo seletivo de informações relevantes para a organização».

— Do cidadão: sendo entendido que o que procura é a eficácia socioeconómica;
— Do utilizador: sendo entendido que o que procura é a qualidade do serviço;
— Do contribuinte: sendo entendido que o que procura é a eficiência da gestão, de modo que o encargo fiscal seja o menos pesado possível.

O que foi referido nesta introdução pode representar-se através de um esquema apresentado pelo Ministério das Finanças (2009), onde são relacionados os três princípios base da Orçamentação por Programas:

Princípios base da Orçamentação por Programas

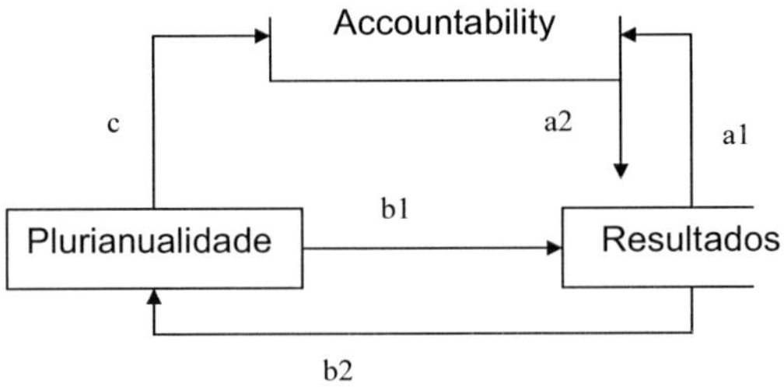

, em que:

a1 — com uma gestão/orçamentação orientada para os resultados (curto e longo prazo), é possível instituir uma cultura de *accountability*;

a2 — com o ambiente de *accountability* criado, será possível tomar decisões de realocação de recursos, tornando-os mais eficazes na prossecução de resultados;

b1 — a orientação para os resultados estratégicos e operacionais apenas é possível mediante uma lógica de plurianualidade;

b2 — a correta previsão das despesas numa ótica plurianual só é possível mediante a definição dos impactos e dos resultados a alcançar;

c — a plurianualidade é uma das condições necessárias para que o orçamento se transforme num instrumento de controlo de necessidades, logo, de *accountability*.

Em síntese, pode afirmar-se que as principais diferenças entre a elaboração, em moldes tradicionais, do Orçamento do Estado e as de Orçamentação por Programas são as seguintes:

1. O orçamento tradicional dá relevância à execução, enquanto o orçamento por programas dá relevância ao planeamento;

2. No processo tradicional, o período é o ano, enquanto no novo processo o período é plurianual;[115]
3. Fixação das despesas e previsão das receitas numa ótica incrementalista, enquanto na orçamentação por programas a fixação é associada a objetivos e metas.

Vamos, de seguida, analisar a nova Lei de Enquadramento no que respeita aos Programas Orçamentais e ao Conteúdo dos Orçamentos da Entidade Contabilística Estado e demais entidades públicas.

2.2.4.2 Análise dos programas orçamentais

A caracterização[116] dos programas orçamentais é feita no artigo 45.º, onde se verifica que os programas orçamentais, a partir do OE de 2019, incluem as receitas e as despesas inscritas nos orçamentos dos serviços e das entidades dos subsectores da Administração Central e da Segurança Social.

Acrescentam os n.os 2, 3 e 4, respetivamente, que o nível mais agregado da especificação por programas corresponde à missão de base orgânica, cuja desagregação se faz por programas e ações, e que inclui o conjunto de despesas e respetivas fontes de financiamento que concorrem para a realização das diferentes políticas públicas sectoriais, de acordo com a lei orgânica do Governo.

O número 5 estabelece que os programas orçamentais correspondem ao conjunto de ações, de duração variável, a executar pelas entidades previstas no número 1, tendo

---

[115] O quadro de planeamento orçamental plurianual deve compreender, designadamente:
- Objetivos orçamentais plurianuais abrangentes e transparentes em termos de défice da administração pública, dívida pública, e qualquer outro indicador orçamental sumário, tal como a despesa;
- Projeções em relação às rubricas mais relevantes em termos de despesas e de receitas da administração pública;
- Uma descrição das políticas previstas a médio prazo com impacto nas finanças da administração pública; e
- Uma avaliação da forma como as políticas poderão afetar a sustentabilidade a longo prazo das finanças públicas.

[116] Crítica feita pelo Tribunal de Contas no seu parecer: «Tem-se presente que a LEO tem valor reforçado e carece de legislação ulterior que a desenvolva e concretize. Nesse sentido, a Comissão Permanente limita-se a assinalar que não é clara a estrutura do orçamento/programas orçamentais (artigo 45.º) e dos orçamentos dos serviços e entidades, assim como a forma e conteúdo dos documentos a produzir em sede de orçamento e de contas (decorrentes da implementação dos sistemas contabilísticos previstos nos artigos 62.º)». Ver página 5 do Parecer.

em vista a realização de objetivos finais, associados à implementação das políticas públicas, e permitirem a aferição do custo total do mesmo, sendo as ações, conforme o n.º 6, as unidades básicas de realização de um programa orçamental, podendo traduzir-se em atividades e projetos.

No início da legislatura, nos termos do n.º 7, o membro do Governo responsável por cada política pública sectorial, definida na missão de base orgânica, propõe, no cumprimento do programa do Governo e no respeito pelo disposto no artigo 46.º, a criação de programas, a sua denominação, o período de programação, os custos totais, as fontes de financiamento e as metas a alcançar, sendo a aprovação dos programas uma competência do Conselho de Ministros, de acordo com o n.º 8.

Há, ainda, a ter em consideração os números 9, 10, 11 e 12 do artigo 45.º, que referem:

N.º 9 — O membro do Governo responsável por cada missão de base orgânica determina a entidade gestora do conjunto dos respetivos programas.

A entidade gestora dos programas orçamentais tem as suas competências definidas no artigo 48.º[117]. Ver também o n.º 6 do artigo 5.º da LEO.

[117] Artigo 48.º.

Entidade gestora dos programas orçamentais

1 - Compete à entidade gestora dos programas orçamentais, designadamente:

a) Definir e fazer aplicar de forma sistemática um modelo de gestão de riscos, identificando e promovendo as melhores práticas no âmbito da prevenção e mitigação de riscos financeiros e de governação;
b) Propor e desenvolver os programas da missão de base orgânica de acordo com o disposto no artigo 45.º e avaliar a necessidade de alterações orçamentais;
c) Elaborar os orçamentos de tesouraria relativos a cada um dos programas, exigindo e recolhendo os elementos das entidades abrangidas pelos mesmos, e fazendo as correções necessárias, na sequência da monitorização e controlo da gestão da tesouraria;
d) Acompanhar o controlo orçamental e financeiro do programa, em estreita articulação com as autoridades do controlo interno competentes, garantindo o cumprimento dos objetivos da cada programa e fiabilidade, tempestividade e comparabilidade da prestação de informação orçamental, financeira e de custeio;
e) Definir os indicadores que permitam a avaliação do programa orçamental, nos termos do artigo 45.º, em plataforma partilhada e transparente para as entidades que concorrem para a sua execução;
f) Preparar informação orçamental, financeira e de tesouraria consolidada por programa, incluindo um apuramento de custos das ações do programa.

2 - A entidade gestora de programas orçamentais colabora com o Ministério das Finanças, com vista à orçamentação por programas e à definição do quadro plurianual.

N.º 10 — Refere que, no caso da missão de base orgânica, a definição dos respetivos programas cabe à entidade indicada pelo órgão de soberania.

N.º 11 — No âmbito das competências do ministro das Finanças, é obrigatória a constituição de um programa destinado a fazer face a despesas imprevisíveis e inadiáveis, bem como de um programa não vinculativo destinado a gerir e controlar a despesa fiscal resultante da concessão de benefícios tributários.

N.º 12 — A operacionalização da orçamentação por programas será objeto de um decreto-lei, a publicar no prazo de dois anos.

Do exposto, em relação a este artigo, a Orçamentação por Programas, que assenta numa gestão baseada no desempenho[118], trará não apenas mais responsabilização, mas também uma maior flexibilidade na gestão de recursos públicos.

A Orçamentação por Programas, segundo Miranda Sarmento (2016), baseia-se num elemento crucial — *let the managers manage* —, o que implica, por um lado, uma descentralização do poder de decisão, com um fortalecimento simultâneo do sistema de controlo interno para a colmatar, pelo que, apesar de os decisores serem mais responsabilizados pelos resultados, apresentam também benefícios de uma maior flexibilidade na afetação dos recursos que lhes foram atribuídos.

Por outro lado, a Orçamentação por Programas visa dotar a despesa pública de maior transparência, fornecendo a resposta para as seguintes questões, já que os Programas refletem de forma mais evidente as prioridades que o Governo inscreveu no seu programa e nas Grandes Opções do Plano:

— Quem gasta?
— Como se gasta?
— Porque se gasta?
— Quanto se gasta?; e
— Quando se gasta?

---

3 - É da responsabilidade do membro do Governo da tutela a adequação dos recursos humanos e materiais necessários à boa execução dos deveres e competências da entidade gestora de programas orçamentais.

4 - O regime jurídico da entidade gestora consta do decreto-lei a aprovar, no prazo de 180 dias a contar da data da entrada em vigor da lei que aprova a presente lei.

[118] Desempenho, do inglês *performance*, é todo o processo decorrente de uma ação, a fim de obter resultados.

Para concluirmos o que foi exposto acerca dos Programas Orçamentais, há, ainda, que referir que nas matérias que dizem respeito a duas ou mais missões de base orgânica, os programas que as concretizam mantêm autonomia orçamental relativa no âmbito de cada uma delas, podendo os programas ter a mesma denominação ou não[119], de acordo com o n.º 2 do artigo 46.º. Porém, no caso de matérias que abranjam duas ou mais bases orgânicas, nada impede que, por motivos de economia, eficiência e eficácia[120], não possam ser agrupados no mesmo programa.

Saliente-se também que, tendo por base o artigo 47.º, a dotação orçamental de cada programa é feita apenas numa base de caixa, e não patrimonial ou nacional, sendo que o primeiro ano de execução das despesas inseridas em programas plurianuais deve corresponder ao ano de criação do programa.

2.2.4.3 Conteúdos dos orçamentos da Entidade Contabilística do Estado (ECE)

Além da simplificação do calendário orçamental, ligando-o às datas-chave do Semestre Europeu, da redução da fragmentação orçamental, aumentando a responsabilidade dos ministérios e alterando o papel do Ministério das Finanças na gestão e controlo orçamental e do reforço da Programação Orçamental, a nova Lei de Enquadramento Orçamental criou, por um lado, a Entidade Contabilística Estado (ECE), que visa reconhecer os rendimentos fiscais, a dívida direta do Estado, os juros dessa dívida, os instrumentos financeiros do Estado, os instrumentos financeiros, os contratos de concessão e

---

[119] Artigo 46.º:
Programas com finalidades comuns
1. Nas matérias que digam respeito a duas ou mais missões de base orgânica, os programas que as concretizem mantêm autonomia orçamental relativa no âmbito de cada uma delas.
2. No caso previsto no número anterior, os programas podem ter ou não a mesma denominação.
3. As matérias que respeitam as duas ou mais missões de base orgânica podem convergir num programa comum sempre que haja razões de economia, eficiência e eficácia.
4. O membro do Governo responsável pela condução política dos programas comuns é determinado por decisão do Governo em função da matéria.
5. A responsabilidade orçamental dos programas comuns é dos respetivos membros do Governo sectoriais.
6. A escolha da entidade gestora dos programas com finalidades comuns é efetuada no âmbito de cada missão de base orgânica, nos termos do n.º9 do artigo anterior.

[120] Nos serviços públicos, as referidas dimensões (economia, eficiência e eficácia) devem assegurar que o cidadão obtenha valor (*outcome*) pelo dinheiro que entrega (*input*) ao Estado. O que, como já referimos, os ingleses designam por *value for money*.

outras transações que se reconduzam ao Estado como entidade soberana, ou seja, a ECE visa, no futuro, consolidar todas as entidades das administrações públicas e apresentar demonstrações financeiras consolidadas do Estado. A ECE é criada de forma faseada, sendo concluída no OE para o ano de 2023.

Por outro lado, refere o n.º 1 do artigo 49.º que no Orçamento da ECE[121], aplicável no OE de 2019, são inscritas, nomeadamente:

> As receitas do Estado provenientes de impostos, taxas, coimas, multas, rendimentos resultantes de valores mobiliários e imobiliários, derivados da sua detenção ou alienação, e transferências de fundos da União Europeia;
> Quanto às despesas, englobam-se as aplicações financeiras do Estado, encargos da dívida, dotações específicas, financiamento do sector empresarial do Estado, transferência para as demais entidades públicas, transferências que resultam de imperativos legais e vinculações externas, incluindo aquelas que se destinam a outros subsectores das administrações públicas.

Refere, ainda, o artigo em análise, no n.º 4, que cabe às entidades administradoras de receitas do Estado assegurar a liquidação dessas receitas e zelar pela sua cobrança.

Acrescente-se que a elaboração do orçamento da ECE é da Direção-Geral do Orçamento.

2.2.4.4 Orçamentos das Entidades Públicas e da Segurança Social

2.2.4.4.1 Orçamento das Entidades Públicas

Sabe-se, de acordo com o n.º 1 do artigo 3.º da nova LEO, que o orçamento da Administração Central integra os orçamentos dos serviços e entidades públicas e da ECE, devendo os primeiros apresentar, de acordo com o artigo 50.º:

a) Orçamento da receita, especificado por fonte de financiamento e classificação económica;

[121] A competência para a elaboração do orçamento da ECE é da Direção-Geral do Orçamento, estando as demais entidades públicas sujeitas a um dever de colaboração. Ver no n.º 2 do artigo 49.º.

Acrescenta ainda o n.º 3: «A ECE apresenta uma demonstração de desempenho orçamental, preparado segundo a Contabilidade na base de caixa, onde se evidenciam as despesas e receitas, os saldos global, corrente, de capital e primário».

Ver também Portal da DGO, através do link http://www.dgo.pt/servicoonline/loginDO.aspx.

b) Orçamento da despesa, especificado por programa, por fonte de financiamento, por classificação económica e por classificação funcional;
c) Demonstração do desempenho orçamental, preparada segundo a contabilidade orçamental, evidenciando os saldos global, corrente, de capital e primário;
d) Encargos plurianuais, por fontes de financiamento;
e) Demonstrações financeiras previsionais, sendo a respetiva regulamentação aprovada por decreto-lei;
f) Plano de investimentos, por fonte de financiamento, sendo a respetiva regulamentação aprovada em decreto-lei.

2.2.4.4.2 Orçamento da Segurança Social

Dentro do sector das administrações públicas, conforme n.º 3 do artigo 2.º da nova LEO, entende-se por subsector da Segurança Social o sistema de solidariedade e Segurança Social, constituído pelo conjunto dos sistemas e dos subsistemas definidos na respetiva lei de bases, as respetivas fontes de financiamento e os organismos responsáveis pela sua gestão.

Tendo presente o referido, no artigo 51.º, o orçamento da Segurança Social deve apresentar:

a) As receitas, especificadas por classificação económica, para o total do subsector por sistema e subsistema;
b) As despesas, especificadas por classificação económica, para o total do subsector por sistema e subsistema;
c) As despesas do subsector, especificadas por programas e por classificação funcional, as quais são igualmente especificadas por sistema e subsistema e total do subsector.
d) As receitas cessantes do subsector da Segurança Social;
e) As despesas de administração por classificação económica e orgânica.

O orçamento da Segurança Social contempla ainda:

A demonstração do desempenho orçamental, preparada segundo a contabilidade orçamental, evidenciando os saldos global, corrente, de capital e primário, bem como as demonstrações financeiras previsionais.

Capítulo 3
Execução, controlo e transparência orçamental

3.1. Introdução

Aprovado[122] e promulgado, o Orçamento começa a ser executado, em princípio, no primeiro dia de cada ano, ou seja, dá-se o início à cobrança das receitas e ao pagamento das despesas.

Mas, para que o orçamento se vá executando, é necessário controlar (fiscalizar, verificar) a autorização da cobrança de receitas e a autorização do pagamento das despesas[123], subordinadas, por um lado, no que respeita à execução aos artigos 52.º a 57.º da nova LEO e, no que respeita ao controlo, aos artigos 68.º a 72.º, e, por outro lado, aos artigos 103.º, 104.º e 105.º da CRP.

Assim, verifica-se que a execução orçamental envolve também uma constante avaliação das ações empreendidas e a verificação da boa gestão financeira, que devem acompanhar a execução orçamental desde o seu primeiro momento até ao fim, como veremos na análise dos artigos a seguir.

Porém, o que deve entender-se por execução e por controlo orçamental?

Recorrendo a Sousa Franco (1992), podem definir-se do seguinte modo:

---

[122] Se for aprovado, mas não a tempo de entrar em vigor no começo do ano seguinte, mantém-se em vigor o Orçamento do ano antecedente, continuando a cobrar-se as receitas nele previstas, bem como a fazer-se por duodécimos, isto é, em cada mês pela duodécima parte das dotações nele inscrita.

[123] De acordo com a alínea b), do n.º 6 do artigo 42.º da LEO, ainda em vigor (até ao orçamento de 2018), a realização das despesas obedece ao princípio da utilização por duodécimos, salvo as exceções autorizadas por lei. Sobre o definido na nova LEO, ver artigo 52.º. Não confundir estes duodécimos com os anteriores (os chamados duodécimos supletivos, na perspetiva de Sousa Franco), na medida em que os referidos no artigo 42.º nos dizem que, em princípio, em cada mês, não poderá ser utilizado um crédito orçamental em média superior a 1/12 do crédito anual, acrescido dos duodécimos anteriores vencidos e não gastos.

Execução orçamental — conjunto de atos e operações materiais de administração financeira levados a efeito para cobrar as receitas e realizar as despesas previstas, ou para realizar os necessários ajustamentos orçamentais.

Controlo orçamental — consiste na atividade própria dos órgãos de controlo que tem por objeto a verificação da legalidade e da regularidade financeira das receitas e despesas públicas, bem como a aplicação da boa gestão de dinheiros e outros ativos públicos e da dívida pública, nos termos previstos nos artigos 68.º e seguintes da nova LEO.

3.2 A Execução Orçamental

3.2.1 Das despesas[124]

No que respeita às despesas, o n.º 3 do artigo 52.º refere, nas suas diversas alíneas, que nenhuma despesa pode ser autorizada[125] sem que, cumulativamente:

- — O facto gerador da obrigação respeite as normas legais aplicáveis;
- — Disponha de inscrição orçamental no programa e no serviço ou na entidade, tenha cabimento e identifique se os pagamentos se esgotam no ano ou em anos futuros no período previsto para o programa;
- — Satisfaça os requisitos de economia, eficiência e eficácia.

Acrescentam ainda, no que respeita às despesas, os n.os 4, 5 e 6, respetivamente:

[124] Na aceção de Sousa Franco, despesa consiste no gasto de dinheiro ou no dispêndio de bens por parte de entes públicos para criarem ou adquirirem bens suscetíveis de satisfazer necessidades públicas. Ou seja, a despesa pública tem que ver com a aplicação, mediante os mecanismos juridicamente estabelecidos, dos créditos aprovados no Orçamento, por forma a responder às obrigações estabelecidas, sendo que hoje é reconhecido que a despesa pública pode também, tal como os tributos, ter como finalidade a redistribuição da riqueza (Maria d'Oliveira Martins, 2014).

[125] A autorização de despesas públicas, de acordo com decisão do Tribunal de Contas n.º 9/CV/98, «não se resume à determinação da respetiva entidade competente». A realização de uma despesa pública pressupõe a verificação de uma conformidade legal (prévia autorização legal); a regularidade financeira (inscrição orçamental, cabimento e adequada classificação); economia (gastar o menos possível em igualdade de circunstâncias), eficiência (máximo rendimento do que se gastou) e eficácia (atingir os objetivos fixados).

— Nenhuma despesa pode ser paga sem que o compromisso e a respetiva programação de pagamentos previstos sejam assegurados pelo orçamento de tesouraria da entidade;
— O montante anual de um programa estabelece o teto máximo de pagamentos que podem ser feitos;
— As operações de execução do orçamento das despesas obedecem ao princípio de autorização da despesa e do respetivo pagamento.

Do exposto, pode concluir-se que a realização da despesa requer:

— Uma autorização pelo órgão competente;
— O processamento da despesa;
— A verificação, que consiste na conferência da sua legalidade e cabimento;
— A liquidação, ou seja, a determinação do valor exato da dívida;
— A autorização de pagamento;
— O pagamento pela tesouraria da entidade.

Para terminarmos a análise da execução das despesas, há que fazer algumas referências ao artigo 53.º.

O artigo 53.º define as regras respeitantes às normas, estabelecidas por decreto-lei, respeitantes à execução orçamental, que deve conter, nomeadamente:

— A indicação das despesas ou pagamentos cuja autorização depende da intervenção das entidades gestoras dos programas pertencentes à mesma missão de base orgânica;
— Os prazos para autorização de despesa;
— As demais normas necessárias para execução do Orçamento do Estado e de cada um dos orçamentos por ele abrangidos;

O decreto-lei referido é aprovado até ao 15.º dia após a entrada em vigor da lei do Orçamento do Estado. Ver n.os 2 e 5 do artigo em análise.

Para terminar, refira-se que os compromissos que dão origem a pagamento em ano económico que não seja o ano da sua realização, ou em vários anos económicos constantes dos programas, podem ser assumidos pelas entidades e serviços sem pagamentos em atraso mediante prévia autorização do ministro da tutela.

3.2.2 Das receitas[126]

Nenhuma receita pode ser liquidada ou cobrada sem que, cumulativamente:

— Seja legal;
— Tenha sido objeto de correta inscrição orçamental;
— Esteja classificada.

Refira-se, ainda, que de acordo com o n.º 2 do artigo 52.º, «a liquidação (determinação do valor) e a cobrança de receita podem ser efetuadas para além dos valores previstos na respetiva inscrição orçamental». Isto é, uma vez autorizada a cobrança das receitas, não há limite para os valores máximos que venham a ser cobrados[127]. Ela tem é de ser legal, objeto de correta inscrição orçamental e adequadamente classificada.

Acrescente-se, também, que na receita, de acordo com o n.º 6 do artigo antes referido, deve haver uma separação efetiva das funções de liquidação e cobrança. A primeira a cargo da Autoridade Tributária e Aduaneira (AT) e a segunda a cargo, atualmente, da Agência de Gestão de Tesouraria e da Dívida Pública (IGCP, EPE).

3.3 Unidade de Tesouraria

A Tesouraria Central do Estado corresponde ao conjunto de serviços cuja competência consiste em gerir os dinheiros públicos do Estado e das entidades que integram o subsector da Administração Central.

Acrescenta, por um lado, o n.º 2 do artigo 54.º da nova LEO que o conceito de dinheiros públicos compreende as disponibilidades de caixa ou equivalentes de caixa[128] que estejam à guarda das referidas entidades.

---

[126] Entende-se por receita pública o conjunto de todos os recursos de que o Estado lança mão para atender e ir ao encontro das despesas públicas.

[127] Quanto às despesas, há um limite de ordem quantitativa, o que quer dizer que só se pode realizar cada despesa até ao montante que está orçamentado.

[128] Equivalentes de caixa: investimentos financeiros a curto prazo (três meses ou menos), altamente líquidos, que sejam prontamente convertíveis para quantias conhecidas de dinheiro e que estejam sujeitos a um risco insignificante de alteração de valor. Ou seja, são detidos com a finalidade de ir ao encontro dos compromissos de caixa a curto prazo e não para investimento ou outros propósitos, têm de ser

Por outro lado, o n.º 3 refere que o princípio da unidade de Tesouraria se concretiza através da gestão integrada da Tesouraria Central do Estado e da dívida pública direta do Estado (a resultante da contratação de empréstimos pelo Estado, atuando através das Agência de Gestão da Tesouraria e da Dívida Pública, EPE (IGCP; EPE), bem como a dívida resultante do financiamento de entidades públicas reclassificadas[129].

Refira-se, ainda, que as entidades dispensadas do cumprimento do princípio da unidade de tesouraria ficam obrigadas a cumprir as normas de gestão de risco de intermediação aprovadas pelo membro do Governo responsável pela área das finanças, mediante parecer do IGCP, EPE (n.º 6, do artigo em análise).

Concluímos a análise do artigo 54.º, transcrevendo o seu n.º 7:

«O incumprimento do princípio da unidade de tesouraria, bem como das normas de gestão de risco referidas no n.º 6, faz incorrer os titulares do órgão de direção das entidades em causa em responsabilidade financeira».

3.4 União de Tesouraria da ECE e das entidades públicas

Sabe-se que nenhuma despesa pode ser paga sem que o compromisso e a respetiva programação de pagamentos previstos sejam assegurados pelo orçamento de Tesouraria da entidade, pelo que a ECE e as entidades públicas devem dispor de um orçamento de tesouraria e de um modelo de gestão que permita:

a) Assegurar que existem disponibilidades financeiras suficientes para liquidar as obrigações à medida que as mesmas se vão vencendo.
b) Permitir a reconciliação diária entre a informação bancária e a contabilidade por fonte de financiamento.
c) Maximizar o retorno da tesouraria disponível.
d) Permitir a gestão eficiente dos riscos financeiros.

---

prontamente convertíveis para uma quantia conhecida de dinheiro e devem estar sujeitos a um risco insignificante de alterações de valor.

[129] Entidades públicas reclassificadas: integram ainda o sector das administrações públicas as entidades que, independentemente da sua natureza e forma, tenham sido incluídas em cada subsector no âmbito do Sistema Europeu de Contas Nacionais e Regionais, na última lista das entidades que compõem o sector das administrações públicas divulgadas até 30 de junho, pela autoridade estatística nacional, designadas por entidades públicas reclassificadas (n.º 4 do artigo 2.º da nova LEO).

Há ainda a referir que o artigo 55.º da nova LEO acrescenta, por um lado, que o orçamento de tesouraria é mensal, com previsão deslizante para os 12 meses seguintes, e é remetido mensalmente à ECE.

Por outro lado, a realização de qualquer despesa, à qual esteja consignada determinada receita, fica também condicionada à cobrança desta receita em igual montante ou à sua liquidação, devendo a programação do pagamento, nestas circunstâncias, estar associada à data da sua efetiva cobrança.

3.5 Execução do Orçamento da Segurança Social

O Orçamento da Segurança Social segue um regime especial de execução, sem prejuízo de aplicações supletivas.

Assim, de acordo com o n.º 1 do artigo 56.º da LEO, incumbe ao Instituto de Gestão Financeira da Segurança Social, IP (IGFSS, IP) a gestão global, da execução do orçamento da Segurança Social, no refeito pelo disposto na presente Lei de Enquadramento Orçamental e nas normas especificamente aplicáveis no âmbito do sistema da Segurança Social.

A cobrança das receitas e o pagamento das despesas do sistema de Segurança Social competem ao IGFSS, IP, que assume as competências de tesouraria única do sistema em articulação com a Tesouraria do Estado.

Diz também o n.º 7 que as entradas e saídas de fundos do sistema de Segurança Social são efetuadas através do IGFSS, IP, diretamente ou por intermédio de entidades colaboradoras, onde se mantêm depositados os seus excedentes e disponibilidades de tesouraria.

Para terminar a análise do artigo em questão, refira-se que a execução do orçamento do sistema de Segurança Social tem por base os respetivos planos de tesouraria, elaborados pelo IGFSS, IP, e que este pode recorrer ao crédito[130] no âmbito do sistema de Segurança Social, desde que o referido crédito não dê origem a dívida fundada.

---

[130] O IGFSS, IP só pode realizar operações de financiamento mediante autorização a conceder através de despacho dos membros do Governo responsáveis pelas áreas das finanças e da Segurança Social.

Para concluirmos a problemática da execução orçamental, há ainda que ter em atenção as receitas próprias de certas entidades que integram o subsector da Administração Central, cuja análise é feita no artigo 57.º da nova LEO[131].

Regime transitório de execução orçamental

O n.º 1 do artigo 58.º da LEO estabelece que a vigência da Lei do Orçamento do Estado é prorrogada quando se verifique:

a) A rejeição da proposta de Lei do Orçamento do Estado;
b) A tomada de posse do novo Governo, se esta tiver ocorrido entre 1 de julho e 30 de setembro;
c) A caducidade da proposta de lei do Orçamento do Estado em virtude da demissão do Governo proponente;
d) A não votação parlamentar da proposta de Lei do Orçamento do Estado.

---

[131] Artigo 57.º:

Receitas Próprias

1. Constitui receita própria das entidades que integram o subsector da administração central o produto das transações provenientes do exercício da atividade mercantil em regime de concorrência, bem como os montantes que correspondam à contraprestação do serviço prestado.
2. Constituem ainda receitas de gestão das entidades que integram o subsector da administração central as provenientes de doações, heranças ou legados de particulares que, por vontade destes, sejam especificamente destinados a estas entidades e, bem assim, quaisquer outras receitas que por lei ou contrato lhes devam pertencer.
3. São entidades com autonomia especial para a gestão da receita:
   a) Os serviços e entidades que disponham de receitas próprias para cobertura das suas despesas, nos termos da lei;
   b) As entidades que tenham um especial regime de autonomia por imperativo constitucional;
   c) As entidades que tenham um especial regime de autonomia que decorra do regime jurídico das instituições de ensino superior;
   d) As entidades que tenham autonomia que decorra da integração nas áreas do Serviço Nacional de Saúde e as de regulação e supervisão;
   e) Os organismos especialmente competentes para a gestão de fundos comunitários com a autonomia indispensável à sua gestão.
4. Os serviços e as entidades referidos nos números anteriores utilizam prioritariamente as suas receitas próprias não consignadas por lei a fins específicos para a cobertura das respetivas despesas.
5. O saldo de gerência gerado pela execução de receitas gerais em incumprimento do disposto do número anterior reverte a favor do Tesouro em montante igual ao da utilização de receitas gerais, ou na sua totalidade se o saldo for inferior.

Acrescenta o n.º 2 do artigo em análise que a prorrogação da vigência da Lei do Orçamento do Estado abrange o respetivo articulado e os correspondentes mapas, bem como decretos-leis de execução orçamental.

Porém, de acordo com o n.º 3, a prorrogação da vigência da Lei do Orçamento não abrange:

a) As autorizações legislativas contidas no seu articulado, que, de acordo com a Constituição ou nos termos em que foram concedidas, devem caducar no final do ano económico a que respeitava a lei;
b) A autorização para a cobrança das receitas cujos regimes se destinavam a vigorar apenas até ao final do ano económico a que se respeitava aquela lei;
c) A amortização para a realização das despesas relativas a programas que devam extinguir-se até ao final do ano económico a que respeitava aquela lei.

Há ainda a ter presente que o n.º 4 diz: durante o período transitório em que se mantiver a prorrogação de vigência da Lei do Orçamento do Estado respeitante ao ano anterior, a execução mensal dos programas em curso não pode exceder o duodécimo da despesa total da missão de base orgânica, com exceção das despesas referentes a prestações sociais devidas a beneficiários do sistema de Segurança Social e das despesas com aplicações financeiras.

Refira-se, ainda, que, durante o período transitório em que mantiver a prorrogação de vigência da lei do Orçamento do Estado respeitante ao ano anterior, o Governo pode, de acordo com o n.º 5 do artigo 58.º, da LEO:

a) Emitir dívida pública fundada, nos termos previstos na respetiva legislação;
b) Conceder empréstimos e realizar outras operações ativas de crédito, até ao limite de um duodécimo do montante máximo autorizado pela Lei do Orçamento do Estado em cada mês em que a mesma vigore transitoriamente;
c) Conceder garantias pessoais, nos termos previstos na respetiva legislação.

Para terminar, diga-se que as operações de receita e de despesa executadas ao abrigo do regime transitório são imputadas às contas respeitantes ao novo ano económico iniciado a 1 de janeiro.

3.6 As revisões e alterações orçamentais

3.6.1 As revisões orçamentais

São da competência da Assembleia da República as revisões orçamentais que envolvam (artigo 59.º):

a) O aumento da despesa total do subsector da Administração Central;
b) O aumento da despesa total de cada missão de base orgânica;
c) Alteração dos programas orçamentais que acarretem o aumento dos compromissos do Estado;
d) Transferências de verbas entre programas correspondentes a diferentes missões de base orgânica, com exceção das efetuadas por recurso a verbas do programa destinado a fazer face a despesas imprevisíveis e inadiáveis;
e) Um acréscimo dos respetivos limites do endividamento líquido fixados na lei do Orçamento do Estado;
f) O aumento das despesas do orçamento da Segurança Social, com exceção das despesas referentes a prestações sociais devidas aos beneficiários do sistema de Segurança Social;
g) Transferências de verbas do orçamento da Segurança Social entre diferentes grandes funções ou funções, no respeito pela adequação seletiva das fontes de financiamento consagradas na lei de Base do Sistema de Segurança Social.

Do exposto, verifica-se que, sempre que há um aumento da despesa para lá do limite definido para a despesa máxima, carece, sempre, de uma autorização legislativa da Assembleia da República, através de uma proposta, feita pelo Governo, de alteração à Lei do Orçamento do Estado, bem como o aumento do limite das necessidades líquidas de financiamento.

Refira-se que as revisões orçamentais, aquando da discussão e aprovação do orçamento, não estão sujeitas a quaisquer limitações, pelo que as revisões, caso sejam aprovadas, podem conduzir a um resultado bem diferente da proposta inicial do Governo. Há, assim, uma questão política que depende fundamentalmente da relação de forças existente no Parlamento. Se o Governo estiver sustentado numa minoria, então uma ação concertada da oposição pode vencer, e o Governo vê-se forçado a ter de aceitar e executar um orçamento que não é seu. Contudo, se o quiser aprovar, tem de ceder aqui e ali, o que, muitas vezes, quando se sabe negociar, o Orçamento até pode ser próximo da solução ótima.

Porém, há maiores limitações por parte do Parlamento aquando as revisões propostas pelo Governo durante a execução do orçamento. E isto por força de jurisprudência constitucional, que apresenta dois argumentos:

a) O argumento da alteração de sentido da proposta de lei (o desvirtuar da proposta)
b) O argumento da «lei-travão».

Assim, e seguindo de perto Nazaré Costa Cabral e Guilherme W. Oliveira Martins, em *Finanças Públicas e Direito Financeiro*, quanto ao primeiro, o desvirtuar da proposta, o Acordo n.º 317/86 entre as duas situações: proposta inicial do Orçamento do Estado, por um lado, e proposta de revisão orçamental, por outro lado. Assim, «no caso da proposta do Orçamento, a fase é de previsão do conjunto de todas as despesas a realizar pelo Estado, durante o ano, e dos processos para as cobrir. Procura-se definir o plano financeiro global do Estado. Compreende-se que o órgão constitucionalmente competente para aprovar o Orçamento possa decidir livremente o que maior interesse tem para o Estado na matéria». Diversamente, «no caso de revisão do Orçamento, já não se está numa fase de previsão, nem se pretende traçar um plano financeiro global. Tem-se apenas a pretensão de alterar um plano já elaborado, que está a ser executado, e em áreas delimitadas pela proposta do Governo, que tem o exclusivo da iniciativa de alteração e o encargo e responsabilidade pela execução orçamental».

Perante isto, nesta segunda fase, os deputados, a pretexto de uma proposta de revisão orçamental, não podem proceder a modificação que não se inscrevem na proposta do governo, ou seja, alargar essas modificações a outras áreas não pretendidas pelo governo. E remata da seguinte forma: «Não se pretende que a Assembleia da República esteja vinculada à proposta de revisão feita pelo Governo. Pode aceitá-la ou rejeitá-la. Pode aumentar as receitas, como se propõe, ou aumentá-las numa percentagem diferente do que a pretendida. Igualmente poderá não diminuir as despesas, ou diminuir menos do que se pretende. Não pode é proceder a alterações que extravasem o âmbito da proposta».

No que respeita ao outro argumento, lei-travão, trata-se da aplicação do regime constante no n.º 2 do artigo 167.º da Constituição, ou seja, a aplicação, na fase de alterações orçamentais, diferentemente do que sucede aquando da proposta inicial do Orçamento do Estado, do regime «lei-travão». A «lei-travão» impede o seguinte (condições cumulativas):

— Que os deputados, grupos parlamentares e cidadãos de eleitores apresentem projetos de lei, propostas de lei ou propostas de alteração (ou seja, veda a sua iniciativa originária e superveniente);
— Que envolvam o aumento da despesa ou a diminuição de receita;
— No ano económico em curso.

Acrescente-se que os autores acima referidos referem que a «lei-travão» se aplica não só à proposta de lei de alteração orçamental, mas visa também qualquer iniciativa legislativa dos parlamentares que produza os mencionados efeitos financeiros. Assim, em primeira linha, estarão em causa iniciativas originárias dos deputados de legislação avulsa que pudesse produzir aqueles efeitos, como seriam, por exemplo, iniciativas de criação de novos subsídios de apoio aos desempregados ou alteração das condições de acesso ao subsídio que implicassem maior despesa ou então a alteração de regras relativas ao pagamento por conta de IRS que envolvesse, para o Estado, a redução da receita fiscal. Depois, estarão em causa quaisquer iniciativas superviventes dos parlamentares — relativamente a propostas de lei iniciais — e que traduzam aqueles mesmos efeitos. Por exemplo, na sequência de apresentação de uma proposta lei na AR sobre taxas moderadoras, virem os deputados prever novas categorias de isenção de taxa, não contempladas na proposta inicial do governo. Depois então, estarão em causa, no quadro de propostas de alteração orçamental (sempre exclusivas do governo), as emendas feitas por parlamentares que envolvam ou o aumento de despesas ou a diminuição de receita.

A aplicação do regime da «lei-travão» no contexto de alterações orçamentais implica necessariamente, pela própria natureza das alterações orçamentais, que a última condição *supra* se verifique também: a alteração orçamental acarreta efeitos em relação ao ano económico em curso. Logo, a iniciativa superveniente dos parlamentares fica, por esta razão, também vedada.

Já no que diz respeito a iniciativas originárias ou supervenientes relativas a legislação avulsa, isto é, que não sejam alterações orçamentais, colocou-se a questão de saber se o facto de a lei em causa prever a sua entrada em vigor e produção de efeitos no ano económico em curso levaria a inaplicabilidade, para todo o sempre, da norma respetiva violadora do n.º 2 do artigo 167.º. Ora a jurisprudência constitucional nesta matéria (Acórdão n.º 297/86), secundando parcialmente doutrina importante (Canotilho e Moreira, 1985), considerou que não. Isto porque esse artigo só impede que os deputados apresentem um projeto de lei que envolva aumento de despesa no ano económico em curso, não ficando vedada a apresentação de projeto de lei que acarrete esses efeitos apenas para os anos seguintes.

Quanto às demais alterações orçamentais, são da competência do Governo, nos termos de decreto-lei próprio.

Acrescente-se que as alterações orçamentais da competência do Governo são, nos termos do n.º 1 do artigo 75.º[132], comunicadas à Assembleia da República.

3.6.2 Alterações orçamentais da competência do Governo

As alterações orçamentais de competência do Governo, artigo 60.º, resultam, no essencial, de modificações que não impliquem alterações nos mapas do Orçamento do Estado, ou que sejam financiadas pela transição de saldos de anos anteriores.

São da competência do Governo, nomeadamente, as alterações orçamentais que consistam num aumento do montante total das despesas de cada missão de base orgânica, quando as mesmas resultem, de acordo com o artigo 60.º:

a) De saldo de gerência ou dotações de anos anteriores cuja utilização seja permitida por lei;

b) Da utilização das verbas do programa destinado a fazer face a despesas imprevisíveis e inadiáveis;

c) Do aumento das receitas efetivas próprias ou consignadas, contabilizadas como receitas do próprio ano.

---

[132] Artigo 75.º:

Dever especial de informação ao controlo político

1. O Governo disponibiliza à Assembleia da República todos os elementos informativos necessários para a habilitar a acompanhar e controlar, de modo efetivo, a execução do Orçamento do Estado, designadamente relatórios sobre:
   a) A execução do Orçamento do Estado, incluindo o da Segurança Social;
   b) A utilização de dotações no âmbito do programa integrado na missão de base orgânica do Ministério das Finanças destinado a fazer face a despesas imprevisíveis e inadiáveis;
   c) A execução do orçamento consolidado dos serviços e entidades do sector das administrações públicas;
   d) As alterações orçamentais aprovadas pelo Governo;
   e) As operações de gestão da dívida pública, o recurso ao crédito público e as condições específicas dos empréstimos públicos celebrados nos termos previstos na lei do Orçamento do Estado e na legislação relativa à emissão e gestão da dívida pública;

Por último, diga-se que qualquer alteração orçamental, seja de reserva de competência absoluta da Assembleia da República ou de competência do Governo, parte sempre da iniciativa governamental. Isto é, tal como o Orçamento do Estado é apresentado pelo Governo e aprovado pela Assembleia, as alterações orçamentais também são sempre propostas pelo Governo, mesmo que tenham de ser aprovadas pelo Parlamento. Como escrevem Canotilho e Moreira (2007), «a AR não pode aprovar inicialmente o orçamento sem iniciativa governamental, também não pode alterá-lo por iniciativa própria».

Ver, ainda, artigo 61.º da LEO.

3.7 Orçamento «retificativo» e Orçamento «suplementar»

Apesar de a ordem jurídica não acolher a expressão «retificativo» nem a de orçamento «suplementar», não deixam de ser referidas pelos meios de informação, com os significados seguintes:

Orçamento retificativo: consiste numa simples redistribuição de verbas previstas, sem que exista um aumento da despesa total, através de transferências de verbas entre rubricas orçamentais, ou seja, o aumento de algumas rubricas é integralmente compensado pela redução de outras.

Orçamento suplementar: é quele que implica um acréscimo da despesa total. Isto é, o aumento de despesas em algumas rubricas não é totalmente compensado pela redução em outras ou pela utilização da dotação provisional[133]. A distinção referida figurou no Direito Orçamental Comunitário até 25 de junho de 2002.

3.8 Sistema contabilístico e documentos de prestação de contas

3.8.1 O sistema contabilístico

O artigo 62.º aborda os princípios gerais de organização contabilística do Estado, que, em termos gerais, são os seguintes:

---

[133] A dotação provisional correspondente à dotação orçamental que é inscrita num capítulo específico do orçamento de despesa do Ministério das Finanças e que constitui uma provisão para fazer face a despesas não previstas e inadiáveis.

— O Estado organiza uma contabilidade orçamental para todas as suas receitas e despesas; uma contabilidade financeira para todos os seus ativos, passivos, rendimentos e gastos;

— O Estado prepara demonstrações orçamentais e financeiras, individuais e consolidadas, que proporcionam uma imagem verdadeira e apropriada da execução orçamental, da posição financeira, das alterações na posição financeira, do desempenho e dos fluxos de caixa.

— As entidades públicas devem preparar demonstrações orçamentais e financeiras que proporcionem uma imagem verdadeira e adequada da execução orçamental[134], da posição financeira[135], das alterações na posição financeira[136], do desempenho[137] e dos fluxos de caixa[138].

Tendo presente o artigo 63.º, o sistema contabilístico compreende uma contabilidade orçamental, uma contabilidade financeira e uma contabilidade de gestão, nos termos da normalização contabilística em vigor, em que:

— A contabilidade financeira[139] regista as operações que afetam a posição financeira, o desempenho financeiro e os fluxos de caixa;

— A contabilidade orçamental[140] regista a execução do orçamento e eventuais alterações;

— A contabilidade de gestão permite avaliar o resultado das ações que contribuam para a realização das políticas públicas e o cumprimento dos objetivos em termos de serviços a prestar aos cidadãos.

---

[134] Através do Orçamento e Conta Geral do Estado.

[135] Através do Balanço.

[136] Através do Mapa de Alterações na Posição Financeira.

[137] Através da Demonstração dos Resultados.

[138] Através do Mapa de Fluxos de Caixa.

[139] Na contabilidade financeira (ou patrimonial), os registos são efetuados em base de acréscimo, isto é, as transações e outros acontecimentos são reconhecidos nos períodos a que respeitam, independentemente do momento em que ocorrem os fluxos de caixa (pagamentos e recebimentos).

[140] A ECE e as demais entidades públicas preparam, até ao final do segundo mês seguinte ao trimestre, demonstrações orçamentais e financeiras, individuais e consolidadas.

O disposto anteriormente referido não se aplica ao trimestre findo em 31 de dezembro.

3.8.2 Documentos de prestação de contas

3.8.2.1 Da ECE e das entidades públicas

As referidas entidades, de acordo com os n.os 1 e 2 do artigo 65.º, devem elaborar, até 31 de março do ano seguinte ao ano económico a que as contas respeitam, os respetivos documentos de prestação de contas, que integram:

— O relatório de gestão;
— As demonstrações orçamentais e financeiras;
— Outros documentos exigidos por lei.

O artigo 64.º — Demonstrações financeiras intercalares — diz-nos que a ECE e as demais entidades públicas preparam, até ao fim do segundo mês, seguinte ao trimestre, demonstrações orçamentais e financeiras individuais e consolidadas. Porém, o disposto no n.º 8 do artigo 5.º da LEO refere que a ECE se concretiza no Orçamento do Estado para o ano 2023.

3.8.2.2 A Conta Geral do Estado

A referida conta será entregue pelo Governo à Assembleia da República até 15 de maio, sendo submetida a parecer do Tribunal de Contas[141], conforme n.º 4 do artigo 66.º.

A Conta Geral do Estado (CGE) compreende o conjunto das contas relativas às entidades que integram o perímetro do Orçamento do Estado, tal como definido no artigo 2.º da LEO, e compreende um relatório, as demonstrações orçamentais e financeiras e as notas às demonstrações orçamentais e financeiras.

Refira-se, ainda, que a Conta Geral do Estado é acompanhada dos mapas constantes do artigo 42.º e do acumulado da dívida consolidada do Estado e os encargos com juros que lhe estão associados.

---

[141] O parecer do Tribunal de Contas, a remeter à Assembleia da República até 30 de setembro do ano seguinte ao ano económico, é acompanhado das respostas das entidades às questões que esse órgão lhes formular (n.º 5).

Quanto ao n.º 6, refere que a CGE é igualmente submetida, até 31 de maio do ano seguinte, a certificação do Tribunal de Contas, que a deve emitir até 30 de setembro.

3.9 Controlo da execução orçamental, responsabilidades e transparência

3.9.1 O controlo da execução orçamental

A execução do Orçamento do Estado, incluindo o orçamento da Segurança Social, é objeto de controlo administrativo, jurisdicional e político, e tem, conforme o n.º 1 do artigo 68.º, como objetivos, nomeadamente:

a) A confirmação do registo contabilístico adequado e o reflexo verdadeiro e apropriado das operações realizadas por cada entidade;
b) A verificação, acompanhamento, avaliação e informação sobre a legalidade, regularidade e boa gestão, relativamente a programas e ações de entidades de direito público ou privado, com interesse no âmbito da gestão ou tutela governamental em matéria de finanças públicas, nacionais e da União Europeia, bem como a outros interesses financeiros públicos;
c) A verificação do cumprimento dos objetivos pelos gestores e responsáveis a quem foram atribuídos recursos.

Como o controlo orçamental é de grande importância para levar a cabo uma sã execução orçamental, vamos, de seguida, dar relevância aos diversos tipos de controlo.

Analisaremos, em primeiro lugar, o controlo administrativo que compreende os níveis operacional, sectorial e estratégico, definidos em razão da natureza e âmbito de intervenção dos serviços que o integram, e que pressupõe a atuação coordenada e a observância de critérios, metodologias e referenciais de acordo com a natureza das intervenções a realizar, sem prejuízo das competências da autoridade de auditoria nos termos da lei.

O controlo jurisdicional da execução do Orçamento do Estado está, conforme o n.º 5, confiado ao Tribunal de Contas[142], e é efetuado nos termos da respetiva legislação, sem prejuízo dos atos (responsabilidades não financeiras) que cabem aos demais tribunais, designadamente aos tribunais administrativos e fiscais e aos tribunais judiciais, no âmbito das respetivas competências.

[142] As contas dos Estados-Membros também são controladas pelo Tribunal de Contas Europeu.

O controlo político é exercido pela Assembleia da República, que acompanha a execução do Orçamento do Estado e dos demais orçamentos da Administração Central e da ECE, e aprova a Conta Geral do Estado.

A Assembleia da República, de acordo com o n.º 3 do artigo 71.º da nova LEO[143], determina, em cada ano, ao Governo duas auditorias e solicita ao Tribunal de Contas[144] a auditoria de dois organismos do Sistema de Controlo Interno, sem prejuízo de poder solicitar auditorias suplementares.

3.9.2 Controlo cruzado

No seu parecer à nova LEO, o Tribunal de Contas refere, na página 2, o seguinte:

> «A imposição, a todos os subsectores das administrações públicas (incluindo as Regiões Autónomas e as Autarquias Locais), do dever de prestar a informação necessária para um efetivo controlo de eventuais défices orçamentais e do endividamento público, incluindo o recurso ao controlo cruzado com informação prestada por outras autoridades, designadamente o Banco de Portugal...»

O que é, então, o controlo cruzado? E quando é que é efetuado?

No que respeita à primeira pergunta, diz-nos o n.º 1 do artigo 70.º que «as entidades responsáveis pelo controlo dispõem de poderes de controlo[145] sobre quaisquer entidades públicas ou privadas, nos casos em que estas beneficiem de subvenções ou outros

---

[143] Da LEO ainda em vigor, o artigo é o 59.º.

[144] O Tribunal de Contas pode também realizar auditorias por iniciativa própria.

Acrescente-se que o Tribunal de Contas realiza não só um mero controlo de legalidade, mas também tem competência para controlo da eficácia, economia e eficiência segundo critérios técnicos de boa gestão financeira (artigo 5.º alínea f) da Lei de Organização e Processo do Tribunal de Contas — LOPTC).

A referida lei (LOPTC) menciona também a avaliação como um dos poderes do Tribunal de Contas, cujo conceito pode entender-se como a atividade técnico-científica de análise e apreciação de um programa, projeto, política ou outra ação no que respeita aos seus efeitos (diretos e indiretos) e a respetiva relação com os objetivos fixados e seu enquadramento, bem assim como os meios aplicados para o efeito.

[145] Integram o sistema de controlo da administração financeira do Estado a própria entidade responsável pela execução, os órgãos de fiscalização interna, as entidades hierarquicamente superiores de superintendência ou de tutela e os organismos de inspeção e de controlo do sector das administrações públicas (n.º 2 do artigo 69.º).

Há ainda a referir que o sistema de controlo da administração financeira do Estado compreende o domínio orçamental, económico, financeiro e patrimonial.

auxílios financeiros concedidos pela entidade Estado e pelas demais entidades públicas ou aqueles poderes que se mostrem imprescindíveis ao controlo, por via indireta ou cruzada, da execução orçamental».

Quanto à segunda questão, a resposta é-nos dada pelo n.º 2 do artigo referido:

> «O controlo cruzado é efetuado apenas nos casos em que se revele indispensável e na medida do estritamente necessário ao controlo orçamental e verificação da legalidade, regularidade e correção económica e financeira da aplicação dos dinheiros e de outros ativos públicos».

Como consequência do que foi dito acerca do controlo, esperemos que os órgãos e serviços de controlo venham a estar devidamente articulados, para que haja um eficaz controlo, o que contribuirá para uma boa gestão financeira.

3.9.3 Responsabilidade no âmbito da execução orçamental e transparência

3.9.3.1 Responsabilidade no âmbito da execução orçamental

De acordo com o conteúdo do artigo 72.º da nova LEO, os titulares de cargos políticos respondem política, financeira, civil e criminalmente pelos atos e omissões que pratiquem no âmbito das suas funções de execução orçamental, nos termos da Constituição e demais legislação aplicável, tipificando as infrações criminais e financeiras e respetivas sanções.

Quanto aos dirigentes e trabalhadores das entidades públicas, são responsáveis disciplinar, financeira, civil e criminalmente pelos seus atos e omissões de que resulte violação das normas de execução orçamental, nos termos do artigo 271.º[146] da Constituição e da legislação aplicável.

---

[146] Artigo 271.º da CRP:
(Responsabilidade dos funcionários e agentes)

1. Os funcionários e agentes do Estado e das demais entidades públicas são responsáveis civil, criminal e disciplinarmente pela ações ou omissões praticadas no exercício das suas funções e por causa desse exercício de que resulte violação dos direitos ou interesses legalmente protegidos dos cidadãos, não dependendo a ação ou procedimento, em qualquer fase, de autorização hierárquica.
2. É excluída a responsabilidade do funcionário ou agente que atue no cumprimento de ordens ou instruções emanadas de legítimo superior hierárquico e em matéria de serviço, se previamente delas tiver reclamado ou tiver exigido a sua transmissão ou confirmação por escrito.

Acrescenta ainda o referido artigo, no seu n.º 3, que a responsabilidade financeira é efetivada pelo Tribunal de Contas, nos termos da respetiva legislação.

Da análise do artigo 72.º, infere-se que há a considerar os seguintes tipos de responsabilidade:

Responsabilidade política — desenvolvida essencialmente pelo Parlamento, dando origem a um eventual juízo político de censura, conforme afirma G. Oliveira Martins *et al.* (2007), que pode ir até à demissão do Governo ou à realização de inquérito parlamentar (artigos 117.º, 190.º e 191.º)[147];

Responsabilidade civil — neste tipo de responsabilidade, está em causa uma reparação indemnizatória dos prejuízos causados ao Estado e outras entidades públicas pela prática culposa de atos financeiros ilegais;

Responsabilidade criminal — há que ter em atenção os crimes em que incorrem os titulares de cargos políticos, por atentarem contra o disposto na legislação de contabilidade pública, contra a propriedade, contra a propriedade da Administração e a guarda e a correta utilização dos dinheiros públicos, bem como os crimes financeiros consagrados na lei penal.

Responsabilidade financeira — é uma responsabilidade pessoal e que resulta da violação culposa das leis financeiras, e onde o Estado e outras entidades públicas tipificadas serão sempre os lesados pelas atividades ilícitas dos seus funcionários e agentes.

---

3. Cessa o dever de obediência sempre que o cumprimento das ordens ou instruções implique a prática de qualquer crime.
4. A lei regula os termos em que o Estado e as demais entidades públicas têm direito de regresso contra os titulares dos seus órgãos, funcionários e agentes.

[147] Artigo 117.º da Constituição, referente ao Estatuto dos titulares de cargos políticos, determina que os titulares de cargos políticos respondem política, civil e criminalmente pelas ações e omissões que pratiquem no exercício das funções. O n.º 2 diz que a lei dispõe sobre os deveres, responsabilidades e incompatibilidades dos referidos titulares, enquanto o n.º 3 refere que a lei determina os crimes de responsabilidade dos titulares de cargos políticos, bem como as sanções aplicáveis.

Artigo 190.º da Constituição: o Governo é responsável perante o Presidente da República e a Assembleia da República.

Artigo 191.º da Constituição, com o título «Responsabilidade dos membros do Governo», diz:

1. O Primeiro-Ministro é responsável perante o Presidente da República e, no âmbito da responsabilidade política do Governo, perante a Assembleia da República.
2. Os Vice-Primeiros-Ministros e os Ministros são responsáveis perante o Primeiro-Ministro e, no âmbito da responsabilidade política do Governo, perante a Assembleia da República.
3. Os Secretários e os Subsecretários do Estado são responsáveis perante o Primeiro-Ministro e respetivo Ministro.

De acordo com os especialistas, há dois tipos de responsabilidade financeira, cuja competência material para a efetivação pertence ao Tribunal de Contas:

a) Responsabilidade financeira reintegratória;
b) Responsabilidade financeira sancionatória.

Segundo Catarino (2014), a primeira é aquela que visa a plena reconstituição da situação anterior à lesão (reposições) dos interesses públicos, com a restituição dos valores ou bens públicos alcançados. De acordo com o artigo 59.º da Lei Orgânica e de Processo do Tribunal de Contas (LOPTC), ela é devida por pagamentos indevidos ou por alcance ou desvio de dinheiros públicos. A responsabilidade financeira reintegratória é uma responsabilidade típica dos funcionários e agentes do Estado com funções contabilísticas ou que tenham praticado atos contabilísticos.

Quanto à responsabilidade financeira sancionatória, é a que visa o estabelecimento de uma sanção, isto é, de uma consequência desfavorável para o violador da norma.

Traduz-se no estabelecimento de multas nas situações previstas nos artigos 65.º e 66.º da LOPTC.

Acrescente-se, contudo, que a efetivação das responsabilidades financeiras não impede, de forma concomitante, a responsabilização dos agentes noutro âmbito, como é o caso da responsabilidade criminal e da responsabilidade disciplinar dos agentes e funcionários do Estado.

A responsabilidade disciplinar dá-se quando a infração é cometida pelos trabalhadores que exercem funções públicas, podendo as sanções, nos termos do Estatuto Disciplinar, ser a repreensão escrita, multa, suspensão, demissão ou despedimento e cessação da comissão de serviço.

Terminadas as questões relacionadas com a responsabilidade no âmbito da execução orçamental, vamos, por último, analisar as regras de transparência da nova LEO.

A nova lei dedica ao referido tema o Capítulo IV, começando pelo artigo 73.º, que estabelece o dever de divulgação, com o seguinte conteúdo:

> De acordo com o princípio da transparência orçamental[148], são disponibilizados ao público, em formato acessível, a informação sobre os programas dos subsectores da Administração

[148] A transparência orçamental consiste em disponibilizar ao público em geral a informação respeitante à estrutura e funções do Estado, às intenções da política orçamental, às contas públicas e às projeções. Implica o acesso fácil a informação viável, completa, atualizada, compreensível e comparável

Central e da Segurança Social, os objetivos da política orçamental[149], os orçamentos e as contas do sector das administrações públicas, por subsector e entidade.

2 – O Governo deve criar uma plataforma eletrónica em sítio na internet, de acesso público e universal, na qual é publicada, de modo simples e facilmente apreensível, a informação referida no número anterior.

3 – Para efeitos do disposto nos números anteriores a proposta de lei do Orçamento do Estado, o Orçamento do Estado e a Conta Geral do Estado são disponibilizados, respetivamente:

a) Até ao primeiro dia útil seguinte ao da respetiva entregue na Assembleia da República;
b) Até ao segundo dia útil ao da publicação em Diário da República;
c) Até ao último dia do mês de maio do ano seguinte a que diz respeito.

Após o dever de divulgação, o artigo 74.º estabelece o dever de informação[150], enquanto o artigo 75.º analisa o dever especial de informação ao controlo político[151],

---

internacionalmente sobre as atividades do governo, por forma a permitir aos eleitores e aos mercados financeiros avaliar com precisão a posição financeira do Estado, bem como os verdadeiros custos e benefícios das atividades do sector público, incluindo as suas consequências económicas e sociais, presentes e futuras (Kopits, G., and Gaig, J.- 1998).

[149] Por política orçamental entende-se a política do Estado que envolve a utilização de receitas e despesas com vista à prossecução de objetivos económicos, o que implica um conjunto de escolhas implícitas e explícitas, tais como bem-estar social, eficiência, solidariedade, etc. (Martins, 2011).

Os seus objetivos são a estabilidade e sustentabilidade das finanças públicas, uma eficaz afetação de recursos que a economia pode proporcionar ao sector público e uma provisão estável, eficaz e eficiente dos serviços públicos.

[150] Artigo 74.º:

Dever de informação

1. A transparência orçamental implica a existência de um dever de informação, nos termos seguintes:
   a) O membro do Governo responsável pela área das finanças pode exigir dos organismos que integram o sector das administrações públicas uma informação pormenorizada e justificada da observância das medidas e procedimentos que têm de cumprir nos termos da presente lei;
   b) Sempre que se verifique qualquer circunstância que envolva o perigo de ocorrência, no orçamento de qualquer dos serviços e ou entidades que integram o sector das administrações públicas, de uma situação orçamental incompatível com o cumprimento dos objetivos orçamentais, o respetivo membro do Governo deve remeter, imediatamente, ao membro do Governo responsável pela área das finanças uma informação pormenorizada e justificada acerca do ocorrido, identificando as receitas e as despesas que a originou, e uma proposta de regularização da situação verificada;
   c) O membro do Governo responsável pela área das finanças pode solicitar ao Banco de Portugal e a todas as instituições de crédito e sociedades financeiras toda a informação que recaia sobre qualquer serviço ou entidade do sector das administrações públicas e que considere pertinente para a verificação do cumprimento da presente lei;

que reforça a capacidade da Assembleia da República no que respeita ao controlo orçamental e financeiro.

---

d) O membro do Governo responsável pela área das finanças pode solicitar fundamentadamente às entidades que integram os subsectores das administrações regional e local, informações suplementares sobre a situação orçamental e financeira;
e) O membro do Governo responsável pela área das finanças pode solicitar ainda ao Banco de Portugal e a todas as instituições de crédito e sociedades financeiras informações sobre entidades do subsector das administrações regional e local, mediante prévia comunicação a estas entidades, que sejam clientes daquelas instituições e sociedades, tendo em vista o cumprimento da presente lei.

2. Com o objetivo de permitir uma informação consolidada do sector das administrações públicas, as regiões autónomas e as autarquias locais devem remeter, nos termos a definir no decreto-lei de execução orçamental, os seguintes elementos:
a) Orçamentos e contas anuais;
b) Contas trimestrais;
c) Informação sobre a dívida contraída e sobre os ativos expressos em títulos da dívida pública;
d) Informação sobre a execução orçamental, nomeadamente os compromissos assumidos, os processamentos efetuados e os montantes pagos, bem como a previsão atualizada da execução orçamental para todo o ano e os balancetes, com regularidade mensal.

[151] Artigo 75.º:
Dever especial de informação ao controlo político
1. O Governo disponibiliza à Assembleia da República todos os elementos informativos necessários para a habilitar a acompanhar e controlar, de modo efetivo, a execução do Orçamento do Estado, designadamente relatórios sobre:
a) A execução do Orçamento do Estado, incluindo o da Segurança Social;
b) A utilização de dotações no âmbito do programa integrado na missão de base orgânica do Ministério das Finanças destinado a fazer face a despesas imprevisíveis e inadiáveis;
c) A execução do orçamento consolidado dos serviços e entidades do sector das administrações públicas;
d) O volume e a evolução das cativações nos orçamentos das entidades que integram a administração direta e indireta do Estado desagregados por ministérios, por programas e por medidas;
e) As alterações orçamentais aprovadas pelo Governo;
f) As operações de gestão da dívida pública, o recurso ao crédito público e as condições específicas dos empréstimos públicos celebrados nos termos previstos na lei do Orçamento do Estado e na legislação relativa à emissão e gestão da dívida pública;
g) Os empréstimos concedidos e outras operações ativas de crédito realizadas nos termos previstos na lei do Orçamento do Estado;
h) As garantias pessoais concedidas pelo Estado nos termos da lei do Orçamento do Estado e demais legislação aplicável, incluindo a relação nominal dos beneficiários dos avales e fianças concedidas pelo Estado, com explicitação individual dos respetivos valores, bem como do montante global em vigor;
i) Os fluxos financeiros entre Portugal e a União Europeia.

A fim de concluirmos o capítulo respeitante ao controlo da execução orçamental, vamos, por último, analisar a Lei dos Compromissos e Pagamentos em Atraso (LCPA), que tem por principal característica focar o controlo da despesa pública não no momento do pagamento, mas sim no momento da assunção do compromisso.

---

j) Quadro de políticas invariantes incorporando o impacto de medidas autorizadas na receita e na despesa, com indicação do impacto no ano em curso e no ano seguinte, designadamente com despesa fiscal, carreiras, prestações sociais e investimentos estruturantes;
k) Atualização do quadro de investimentos plurianuais estruturantes em contratação ou execução, cujo valor seja superior a 0,01% da despesa das administrações públicas.

2. Os elementos informativos a que se referem as alíneas a), b) e d) do número anterior são disponibilizados pelo Governo à Assembleia da República mensalmente, e os elementos referidos nas restantes alíneas do mesmo número são disponibilizados trimestralmente, devendo, em qualquer caso, o respetivo envio efetuar-se nos 60 dias seguintes ao período a que respeitam.
3. O Tribunal de Contas envia à Assembleia da República os relatórios finais referentes ao exercício das suas competências de controlo orçamental.
4. A Assembleia da República pode solicitar ao Governo, nos termos previstos na Constituição e no Regimento da Assembleia da República, a prestação de quaisquer informações suplementares sobre a execução do Orçamento do Estado, para além das previstas no n.º1, devendo essas informações ser prestadas em prazo não superior a 60 dias.
5. A Assembleia da República pode solicitar ao Tribunal de Contas:
   a) Informações técnicas relacionadas com as respetivas funções de controlo financeiro;
   b) Relatórios intercalares e pareceres sobre os resultados do controlo da execução do Orçamento do Estado ao longo do ano;
   c) Quaisquer informações técnicas ou esclarecimentos necessários ao controlo da execução orçamental, à apreciação do Orçamento do Estado e do parecer sobre a Conta Geral do Estado.

Capítulo 4
As despesas e as receitas públicas

4.1 As despesas públicas

4.1.1. Enquadramento

Em Portugal, como na maioria dos países da UE, o peso da despesa pública (que é, cada vez mais, despesa corrente) no PIB tem aumentado graças ao crescente fornecimento de serviços públicos aos cidadãos, como a Saúde, Educação, Assistência Social (com relevo para as transferências sociais), Segurança Pública, etc., bem como a construção de escolas, pontes, estradas e outras. Investimentos que têm, nos últimos tempos, sido penalizados[152], a fim de reduzir o défice público, o que tem provocado um ténue crescimento da economia portuguesa, apesar da elevada carga fiscal.

Sabe-se que o elevado nível de despesa pública[153] (e os correspondentes défices excessivos) é não apenas um problema orçamental, mas também um problema económico e social, em virtude, como afirmava Sanches (2010), de as grandes decisões de despesa constituírem «o outro lado da questão da justiça fiscal».

Há, porém, uma convicção generalizada de que a redução do défice[154] tem efeitos contracionistas sobre a economia, o que acontecerá sempre que a sua redução seja feita essencialmente à custa dos contribuintes e das entidades coletivas, e não à conta de

---

[152] Na UE, em 2015, as despesas de investimento representavam apenas 2,6% do PIB pm.

[153] Adolf Wagner formulou uma lei, com o seu nome (Lei de Wagner — 1911), que afirma: «À medida que a riqueza da sociedade aumenta, assim aumenta a dimensão do Estado, e, por isso, a despesa que o financia». Wagner não sabia explicar por que razão esse facto se verificava e apenas se limitava a fazer tal observação com base nos dados empíricos à sua disposição. Para maior desenvolvimento, ver Teixeira Ribeiro (obra citada).

[154] Embora não se conceba um orçamento com receitas inferiores às despesas, ou seja, deficitário. Mas se se fala constantemente em défice orçamental, então é porque pode haver défice, mesmo quando as receitas são iguais ou superiores às despesas. Porquê?

Porque o equilíbrio orçamental não se define pelo equilíbrio entre todas as despesas e todas receitas, mas pelo equilíbrio entre certas despesas e certas receitas.

uma redução da despesa pública corrente. Assim, uma gestão e controlo de redução da despesa implicará menos impostos e o financiamento do investimento público.

Mas como afirma a maioria dos economistas, não é só necessário reduzir alguns tipos de despesas públicas, mas também analisar a sua composição. Este é um aspecto muito importante, na medida em que permite aos decisores políticos optarem pela canalização dos recursos públicos para as despesas mais produtivas, quer numa ótica de ganhos de eficiência, quer de uma análise custos-benefícios[155].

Por isso, reforçar a eficiência, a gestão e o controlo das despesas e dos compromissos é hoje uma realidade em Portugal e nos países da UE, como verificámos na análise da Lei de Enquadramento Orçamental, onde se procura implementar um sistema orçamental limitador da despesa, introduzindo regras de despesa[156] e de saldo[157], estando a regra da despesa intimamente associada à ideia do reforço da programação orçamental (ver artigo 35.º da LEO).

Tendo presente os limites de despesa e a sua compatibilização com o objetivo do saldo orçamental em contas nacionais, o Conselho de Finanças Públicas apresenta, para 2017, o seguinte Quadro de Programação Orçamental (em ME):

---

[155] A análise de um projeto de investimento deverá considerar, como se sabe, o valor do projeto inicial (I_0), o valor atualizado dos rendimentos futuros (R_n) e gastos tangíveis futuros (G_n), mas também rendimentos e gastos intangíveis (destruição de flora e fauna, redução de marginalidade, regulação de cheias dos rios, etc.), sobretudo se se tratar de projetos públicos, donde o valor atual líquido será: VAL $= -$,Io + $\sum_{n^2=1}^{x} \frac{(Bn-Gn)}{(1+i)^n}$. Só foram considerados, no cálculo, os rendimentos e gastos tangíveis.

[156] Artigo 35.º da LEO — Quadro Plurianual das despesas públicas.

N.º 1- O quadro plurianual das despesas públicas, que concretiza a programação orçamental plurianual, dos subsectores da administração central e da Segurança Social define, para o respetivo período de programação:

a) O limite da despesa total, compatível com os objetivos constantes do Programa de Estabilidade;

b) Os limites de despesa para cada missão de base orgânica;

c) As projeções de receitas, por fonte de financiamento.

2 - Anualmente, o Governo apresenta o quadro plurianual, que inclui o ano em curso e os quatro anos seguintes, bem como os mapas respeitantes ao valor acumulado dos compromissos contratados.

3 - Os limites de despesa a que se referem as alíneas a) e b) do n.º 1 são vinculativos para o orçamento do ano económico seguinte e indicativos para o período de programação que coincida com o resto da legislatura.

[157] Artigo 20.º:

Regra do saldo orçamental estrutural

Refere, em linhas gerais, que há um objetivo de alcançar um limite de défice estrutural de 0,5% do PIB pm, bem como os ajustamentos a fazer para ser atingido o objetivo de 0,5%.

1 Saldo das Administrações Públicas (Ótica Cont. Nacional)	- 3016
2 Ajustamento de passagem à Contabilidade Pública	- 1745
Efeito do registo segundo a especialização do exercício	- 515
Imposto e contribuições sociais	- 244
Juros a receber/pagar	154
Outras contas a receber (-)	0
Outras contas a pagar (+)	- 425
Ajustamento de diferença de universo	108
Outros ajustamentos	- 1338
3 Saldo das administrações públicas (ótica Contabilidade Pública) (1) + (2	- 4761
a) Saldos das Administrações Regional e Local	891
b) Saldo da Segurança Social	1092
4 Saldo da Administração Central [3 — (a) — (b)]	- 6743
c) Receita efetiva	58 313
Receita fiscal	42 049
Outras receitas correntes	14 551
Receita de capital	1713
d) Valor máximo da despesa efetiva de Administração Central [C — (4)]	65 056
e) Despesa financiada por receitas próprias	15 618
5 Limite de despesas Adm. Central por receitas gerais (d — e)	49 338

Todavia, mudar as leis e implementá-las é apenas um primeiro passo de uma boa gestão e controlo eficaz da despesa. É igualmente, como afirma o Conselho de Finanças Públicas (CFP), necessário melhorar os processos de gestão da despesa. Revisões periódicas da despesa, em paralelo com a introdução de flexibilidade na gestão das despesas em final do ano, são aspectos a considerar com vista a proporcionar aos gestores dos serviços públicos a estabilidade necessária para planearem as suas operações numa escala temporal exequível, permitindo igualmente uma melhor definição de prioridades dos gastos, bem como a verificação do cumprimento dos objetivos fixados num quadro de gestão da despesa pública transparente e de longo prazo, permitindo avaliar o êxito das políticas pelos seus resultados e não pelos recursos neles aplicados (CFP, análise DEO, 2013).

4.1.2 Conceito de despesa pública

Segundo Sousa Franco, despesa consiste no gasto de dinheiro ou no dispêndio de bens por parte de entes públicos para criarem ou adquirirem bens suscetíveis de satisfazer necessidades públicas.

É um conceito abrangente de despesa pública, considerando, no seu âmbito de aplicação, todo e qualquer tipo de gasto que mereça dignidade orçamental.

Contudo, porque pode haver despesas antes de se verificar o pagamento, esta definição de despesa pública aceita-se porque em Portugal funciona o orçamento de gerência, isto é, a previsão das despesas a pagar e das receitas a cobrar no período orçamental. Despesa e pagamento e receita e recebimento confundem-se.

Porém, se funcionasse o orçamento de exercício, que é aquele em que se prevê o montante das dívidas e dos créditos que irão surgir contra ou a favor do Estado durante o período financeiro, a definição mais correta de despesa pública seria: a obrigação de pagar certa importância, por norma em dinheiro, em determinado momento, pela aquisição ou utilização de recursos públicos por entes públicos, a fim de satisfazer necessidades coletivas ou individuais.

Nesta definição, há uma diferença entre a despesa e o seu pagamento, porque este só se concretiza quando for satisfeita (ou à medida que for satisfeita) a obrigação.

Mas despesa no sentido referido também não deve significar gasto, porque este, de acordo com o Sistema de Normalização Contabilística, representa uma diminuição nos benefícios económicos durante o período na forma de exfluxos ou deperecimento de ativos ou na incorrência de passivos que resultem em diminuições de Capital Próprio, que não sejam os relacionados com distribuições aos participantes no capital próprio[158].

Por exemplo, quando, numa autarquia, se autoriza a aquisição de uma viatura, cria-se uma despesa (obrigação de pagar). Surge o pagamento, em consonância com a lei, quando for satisfeita (ou à medida que for satisfeita) a obrigação. Há um gasto quando se começa a utilizar a viatura, que é refletido através da depreciação da viatura.

Estão, assim, consideradas a ótica financeira, a ótica de caixa e a ótica económica. Só nas referidas óticas é possível analisar a despesa de acordo com os princípios da economia, da eficiência e da eficácia, bem como elaborar uma Contabilidade Orçamental, uma Contabilidade Financeira e uma Contabilidade de Gestão.

---

[158] *Mutantis mutandis*, iguais considerações se poderiam fazer para os conceitos de receita, recebimento e rendimento.

4.1.3 Classificação das despesas públicas

A classificação das despesas pode fazer-se segundo diversas perspetivas. A perspetiva económica; a perspetiva doutrinal e a perspetiva orçamental.

4.1.3.1 Classificação económica

Nesta perspetiva, as despesas podem classificar-se em:

a) Despesas de investimento e despesas de funcionamento;
b) Despesas em bens e serviços e de transferência e
c) Despesas produtivas e reprodutivas.

As despesas de investimento são as que dizem respeito à aquisição ou produção de bens duradouros (estradas com e sem portagens, pontes, bens de puro consumo, como monumentos e barragens).

As de funcionamento correspondem ao pagamento de encargos de funcionamento da estrutura administrativa pública.

No que respeita às despesas em bens e serviços e às despesas de transferência (ou de repartição), as primeiras são as que criam utilidades através da aquisição de bens ou serviços prestados pelo Estado. Quanto às de repartição, são as que proporcionam uma redistribuição de recursos públicos, visando o estabelecimento de equilíbrios económicos ou sociais.

Para alguns autores, as despesas de transferência podem ser de diversos tipos:

1. Quanto ao modo como se efetivam, podem ser
   - Transferências diretas, por exemplo, o pagamento de um salário;
   - Transferências indiretas, como é o caso de incentivos financeiros, a fim de apoiar uma atividade económica considerada relevante pelas entidades públicas.
2. Quanto à natureza, as despesas de transferência são de capital (as que modificam o património duradouro do Estado) e de rendimentos (as que não modificam o património duradouro do Estado, como é o caso do pagamento de uma pensão).
3. Quanto aos destinatários das despesas de transferência, podem ser:

— Transferências para o sector público, ou seja, aquelas cujo destinatário seja um ente público ou de direito privado criado pelo Estado para a prossecução de fins públicos;
— Transferências para o sector privado, isto é, aquelas que têm como destinatários sujeitos de direito privado, como é o caso de empresas e outros entes privados.

4. Quanto ao espaço económico que beneficia das despesas de transferência, elas podem ser:
— Transferências para o exterior, como é o caso de pagamentos feitos pelo Estado ao exterior, afetando o rendimento nacional;
— Transferências internas, ou seja, as que beneficiem entes a operar no espaço económico nacional, que não afetam o rendimento nacional.

Para a classificação em despesas produtivas e despesas reprodutivas, há que ter presente que as primeiras criam utilidades diretas, como é o caso da defesa nacional, enquanto as segundas, as que criam utilidades geradoras ou potenciadoras da produção de riqueza nacional, como é o caso de investimentos em infraestruturas, bem como em bens intangíveis, como é o caso da investigação científica, da saúde ou da educação.

Em síntese, as despesas produtivas criam utilidades; as despesas reprodutivas criam também capacidade de produção.

4.1.3.2 Classificação doutrinal

Nesta classificação, temos os seguintes tipos de despesas:

a) Despesas efetivas e não efetivas
b) Despesas ordinárias e despesas extraordinárias
c) Despesas correntes e de capital
d) Despesas anuais e plurianuais

As despesas que diminuem o património do Estado, isto é, que materializam uma saída de tesouraria ou uma diminuição financeira de liquidez, são designadas por efetivas.

As não efetivas são as que não diminuem o património do Estado, como é o caso de reembolsos de empréstimos, que embora representem saídas de fundos, de liquidez, têm, porém, quando são pagos, como reflexo, a diminuição do passivo do Estado.

Para a classificação das despesas em ordinárias e extraordinárias tem-se em atenção as que se repetem (ordinárias) e as que não se repetem (extraordinárias) em todos os períodos.

São exemplos de despesas ordinárias os pagamentos de vencimentos e de uma renda.

Quanto às extraordinárias, são exemplos uma subvenção como contrapartida de prejuízos sofridos em situação de uma calamidade pública e a construção de um hospital e as receitas creditícias.

É uma classificação que gera controvérsia, o que levou Teixeira Ribeiro a escrever: «A não definição detalhada da tipologia de receitas e despesas — em ordinárias e extraordinárias — permitia que cada governo decidisse de modo discricionário em função da classificação mais vantajosa do ponto de vista do equilíbrio orçamenta».

No que respeita às despesas de capital e correntes, são de capital as despesas que se realizam num determinado ano, mas os efeitos prolongam-se nos anos seguintes. São exemplos investimentos em infraestruturas e equipamentos.

Os equipamentos de despesas de capitais são: aquisição de bens de capital; transferências de capital; ativos financeiros; passivos financeiros; outras de despesas de capital e operações extra orçamentais[159].

São correntes as que se fazem num determinado ano e se esgotam nesse mesmo ano, por exemplo, pagamentos dos vencimentos dos funcionários e as transferências correntes.

Quanto às despesas anuais, são as que se consomem num só período financeiro, como acontece com as despesas correntes. Os agrupamentos relativos a estas despesas são: despesas com pessoal; aquisição de bens e de serviço; juros e outros encargos; transferências correntes; subsídio e outras despesas correntes.

As despesas plurianuais são as que se prolongam por mais de um ano económico, como é o caso da despesa com a construção de uma rede viária.

4.1.3.3 Classificação orçamental

O Orçamento do Estado classifica as despesas públicas do seguinte modo:

[159] Acerca do conteúdo desta classificação, ver anexo III do Decreto-Lei 26/2002, de 14 de fevereiro.

Classificação económica — nesta classificação, as despesas são ordenadas em despesas correntes e despesas de capital;

Classificação orgânica — é feita de acordo com a estrutura orgânica do Estado, permitindo verificar quanto gasta cada um dos órgãos do Estado em termos absolutos, bem como efetuar uma comparação de gastos entre órgãos;

Classificação funcional — são as seguintes as funções utilizadas na Lei do Orçamento do Estado:

- Funções gerais de soberania — serviços gerais da Administração Pública, defesa, segurança e ordem pública;
- Funções sociais — educação, saúde, habitação e serviços coletivos, serviços culturais, recreativos e religiosos e Segurança Social;
- Funções económicas — agricultura, indústria, transportes, comércio e turismo;
- Outras funções — por exemplo, as operações da dívida pública.

4.1.4 Efeitos económicos das despesas

Como as despesas públicas são cada vez mais relevantes[160] na despesa total de um país, principalmente nos finais do século XX, não admira que se tenha analisado, há bastantes anos, os efeitos económicos que elas produzem. Para este efeito, vamos, a partir da análise keynesiana, apresentar o seguinte modelo:

$$Y = C + G + I + E - M (1)$$
$$C = \bar{C} + cY_d \text{ , } 0 \leq c \leq 1$$
$$Yd = Y - T + Tr$$
$$I = \bar{I} - ki\text{, } ki \geq o$$
$$T = \bar{T} + tY\text{, } o \leq t \leq 1\text{, sendo:}$$

[160] De acordo com Lane (1995), há duas perspetivas no modo de equacionar o crescimento da despesa pública. Uma olha para o Estado como um agente neutral — um veículo não participativo, que serve para dar voz aos cidadãos. É o modelo do Estado benevolente (*benevolent principal-agent*). Pelo contrário, a abordagem da Economia Política da orçamentação pública encara o Estado como uma fonte potencial de distorção na relação entre governantes e governados, na qual os grupos de interesse acabam por assumir uma posição estratégica privilegiada com vista à promoção dos seus interesses egoístas, incluindo os dos burocratas e dos próprios políticos. É o modelo do *economic being*.

Y — o rendimento; C — o consumo privado; G — o consumo público (gasto); Tr — as transferências do Estado para as famílias; I — o investimento, E — as exportações; M — as importações; Yd — o rendimento disponível; i — a taxa de juro; T — as receitas fiscais; c — a propensão marginal para o consumo; t — taxa de imposto; $\bar{T}$ e $\bar{I}$ são variáveis autónomas. G e E são variáveis determinadas de forma exógena, ou seja, variáveis cuja determinação é exterior ao modelo.

Quanto a c, como se sabe, representa a propensão marginal para o consumo, isto é, o montante de rendimento disponível que as famílias canalizam para o consumo quando ocorre o aumento de uma unidade desse mesmo rendimento disponível. Para Keynes, c será positivo, mas inferior à unidade e relativamente constante.

Assim, partindo da equação (1)[161] e através de sucessivas substituições, tem-se:

$$
\begin{aligned}
Y &= cY^d + \bar{C} + I + \bar{G} + \bar{E} - M \\
&= c\,(Y - T + Tr) + \bar{C} + I + \bar{G} + \bar{E} - M \\
&= c\,[Y - (\bar{T} + tY) + Tr] + \bar{C} + I + \bar{G} + \bar{E} - M \\
&= cY - c\bar{T} + ctY + cTr + \bar{C} + \bar{I} - ki + \bar{G} + \bar{E} - M, \text{ pelo que:} \\
Y &= cY\,(1 - t) + \bar{C} + \bar{I} - ki + \bar{G} - c\bar{T} + cTr + \bar{E} - M, \text{ donde} \\
Y &= \left(\frac{1}{1-c(1-t)}\right) + \bar{C} + \bar{I} - ki + \bar{G} - c\bar{T} + cTr + \bar{E} - M \quad (2)
\end{aligned}
$$

Da expressão (2), resulta:

$$\frac{\Delta Y}{\Delta G} = \frac{1}{1-c(1-t)} \quad (3)$$

Isto é, da expressão (3) facilmente se infere que a um aumento dos gastos públicos corresponde um aumento mais que proporcional do rendimento, o designado efeito multiplicador da despesa pública. Efeitos que são tanto maiores quanto mais elevada for a propensão marginal para o consumo.

Se, por exemplo, o multiplicador for de 1,5, então um aumento dos gastos públicos tem um efeito final sobre o rendimento 1,5 vezes superior ao aumento da despesa pública. Ou seja, em épocas de recessão económica, o Estado tem (além de corrigir a distribuição de rendimento e de riqueza) um outro papel: dominar, através de um aumento da despesa pública, os ciclos económicos.

---

[161] A equação (1) diz-nos que o rendimento depende da procura interna (C+G+I) e da procura externa líquida (E − M), ou seja, a procura agregada de bens e serviços, que, em equilíbrio keynesiano, corresponde ao nível de rendimento Y.

Se o multiplicador fosse o das transferências, facilmente se verifica que: $\frac{\Delta Y}{\Delta Tr} = \frac{c}{1-c\,(1-t)}$[162] é positivo.

Caso se deseje saber qual o efeito de uma variação dos gastos públicos sobre o saldo orçamental, tem-se:

Como S_0 (saldo orçamental) = T − G − Tr, então com T= $\bar{T}$ + tY, $S_o = \bar{T} + tY - G - Tr$, pelo que:

$$\frac{\Delta So}{\Delta G} = t\frac{\Delta Y}{\Delta G} - 1$$

$$= t\,\frac{1}{1-c\,(1-t)} - 1$$

$$= -\frac{(1-c)(1-t)}{1-c\,(1-t)} \leq 0,$$ que provoca um efeito negativo sobre o saldo orçamental.

No caso da variação de transferências sobre o saldo, tem-se:

$\frac{\Delta So}{\Delta Tr} = t\frac{\Delta Y}{\Delta Tr} - 1$, mas como $\frac{\Delta Y}{\Delta Tr} = \frac{c}{1-c\,(1-t)}$, vem $\frac{\Delta So}{\Delta Tr} = t\frac{c}{1-c\,(1-t)} - 1$

$$= -\frac{1-c}{1-c\,(1-t)}$$

4.2 As receitas públicas

4.2.1 Introdução

Como os instrumentos principais da política orçamental são as despesas e as receitas públicas, e depois de concluído o estudo das despesas, há agora que tratar das questões relativas às receitas públicas, com particular relevância no que respeita às receitas tributárias. Sem estas não há Estado.

[162] No ponto seguinte (as receitas públicas) demonstraremos que o multiplicador das transferências é simétrico do multiplicador dos impostos autónomos, que é: $\frac{\Delta Y}{\Delta \bar{T}} = -\frac{c}{1-c\,(1-t)}$

4.2.2. Definição e modalidades de receitas públicas

Para alguns autores, a receita pública é o conjunto de todas as somas em dinheiro ou recurso equivalente de que o Estado lança mão para satisfazer as despesas públicas, num determinado período.

Segundo Sousa Franco, a receita pública deve ser entendida como qualquer recurso obtido durante um determinado período, mediante o qual o sujeito público pode satisfazer as despesas públicas que estão a seu cargo.

Numa ótica de orçamento de exercício (ou em Contabilidade Financeira), como vimos em relação às despesas públicas, julgamos que a receita deve ser definida como o direito que as entidades públicas têm em receber, num determinado momento, uma certa importância.

Desta definição, resulta claramente uma diferença entre uma receita e um recebimento, pois este surge somente no momento em que o direito for satisfeito.

Porém, ao gerar receitas, a entidade aumenta o seu ativo (ou diminui o seu passivo) ou aumenta o influxo de caixa. Ou seja, há o reconhecimento de um rendimento[163] (rédito ou ganho).

Quanto às modalidades de receitas públicas, elas podem obedecer aos seguintes critérios classificativos:

- Atendendo à natureza económica, então as receitas distinguem-se em receitas correntes e receitas de capital;
- Atendendo ao grau de efetividade, as receitas são classificadas em efetivas e não efetivas. As primeiras de carácter definitivo e as segundas que, ao contrário, terão de ser reembolsadas;
- Atendendo à coercividade, distinguem-se as receitas com carácter obrigatório e as receitas de carácter voluntário. São exemplos das primeiras as receitas tributárias, enquanto das segundas temos as receitas creditícias.

---

[163] Em Contabilidade Financeira, ao compararmos os rendimentos com os gastos, obtém-se, na demonstração dos resultados, o resultado: se positivo, designa-se por lucro; se negativo, por prejuízo. É a ótica económica de análise dos factos patrimoniais.

Se compararmos as receitas com as despesas, temos um saldo financeiro, cujas componentes são registadas no balanço (...). É a ótica financeira.

Se compararmos os recebimentos com os pagamentos, calculamos o saldo de caixa ou de tesouraria. É evidenciado na demonstração de fluxos de caixa. É a ótica de tesouraria.

— No que respeita às fontes de onde promanam, podem identificar-se as seguintes: receitas patrimoniais, receitas creditícias e receitas tributárias[164].

Quanto às receitas correntes e de capital, estas são sistematizadas por capítulos, estes por grupos e estes por artigos, que se subdividem em subartigos e estes em rubricas. Os capítulos para as receitas correntes são: impostos diretos; impostos indiretos; contribuições para a Segurança Social à Caixa Geral de Aposentações e à ADSE; taxas, multas e outras penalidades; transferências correntes, vendas de bens e serviços correntes. Quanto às receitas de capital, são desagregadas em: vendas de bens de investimento; transferências de capital; ativo financeiro; passivos financeiros; outras receitas de capital; recursos próprios comunitários; reposições não abatidas aos pagamentos; saldo da gerência anterior e operações extraorçamentais.

Refira-se que os recursos próprios comunitários são receitas que não pertencem ao Estado português, mas sim à União Europeia. São exemplos nos artigos os direitos aduaneiros de importação, os direitos niveladores agrícolas e as cotizações sobre o açúcar e a isoglucose.

4.2.3 As receitas patrimoniais do Estado

As receitas patrimoniais do Estado são as que resultam do património creditício (empréstimos, pelo que dão origem a receitas não efetivas) e as que têm como fonte o seu património[165] dominial e património de domínio privado.

O primeiro, como património público, é integrado pelas coisas e respetivos direitos que, por força da lei, está submetido ao domínio do Estado e que está excluído do comércio jurídico, ou seja, insuscetível de alienação.

São exemplos o Mosteiro dos Jerónimos e a Torre da Universidade de Coimbra, por concorrerem para a memória de um povo.

Para o património do domínio privado, como património público, é integrado pelas coisas e respetivos direitos que, embora sujeito a um regime jurídico de direito privado, presta utilidades públicas. De acordo com Catarino (2010), o património do domínio

---

[164] Não analisaremos as receitas parafiscais, cuja finalidade é influenciar determinados fatores económicos.

[165] «Património do Estado pode ser definido como o conjunto dos bens (duradouros e não duradouros, do domínio público e do domínio privado do Estado) e de responsabilidades públicas. Ele tem, como se vê, um lado ativo (bens, créditos) e um lado passivo (dívidas, encargos), pois que nele se integram as posições passivas pelas quais o Estado deve responder» (Catarino 2014).

privado é usado pelo Estado se e enquanto presta utilidades adequadas aos fins do Estado. Quando deixar de estar apto para satisfazer os fins visados, pode ser livremente substituído ou alienado.

São exemplos de património do domínio privado um jardim público de bairro ou um imóvel para alojar um serviço público.

As receitas patrimoniais englobam juros de depósitos, rendas de edifícios, dividendos de empresas públicas e alienação de ativos públicos.

4.2.4 As receitas creditícias ou empréstimos

As receitas creditícias são as que resultam do crédito público e têm como característica serem receitas não efetivas, contrariamente a quase todas as outras.

Tal acontece, em virtude de as receitas creditícias corresponderem a uma entrada de ativos monetários no património de tesouraria do Estado, implicam o registo no passivo financeiro de um montante igual ao da receita assim obtida.

Refira-se que este tipo de receitas será desenvolvido no capítulo respeitante à Dívida Pública.

4.2.5 As receitas tributárias

Estas receitas são as provenientes da cobrança de tributos (impostos, taxas e contribuições financeiras[166]).

Na estrutura das fontes de financiamento público, as receitas tributárias representam mais de metade das receitas totais inscritas no Orçamento do Estado.

Mas são também relevantes por serem um instrumento de política económica usada pelos governos na prossecução de políticas redistributivas e de afetação de recursos.

[166] As contribuições financeiras são uma categoria autónoma de tributo, ainda que fiquem «a meio caminho entre as taxas e os impostos». Diferenciam-se destes em virtude de, nelas, haver lugar a uma contraprestação (são, portanto, de natureza bilateral). O que as diferencia das taxas é o facto de a prestação ter uma natureza difusa (pode ou não verificar-se no tempo). As contribuições para a Segurança Social (mormente na parte que é paga pelo trabalhador) constituem, segundo doutrina importante, um exemplo, ainda que não o único, deste tipo de tributo — neste sentido, Vasques (2008).

De entre as receitas públicas tributárias, vamos estudar com maior profundidade os impostos e as taxas[167].

4.3 Os impostos e as taxas

4.3.1. Noção de imposto

A definição de imposto é muito uniforme na literatura fiscal nacional e internacional.

Assim, ele é geralmente definido como a prestação coativa, pecuniária, sem carácter de sanção e unilateral, que o Estado (em sentido lato) exige dos particulares para a realização de fins públicos.

O imposto é, portanto, uma prestação coativa, em virtude de a obrigação de pagar imposto se impor ao particular e ser independente da sua vontade, na medida de que não resulta de qualquer acordo ou contrato existente entre ele e o Estado. A obrigação de pagar é antes resultado da lei (cfr. artigo 31.º da Lei Geral Tributária, doravante LGT).

O imposto é também uma prestação pecuniária, isto é, traduz-se numa obrigação de pagar uma quantia em dinheiro (ou equivalente a dinheiro), característica esta que permite distinguir o imposto de outras prestações coativas que o Estado, por vezes, exige aos cidadãos, mas que se não traduzem numa entrega em dinheiro. É o caso, por exemplo, da prestação de serviço militar.

Ao contrário das multas[168], que têm carácter de sanção, o pagamento do imposto não sanciona a prática de qualquer ato ou omissão ilícitos.

---

[167] Não confundir taxas com multas, coimas e tarifas.

As coimas e as multas são pagamentos efetuados ao Estado, unilaterais, de carácter coercivo e que têm a natureza de penalização/compensação por infração a um regulamento ou outra disposição legal.

As coimas são sempre e só sanções pecuniárias, enquanto a multa é uma sanção com caraterísticas penais.

Tarifas: não há, quanto a elas, um consenso sobre a respetiva natureza, mas parece reconduzir-se à figura de taxa, ainda que exprima uma certa medida de equivalência jurídica, mas também equivalência económica com o serviço prestado como contrapartida do pagamento.

São exemplos de tarifas, hoje designadas «preços», os valores cobrados pela distribuição de águas, de drenagem de águas residuais, de recolha e tratamento de lixo, entre várias outras.

[168] Não confundir multas, coimas e tarifas. As coimas e as multas são pagamentos efetuados ao Estado, unilaterais, de carácter coercivo e que têm a natureza de penalização (compensação por infração

Da definição, resulta que o imposto tem um carácter unilateral, ou seja, a obrigação de pagar o imposto por parte dos cidadãos não corresponde a nenhuma prestação específica por parte do Estado. Não há, pois, qualquer ligação entre o pagamento do imposto e o recebimento de determinado bem/serviço público. O Estado, com o produto dos impostos, fornece um conjunto variado de serviços aos cidadãos, mas esses serviços não constituem uma contraprestação específica dos impostos pagos pelos beneficiários.

É a caraterística da unilateralidade que distingue o imposto de outras receitas coativas, como sejam as taxas e os empréstimos forçados.

Por último, o imposto destina-se a realizar fins públicos, isto é, finalidades do Estado, em sentido amplo. Porque além de visar a satisfação das necessidades financeiras do Estado e de outras entidades públicas, os impostos promovem a justiça social, a igualdade de oportunidades e as necessárias correções das desigualdades na distribuição da riqueza e dos rendimentos.

4.3.2 A taxa e o imposto — situações de fronteira

De acordo com o anteriormente referido, pode definir-se taxa como uma prestação coativa pecuniária, sem carácter de sanção e bilateral, que o Estado (em sentido lato) exige de um contribuinte para a realização de um fim específico[169] (prestação de um serviço, uso de bens de domínio público ou pela remoção de obstáculos jurídicos à ação de particulares).

Como resulta das definições, está-se perante um imposto quando a obrigação de pagar em que ele se traduz não está ligada a qualquer contraprestação específica por parte do Estado. Diz-se, por isso, que ele representa uma prestação coativa e unilateral, precisamente para sublinhar que a ligação entre o imposto pago e os serviços públicos de que o cidadão usufrui é um nexo meramente abstrato, não individualizado, ao con-

---

a um regulamento ou a outra disposição legal. As coimas são sempre e só sanções pecuniárias, enquanto a multa é uma sanção com características penais.

Tarifas: não há, quanto a elas, um consenso sobre a respetiva natureza, mas parece reconduzir-se à figura de taxa, ainda que exprima uma certa medida de equivalência económica com o serviço prestado como contrapartida do pagamento. São exemplos de tarifas, também designadas por «preços», os valores cobrados pela drenagem de águas residuais, de recolha e tratamento de lixo e distribuição de águas.

[169] As taxas assentam na prestação concreta de um serviço público, na utilização de um bem do domínio público ou a remoção de um obstáculo jurídico ao comportamento dos particulares (artigo 4.º, n.º 2, da LGT).

trário da taxa em que à obrigação de a pagar corresponde uma contrapartida individualizável prestada pelo Estado[170]. Há, pois, uma bilateralidade.

Apesar da objetividade das características do imposto e da taxa, nem sempre é fácil, na prática, distinguir os dois tributos, o que acarreta, algumas vezes, dificuldades em classificar uma receita pública como taxa ou imposto. E sabendo-se que é de grande relevância a referida distinção, em virtude da aplicação do chamado princípio constitucional de legalidade fiscal, que impõe um modo particular de produção das normas legais sobre impostos, mas que não é exigido para as taxas. Assim, para efeitos daquele princípio, é decisivo, nas situações de fronteira, definir se certa receita pública é ou não imposto, ou seja, é imposto ou é taxa.

Vejamos situações em que há alguma dificuldade em dizer, com objetividade, se a receita pública é um imposto ou uma taxa.

Por exemplo, Teixeira Ribeiro (1997) qualifica como taxas «as importâncias satisfeitas pela obtenção de licenças para, por exemplo, ocupar transitoriamente a via pública, fazer obras em jazigos e sepulturas, instalar bombas de gasolina e transitar com animais e veículos». Serão, porém, impostos, no seu entender, «as licenças para, por exemplo, ter cão, usar arma, caçar», justamente porque, tirando estas licenças, os cidadãos não ficam habilitados, contra o pagamento de uma quantia, a utilizar bens de qualquer entidade pública.

O que sucede nestes últimos casos, conclui Teixeira Ribeiro, «é que a entidade pública aguarda que os particulares revelem a sua capacidade fiscal, através do propósito de ter cão, de usar arma, de ir à caça, para lhes exigir o respetivo imposto».

A primeira conclusão a tirar conduz-nos, pois, à ideia de que não é qualquer contraprestação que pode satisfazer o conceito de taxa.

É bem certo, ainda, que a contrapartida exigida por aquele conceito não tem de significar, para o particular, o gozo de uma vantagem ou benefício: é geralmente lembrado, a este propósito, o caso do condenado em processo penal, que tem de pagar os respetivos custos (Teixeira Ribeiro, obra citada).

Outra questão que a doutrina fiscal tem levantado relativamente às taxas prende-se com a fixação da taxa, ou melhor, com a adequação entre a prestação do particular

---

[170] Diga-se que há textos legais que designam por taxas receitas do Estado, de autarquias locais ou de institutos públicos que apresentam reconhecidamente os elementos essenciais do conceito de imposto, enquanto, noutras circunstâncias, receitas públicas com a evidente natureza de taxas são conhecidas por impostos. São exemplos do primeiro caso a «taxa militar» e a «taxa de radiofusão», enquanto, para o segundo caso, podemos citar o imposto de justiça (cfr. Xavier de Basto — *Apontamentos Fiscalidade*, Faculdade de Economia da Universidade de Coimbra).

e a contraprestação de natureza pública. Ou seja, só teremos taxa quando a receita cobrada é equivalente ao serviço prestado? Por exemplo, quando isso não acontece, a doutrina fiscal francesa criou o conceito de *taxes fiscales,* que se não confundem — e, designadamente, para efeitos do princípio da legalidade — com as verdadeiras taxas, frequentemente designadas por *redevances*.

Porém, como ensina Teixeira Ribeiro, as taxas — que são preços autoritariamente fixados — geralmente ou representam menos que o custo dos serviços ou, quando muito, com ele se igualam. Só em casos raros é que as taxas excedem os custos de produção. Mas, mesmo nestes casos — taxas superiores ao custo dos serviços —, não altera a natureza da receita quando, por exemplo, a finalidade for a redução da procura. Imagine-se o caso de taxas elevadas pelo estacionamento de veículos na via pública, para melhor ordenamento do tráfego automóvel, ou a prática de taxas pelo recurso aos tribunais, adequadas a evitar que a eles se recorra levianamente ou por espírito de chicana: isto é, o princípio da equivalência deve ser entendido não em sentido estrito, mas atendendo às finalidades públicas que, em cada situação, estão em causa[171].

Teixeira Ribeiro, acerca das taxas, acrescenta ainda que só podem ser cobradas taxas pela utilização de bens semipúblicos, isto é, de bens público que, além de satisfazerem, como todos, necessidades coletivas, satisfazem necessidades individuais. Mas não basta que um bem público satisfaça necessidades individuais, que seja tecnicamente semipúblico, para se exigirem taxas pela sua utilização, pois há bens que são semipúblicos sob o ponto de vista técnico, mas não o são sob o ponto de vista financeiro; isto é, há bens públicos que satisfazem necessidades individuais, mas que as satisfazem gratuitamente.

Assim: cobram-se taxas, entre nós, nas escolas de ensino superior, cobram-se nos tribunais e nos hospitais, mas não se cobram, por exemplo, na generalidade das estradas[172].

4.3.3 O princípio constitucional da legalidade fiscal

A produção de normas fiscais está rodeada de cautelas especiais, pelo que é privilégio histórico dos parlamentos nacionais legislar em matéria fiscal. A necessidade de autori-

[171] Há, todavia, sistemas jurídicos em que ao conceito de taxa está subjacente a ideia de mera cobertura de custos. É o princípio da cobertura de custos da doutrina alemã, que parece vigorar em Espanha, onde só se consideram taxas as receitas que se limitem a cobrir os custos de produção dos serviços (cfr. Xavier de Basto, em obra citada).

[172] Em geral, as ofertas de passagens a veículos excedem a procura ao custo 0.

zação dos parlamentos para a criação de impostos aparece claramente inscrita no *Bill of Rights*[173], de 1689, e, um século depois, afirmada na Declaração dos Direitos do Homem, votada em 1793 pela Assemblée Nationale[174].

Seguindo de perto Xavier de Basto, refira-se que a intervenção dos representantes dos povos na criação de impostos traduz o princípio dito de «autotributação»: só o povo pode consentir que se lancem tributos, pelo que, em última análise, é ele, através dos seus representantes, que os impõe a si próprio. Compreende-se que este princípio de autotributação tenha constituído uma importante conquista na luta contra a tirania, isto é, contra o poder real, não limitado. Na verdade, os impostos representam uma ingerência do Estado na esfera privada, restringindo os direitos de propriedade dos cidadãos e afetando as suas iniciativas. O estabelecimento de modos particulares, restritivos, de produção de normas em matéria fiscal, constitui também uma exigência elementar de segurança.

O princípio da autotributação conduz ao chamado princípio da legalidade fiscal, segundo o qual deve ser reservado à lei, e não a normas jurídicas de hierarquia inferior, a regulamentação dos impostos. Quer rodear-se de garantias especiais a produção de normas nesta matéria, assegurando a intervenção dos parlamentos e impedindo que os poderes executivos legislem, ou legislem sem prévia autorização.

Como trata a nossa Constituição a questão da legalidade fiscal?

Segundo o n.º 2 do artigo 103.º da Constituição, «os impostos são criados por lei, que determina a incidência, a taxa, os benefícios fiscais e as garantias dos contribuintes». E o n.º 3 do mesmo artigo estabelece que «ninguém poderá ser obrigado a pagar impostos que não tenham sido criados nos termos da Constituição, que tenham natureza retroativa ou cuja liquidação e cobrança se não façam nas formas previstas na lei».

O n.º 2 do artigo 103.º deve ser lido em articulação com a alínea i) do n.º 1 do artigo 165.º (Reserva relativa de competência legislativa) da Constituição, que diz que a criação de impostos e o sistema fiscal são da competência exclusiva da Assembleia da República, que pode, todavia, autorizar o Governo a legislar sobre a matéria, no que se designa por «reserva relativa de competência legislativa» do Parlamento e que se

---

[173] O *Bill of Rights*, votado em 1689, um ano após a *Glorious Revolution*, confirmou a deposição do rei James II, a quem acusou de 12 infrações aos direitos e liberdades dos súbditos. O *Bill of Rights* foi confirmado em 1690, pelo sucessor de James, William.

[174] Veja-se o artigo 20.º: «Os tributos só podem ser impostos para proveito comum. Todos os cidadãos têm o direito de se reunir para o lançamento dos impostos, de fiscalizar o seu aumento e de exigir prestações de contas».

distingue da «reserva absoluta de competência legislativa» por, neste último caso, não se admitir a concessão ao Governo de autorização para legislar.

Quer isto dizer que, ao reservar à lei a criação de impostos e a definição dos seus elementos essenciais, o n.º 2 do artigo 103.º se refere à lei em sentido formal (165.º, n.º 1, i) da CRP (ou seja, aprovada pela Assembleia da República) ou a decreto-lei emanado pelo Governo ao abrigo de autorização legislativa — este, pois, o alcance do princípio da legalidade fiscal no nosso sistema constitucional.

Refira-se, contudo, que se não estiverem em causa os chamados elementos essenciais do imposto[175], não há já reserva relativa de competência da Assembleia da República, tendo o Governo competência para legislar, independentemente de qualquer autorização legislativa. Assim, por exemplo, não está coberta pelo princípio da legalidade a produção de normas sobre prazos de entrega de declarações fiscais, alterações às obrigações acessórias de contabilidade, etc.

O Governo, nestas matérias, como, em geral, nas que não disserem respeito aos «elementos essenciais», tem competência legislativa própria e não precisa, pois, de obter autorização legislativa no Parlamento.

Para terminar, refira-se, por um lado, que no que respeita às taxas e demais contribuições financeiras, há reserva relativa de competência legislativa, mas somente no que diz respeito ao regime geral.

Por outro lado, do princípio da legalidade fiscal resulta que a lei e o decreto-lei são as mais importantes fontes de direito fiscal. Como vimos, e apesar de estar constitucionalmente reservado à lei da Assembleia da República[176] a criação de impostos, a definição e alteração dos seus elementos essenciais, o governo pode legislar nestas matérias através de decreto-lei, desde que tenha sido previamente aprovada lei de autorização legislativa da Assembleia. Quanto às restantes matérias, poderá legislar o Governo ou a Assembleia (competência concorrente).

---

[175] De acordo com o artigo 8.º, n.º 1, da Lei Geral Tributária, estão sujeitos ao princípio da legalidade tributária a incidência, a taxa, os benefícios fiscais, as garantias dos contribuintes, a definição dos crimes fiscais e o regime geral das contraordenações fiscais.

[176] De acordo com o n.º 2 do artigo 8.º da LGT estão ainda sujeitas ao princípio da legalidade tributária:

- A liquidação e a cobrança dos tributos, incluindo os prazos de prescrição e caducidade;
- A regulamentação das figuras de substituição e responsabilidade tributárias;
- A definição de obrigações acessórias;
- As definições das sanções fiscais sem natureza criminal.

4.3.4 Classificação dos impostos

Os impostos são classificados segundo diversos critérios, quer económicos quer jurídicos, que os distinguem em impostos gerais, universais e locais; impostos proporcionais e progressivos; impostos reais e impostos pessoais; impostos diretos e indiretos; impostos sobre o rendimento, o capital e a despesa; impostos de quota fixa e de quota variável; impostos *ad valorem* e impostos específicos; principais e acessórios; fiscais e parafiscais.

Apesar de cada uma das classificações possuir algumas características interessantes, só vamos dar relevância às seguintes:

4.3.4.1 Impostos sobre o rendimento, o património e sobre a despesa

A. Impostos sobre o rendimento

Nos países industrializados, a tributação do rendimento envolve um imposto sobre o rendimento das pessoas singulares e um imposto sobre o rendimento das pessoas coletivas, que atinge especialmente o lucro das sociedades, pelo que é muitas vezes designado por imposto sobre as sociedades.

Entretanto, para estudar a estrutura e funcionamento dos impostos sobre o rendimento, há, em primeiro lugar, que analisar a conceção de rendimento, que tem variado no tempo.

A.1. O conceito de rendimento — a teoria da fonte e a teoria do acréscimo patrimonial

Existem, no domínio teórico, dois conceitos de rendimento, normalmente designados por «rendimento produto», ou rendimento em sentido estrito, e por «rendimento acréscimo», ou rendimento em sentido lato.

A primeira noção de rendimento com que se operou no domínio fiscal foi com o chamado rendimento produto — constituído pelo valor dos acréscimos patrimoniais líquidos que, num período definido, normalmente o ano, afluem a um titular em resultado de uma atividade económica. Nesta conceção, o rendimento é, pois, produto líquido, o que implica a ideia de que os acréscimos patrimoniais em causa provêm de uma fonte produtora. Por isso se designa esta conceção como baseada na teoria da fonte, sublinhando-se, assim, que só são rendimentos os acréscimos patrimoniais que são imputáveis a uma fonte produtora. Como escreve Xavier de Basto, «o rendimento produto não é mais afinal que o somatório do produto dos diferentes fatores de produção.

O rendimento são os salários, as rendas e os lucros. Rendimentos que apresentam características de regularidade, isto é, suscetível de se repetir regularmente».

Como já afirmámos, há, contudo, outro conceito de rendimento, que é baseado numa conceção lata de rendimento. É o designado rendimento acréscimo[177]. Esta noção representa uma construção ajustada aos objetivos da fiscalidade: medir a capacidade tributária[178], pelo que elaborar um conceito de rendimento que sirva de padrão de medida da capacidade de gastar de cada um, e, portanto, da respetiva capacidade de pagar impostos.

Na perspetiva em análise, qualquer acréscimo patrimonial, proveniente ou não da atividade produtiva, deve contar para o cálculo da capacidade de gastar, desde que possa ser gasto sem dano do património inicial, isto é, desde que seja um acréscimo de património líquido. Atinge-se, assim, uma noção lata de rendimento. Noção que associa rendimento aos acréscimos patrimoniais líquidos que afluem a um titular num determinado período, não tendo em conta se provêm ou não de uma atividade produtiva. Ultrapassa-se, portanto, a conceção estrita, baseada na teoria da fonte, e chega-se à noção lata de rendimento assente na teoria do acréscimo patrimonial.

De acordo com a maioria dos estudiosos, são de dois tipos os acréscimos patrimoniais que não são rendimento produto, mas que constituem rendimento, na conceção lata:

1 – É o que sucede com aumentos do património pela entrada de ativos que dele não faziam parte, como é o caso das doações e heranças, ou seja, as aquisições a título gratuito;

[177] Este conceito é frequentemente designado por «conceito Haig-Simons», em virtude dos americanos R. Haig e Henry Simons, que contribuíram decisivamente para a sua construção.

[178] Há bastante tempo que existem dois princípios de tributação: princípio do benefício e o princípio da capacidade contributiva ou da capacidade de pagar. Segundo o princípio do benefício, cada um deve ser tributado consoante o benefício que aufere dos bens públicos. Estão, por isso, nas mesmas condições os que apreciam igualmente as utilidades dos bens públicos e que, por isso, estão dispostos a pagar o mesmo preço pela unidade de cada um desses bens.

Para o princípio da capacidade contributiva, devem pagar o mesmo imposto os que têm a mesma capacidade de pagar. Estão em diferentes condições, devendo satisfazer diferente imposto, os que têm capacidade de pagar diferente.

No nosso sistema fiscal, o princípio é o da capacidade contributiva.

2 – Aumentos do património, não pela entrada no património de ativos, mas sim pelo aumento de valor dos ativos que já o constituíam. É o caso das mais-valias[179] ou ganhos de capital, isto é, aumentos inesperados do valor do património.

B. Impostos sobre o património

A tributação do património incide sobre a riqueza adquirida e em aquisição, isto é, quer considerada estaticamente (a riqueza considerada em si mesma), como sucedia com a Contribuição Autárquica, quer considerada numa perspetiva dinâmica (atingindo-o apenas no momento da respetiva transmissão), como sucedia no Imposto Municipal de Sisa e no Imposto sobre as Sucessões e Doações (este imposto estadual).

Porém, a partir de 2003, no sistema fiscal português, a Contribuição Autárquica, após algumas alterações, passou a designar-se por Imposto Municipal sobre Imóveis (IMI) e o Imposto Municipal de Sisa por Imposto Municipal sobre as Transmissões Onerosas de Imóveis (IMT).

O IMI incide sobre o valor patrimonial [180] tributário dos prédios rústicos e urbanos situados no território português, constituindo receita dos municípios onde os mesmos se localizam, estando isento o Estado, as regiões autónomas e qualquer dos seus serviços, estabelecimentos e organismos, ainda que personalizados, compreendendo os institutos públicos, bem como as autarquias locais e as suas associações e federações de municípios de direito público[181].

---

[179] Refira-se que, na prática, dos sistemas fiscais existentes, só há lugar a tributação quando a mais-valia é realizada.

[180] De acordo com o n.º 2, do artigo 7.º do IMI, o valor patrimonial tributário dos prédios urbanos determina-se do modo seguinte:

a) Caso uma das partes seja principal e a outra ou outras meramente acessórias, por aplicação das regras de avaliação da parte principal, tendo em atenção a valorização resultante da existência das partes acessórias;

b) Caso as diferentes partes sejam economicamente independentes, cada parte é avaliada por aplicação das correspondentes regras, sendo o valor do prédio a soma dos valores das suas partes.

No que respeita ao valor patrimonial tributário dos prédios rústicos, corresponde ao produto do seu rendimento fundiário pelo fator 20, arredondado para a dezena de euros imediatamente superior (artigo 17.º).

[181] Não estão isentos os serviços, estabelecimentos e organismos do Estado que tenham carácter empresarial, exceto os hospitais e unidades de saúde constituídas em entidades públicas empresariais em relação aos imóveis nos quais sejam prestados cuidados de saúde (n.º 2 do artigo 11.º do IMI).

Quanto ao IMT, cuja incidência geral é sobre as transmissões previstas nos artigos 2.º (incidência objetiva e territorial) e 4.º (incidência subjetiva), bem como a incidência simultânea[182] a IMT e a Imposto do Selo.

No que respeita às isenções, estão previstas nos artigos 6.º, 7.º, 8.º, e 9.º do Código do IMT.

Refira-se, ainda, que o reconhecimento e a caducidade das isenções estão estabelecidos, respetivamente, nos artigos 10.º e 11.º do referido código.

C. Impostos sobre o consumo

C.1. O Imposto sobre o Valor Acrescentado (IVA)

O IVA é um imposto geral sobre o consumo, em que se tributam as transmissões de bens, as prestações de serviços, as importações e as aquisições intracomunitárias de bens.

É um imposto plurifásico e que comporta um regime geral e diversos regimes especiais.

Quando se está perante o regime geral, o IVA apresenta-se como um imposto sobre o consumo em que o montante da dívida de cada sujeito passivo é apurado através do chamado método direto, nos termos do qual o montante resulta da aplicação da taxa ao valor das vendas ou prestações de serviços, durante determinado período, e o montante do imposto suportado nas aquisições efetuadas durante o mesmo período. Por isso, é plurifásico, mas não cumulativo.

Quanto aos regimes especiais de isenção, temos os sujeitos passivos que, não possuindo nem sendo obrigados a possuir contabilidade organizada para efeitos de IRS ou IRC, nem praticando operações de importação, exportação ou atividades conexas, e não tenham atingido, no ano civil anterior, um volume de negócios superior a 10 mil euros.

---

[182] São simultaneamente sujeitos a IMT e a Imposto do Selo as transmissões de bens imóveis (artigo 3.º do CIMT):

a) Por meio de doações com entradas ou pensões a favor do doador, ou com o encargo de pagamento de dívidas ao donatário ou a terceiro, nos termos do artigo 964.º do Código Civil;
b) Por meio de sucessão testamentária com o encargo expresso do pagamento de dívidas ou de pensões devidas ao próprio herdeiro ou legatário, ou a terceiro, tenham-se ou não determinado os bens sobre que recai o encargo e desde que, quanto ao herdeiro, o seu valor exceda a respetiva quota nas dívidas.

Não obstante o referido anteriormente, são ainda isentos do imposto os sujeitos passivos com um volume de negócios superior a 10 mil euros, mas inferior a 12 500 euros, que, se tributados, preencheriam as condições de inclusão no regime de pequenos retalhistas. Sobre o regime dos pequenos retalhistas, o artigo 60.º do CIVA estabelece:

> Sem prejuízo do disposto no n.º 2 do artigo 53.º, os retalhistas que sejam pessoas singulares, não possuam nem sejam obrigados a possuir contabilidade organizada para efeitos do IRS e não tenham tido no ano civil anterior um volume de compras superior a € 50 000, para apurar o imposto devido ao Estado, aplicam um coeficiente de 25% ao valor do imposto suportado nas aquisições de bens destinados a vendas sem transformação.

No que respeita às isenções,[183] são muito numerosas e dizem respeito a isenções nas operações internas (artigo 9.º), nas importações (artigo 13.º), nas exportações (artigo 14.º) e outras isenções (artigo 15.º).

C.2. Os Impostos Especiais de Consumo (IEC)

De acordo com o Código dos Impostos Especiais de Consumo (que transpôs para a ordem jurídica nacional a Diretiva n.º 2008/118/CE, do Conselho, de 16 de dezembro), são IEC os impostos sobre o álcool e bebidas alcoólicas, e as bebidas adicionadas de açúcar, o imposto sobre os produtos petrolíferos e energéticos e o imposto sobre o tabaco. São impostos monofásicos e têm, para além da mera redistribuição da riqueza, como fundamento, a existência de um custo social associado ao consumo de determinados bens, tendo em vista a internalização de externalidades[184] negativas geradas, como seja o deperecimento da saúde pública ou do meio ambiente, que fundamenta a arrecadação de receita do Estado. Por isso, pretendem os IEC punir o consumo de determinados

---

[183] No IVA, é frequente a distinção de dois tipos de isenções, por referência à previsão do direito à dedução: as isenções simples ou incompletas e as isenções completas. Nas primeiras, não há direito à dedução do imposto suportado a montante. É nestas últimas que encontramos a isenção taxa zero, pela criação de um direito à dedução da totalidade do imposto suportado a montante na aquisição, sem que a venda por parte do produtor implique a aplicação de qualquer taxa (podendo assim falarmos em «esquema especial de isenção» na venda acompanhado de uma «desoneração especial», pela dedução do investimento produzido — J. L. Saldanha Sanches).

[184] Quando existem custos sociais (os que são exteriores ao mercado) que são superiores aos custos privados (suportados pelos produtores num determinado mercado), estamos perante externalidades negativas.

Quando há benefícios sociais que sejam superiores aos benefícios privados (auferidos pelos produtores num determinado mercado), estamos perante externalidades positivas.

bens, assumindo-se como uma alternativa à proibição. Assim, como afirmam Nazaré Cabral *et al.*, a «tributação é de carácter repressivo no caso do tabaco e bebidas alcoólicas, mas de proteção do ambiente, no caso dos produtos petrolíferos e energéticos».

Na verdade, os IEC constituem verdadeiros Impostos Pigouvianos, por estes constituírem um instrumento incontornável na correção das externalidades. Esta natureza de imposto corretivo das externalidades resulta do facto de estarmos na presença de impostos de finalidade extrafiscal, finalidade esta que está na base da concretização da igualdade horizontal dos impostos, como delimitadora do seu núcleo essencial, e que, desaparecendo, torna o imposto inadmissível.

Assim, a análise dos benefícios fiscais nestes impostos inverte-se.

Dada a sua extrafiscalidade ínsita, os benefícios fiscais encontram a sua legitimidade fora desta, e sobrepõem uma extrafiscalidade própria a uma preexistente.

Interessa compreender também que nem todos os desagravamentos nos IEC assumem o carácter de benefício fiscal, porquanto estão associados à própria mecânica, ou seja, incluem-se no núcleo essencial deste.

D. Impostos diretos e indiretos

É uma das mais antigas classificações de impostos enunciada pela doutrina e consagrada igualmente na generalidade das leis de contabilidade pública dos diversos países. Entre nós, a classificação é utilizada na própria Constituição, que se lhe refere a propósito do direito municipal de participação nos impostos diretos estaduais (artigo 254.º da CRP).

Apesar de ser uma classificação generalizada, é uma distinção que não assenta num critério uniformemente aceite pela doutrina, propondo esta para os distinguir os critérios mais variados – uns económicos, outros jurídicos.

Vejamos, assim, alguns dos critérios propostos para alicerçar a distinção:

1. O critério financeiro é, para uns, o que atende ao objeto do imposto, segundo o qual são impostos diretos aqueles que têm por prossuposto a própria existência de uma pessoa, de um património ou de um rendimento, sendo indiretos aqueles que tributam a despesa, a transferência de bens ou outras manifestações indiretas da capacidade contributiva.

   Ou, como afirma Teixeira Ribeiro (1995), os impostos são diretos ou indiretos conforme incidam sobre a matéria coletável direta ou indiretamente tributada.
2. Para outros, o critério é económico ou de contabilidade nacional. É um critério que tem em conta a sua integração ou não nos custos de produção das empre-

sas. Tendo presente este critério, são impostos diretos aqueles que não constituem custos de produção das empresas e indiretos aqueles que constituem custos de produção das empresas. Por isso, enquanto os impostos diretos não são tidos em consideração no apuramento do rendimento e produto nacionais, os impostos indiretos são deduzidos ao produto (bruto ou líquido) para apurar o rendimento nacional; o que significa que os impostos indiretos, neste sentido, correspondem aos impostos sobre o consumo.

3. Para outro grupo muito significativo de autores, o critério de distinção entre impostos diretos e indiretos é o critério do lançamento administrativo, que refere que são impostos diretos, ou impostos com lançamento, aqueles em cujo procedimento fiscal dá lugar a um ato administrativo de lançamento ou ato tributário; e impostos indiretos, ou impostos sem lançamento, aqueles em que esse ato administrativo não tem lugar. Porém, a realidade mostrou que havia impostos, por todos considerados indiretos, mas em que existia um ato administrativo (caso, por exemplo, dos impostos aduaneiros), e impostos tidos por diretos em que esse ato estava, de todo, ausente.

Para concluirmos a classificação dos impostos em diretos e indiretos, uma questão se coloca: dos critérios analisados, qual ou quais os adotados pelo nosso ordenamento jurídico-fiscal? Ou, noutros termos: qual ou quais os critérios que estão na base dos preceitos jurídico-fiscais que utilizam ou têm subjacente essa distinção? Sobre a resposta a esta questão, ver Casalta Nabais (2000, páginas 62–64).

E. Impostos *ad valorem* e impostos específicos

De acordo com A. Almeida (2000), quanto ao modo de fixação da coleta (quota individual, imposto a pagar), há duas modalidades de impostos: impostos *ad valorem* (ou de coleta variável, ou quota variável) e impostos específicos (ou de coleta fixa, ou quota fixa). A distinção abrange ambos os tipos de impostos quanto à determinação da matéria coletável: diretos e indiretos[185]. Na primeira modalidade, a coleta é fixada

---

[185] Tradicionalmente, a distinção entre impostos *ad valorem* e específicos só costuma fazer-se no domínio dos impostos indiretos; mas o facto é que também são *ad valorem* os impostos diretos de repartição ou de quantidade. Como seria específico um imposto direto uniforme, um imposto da mesma importância pago por todos os habitantes do país, isto é, uma capitação (*poll tax* ou, em geral, *lump-sum tax*) — Teixeira Ribeiro (1997).

Acerca deste assunto, e no mesmo sentido, A. Almeida (2000), na sua escrita típica e inconfundível, refere:

mediante o produto aritmético de um coeficiente chamado taxa, ou de um elenco predefinido de coeficientes (leque de taxas), pela matéria coletável. Na segunda modalidade, a coleta é (pré-) determinada ou (pré-) fixada direta ou imediatamente.

Pelo referido, facilmente se infere que a receita dos impostos *ad valorem* aumenta com a subida dos preços e diminui com a sua descida, enquanto a receita dos impostos específicos se mantém, ou quase, quer os preços subam ou desçam.

Acrescente-se que os impostos de quota variável podem ser proporcionais, progressivos e regressivos.

E_1. Impostos proporcionais

São impostos proporcionais aqueles em que a taxa é fixa, qualquer que seja o montante da matéria coletável. É o que sucede com o imposto sobre o rendimento das pessoas coletivas (IRC) ou com o imposto sobre o valor acrescentado (IVA).

O imposto proporcional é, sem dúvida, a espécie mais simples de impostos diretos *ad valorem*.

Em termos de expressão algébrica, pode dizer-se que um imposto é proporcional se:

$\bar{t} = c/m_c (1)$, onde c representa a coleta do imposto; m_c a matéria coletável e t a taxa do imposto ($\bar{t}$, refere que é uma constante).

De (1) resulta:

$c = m_c \bar{t}$, pelo que

$m_c - c = (1-\bar{t}).m_c$, onde $(m_c - c)$ representa o rendimento disponível.

Demonstra-se que um acréscimo da matéria coletável implica uma alteração do rendimento disponível igual a $(1-\bar{t})$, ou seja, a derivada de $\frac{d(m_c - c)}{dm_c} = (1 - \bar{t})$, pelo que todos os contribuintes pagarão o mesmo imposto[186] $\bar{t}$ —igualdade dos cidadãos perante a lei —, e deixando a todos a mesma percentagem $(1-\bar{t})$.

«A tradição de reservar para os impostos indiretos, como exclusivamente sua, a dicotomia impostos *"ad valorem"* ou impostos específicos, e reservar para os impostos diretos uma outra ("diferente") dicotomia (impostos de "repartição" ou impostos de "quotidade") não tem razão de ser, visto que, por um lado, "ad valorem e de quotidade" são expressões sinónimas, e que, por outro lado, os tais impostos de repartição, que constituem hoje mera curiosidade histórica, foram impostos específicos, com a especificidade de o terem sido, por definição, se não analiticamente, ao menos sinteticamente, ou seja, desde logo, em relação ao próprio "contingente a repartir".»

[186] Se todos devem pagar impostos segundo idêntico critério (princípio da uniformidade), e se o critério é o rendimento, então as pessoas com o mesmo rendimento devem pagar o mesmo imposto: é a chamada igualdade horizontal. Mas as pessoas com diferentes rendimentos devem pagar diferentes impostos: é a igualdade vertical.

No entanto, o artigo 70.º do CIRS, no seu n.º 1, estabelece que a aplicação das taxas à matéria coletável pode levar a um rendimento líquido (m_c-c), principalmente para os titulares de rendimentos predominantemente originados em trabalho dependente ou em pensões, inferior a determinado montante ($\bar{M}e$).

Em consequência de ninguém poder ficar com um rendimento disponível inferior a $\bar{M}e$, o chamado mínimo de existência, que poderia corresponder ao primeiro escalão de taxa zero, e ser independente da fonte de rendimentos[187], há, implicitamente, a introdução no sistema de uma taxa (móvel e virtual), na transição de 0 para t, podendo expressar-se do seguinte modo:

$$m_c\text{-}c = (1\text{-}\bar{t})mc \leq \bar{M}_e \Rightarrow \bar{t} \curvearrowright l\ (1\text{-}l)mc = \bar{M}e \Rightarrow l = 1 - \bar{M}e m_c^{-1} \qquad (2)$$

onde ($\curvearrowright$) significa «dá lugar a».

Todavia, como refere A. Almeida, para vigorar de um ponto crítico inicial até um limite máximo $mc \leq \bar{M}_C(1\text{-}\bar{t})^{-1}$, para valores, portanto, para matérias coletáveis realizadas no intervalo:

$$m_C \in [\bar{M}_e, \bar{M}_e(1\text{-}\bar{t})^{-1}] \Leftrightarrow \bar{M}_e\,(1\text{-}\bar{t})^{-1} \geq m_C \geq \bar{M}_e.$$

A taxa de transição l, que se define em função de m_C no intervalo assinalado, pode exprimir-se dos três modos seguintes:

$l=1-\bar{M}_e m_C^{-1}$ (3);

$\frac{dl}{dm_C} = \bar{M}_e m_C^{-2}$ (4);

$\frac{d^2l}{dm_C^2} = -2\bar{M}_e m_C^{-3}$ (5), onde (3) representa a expressão analítica da função contínua, monótona e infinitamente diferenciável $l = l\ (m_C)$;

A expressão (4) representa a derivada de l em relação a m_C. Como tem sinal positivo, então trata-se de uma função crescente de l em m_C, ou seja, de um imposto progressivo e, finalmente, a expressão (5), que representa a segunda derivada de l em ordem

---

[187] A previsão de um «mínimo de existência», não tributável, é um dos pilares do princípio da capacidade contributiva. Quem não tem rendimentos que excedam esse mínimo não manifesta capacidade contributiva, e não será tributado. O Código do IRS é disso um bom exemplo, que, no seu artigo 68.º, refere:

«Não pode resultar, para os titulares dos rendimentos predominantemente originados em trabalho dependente ou em pensões, e disponibilidade de um rendimento líquido de imposto inferior a 8500 euros, podendo este mínimo ser aumentado para agregados familiares com três ou quatro dependentes (11 320 euros) e para 15 560 euros para agregados com cinco ou mais dependentes (CIRS, 2016)».

a m_c, tem sinal negativo, pelo que se trata de uma função crescente, mas de acréscimos decrescentes, isto é, um imposto decrescentemente progressivo[188].

E2. Impostos progressivos

Como se sabe, o Governo pode, em vez de um montante fixo, exigir dos contribuintes uma fração crescente do rendimento, elevando a taxa do imposto à medida que ele aumenta, ou seja, a taxa aplicável eleva-se à medida que aumenta a matéria coletável. É o que sucede, por exemplo, no imposto sobre o rendimento das pessoas singulares (IRS), que, infelizmente, está bem longe do modelo constitucional de imposto único e progressivo. Veja-se, por exemplo, a questão das taxas liberatórias para determinados tipos de rendimento.

Para muitos autores, entre os quais Teixeira Ribeiro, o sistema progressivo tem em si mesmo a sua própria negação. Porquê? Pois se a taxa do imposto sobe constantemente com o aumento da matéria coletável, a certa altura a taxa atinge os 100% e absorve a totalidade da matéria coletável.

Porém, na verdade, não se tem aplicado nesses termos os impostos progressivos, mas sim uma taxa máxima muito inferior a 100%. Fixa-se essa taxa para o nível de rendimento acima do qual poucos rendimentos há, pelo que a taxa de imposto é progressiva até se atingir tal nível e mantém-se proporcional para rendimentos superiores:

Quanto à progressão, temos as seguintes espécies:

— Progressão contínua;
— Progressão por dedução;
— Progressão por classes; e
— Progressão por escalões.

---

[188] O que foi referido analiticamente pode ilustrar-se do seguinte modo:

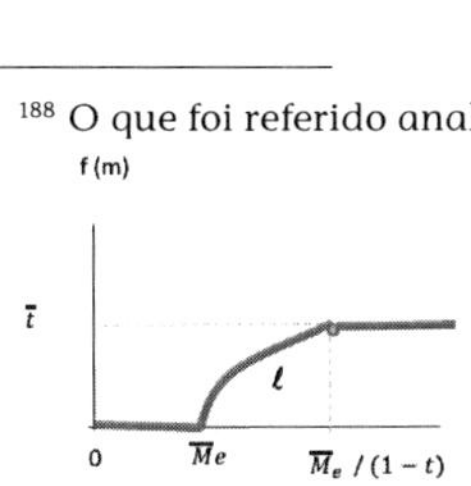

Com $m_c \geq 0$ e $\leq \bar{M}_e$ tem-se uma taxa zero: com $m_c \geq \bar{M}_e$ e $\leq \bar{M}_e\ (1\text{-}\bar{t})^{-1}$ há um leque de taxas l com $0 \leq l \leq \bar{t}$ e, por fim, a taxa (que em princípio seria única) $\bar{t}$, que só é válida para $m_c \geq \bar{M}_e\ (1\text{-}\bar{t}) - 1$.

Para terminar, refira-se que $\bar{M}_e\ (1\text{-t})^{-1}$ é o montante da matéria coletável que torna o rendimento disponível igual ao limite imposto por lei ($\bar{M}_e$).

E2.1. Progressão contínua

Nesta espécie de progressão, a taxa, até atingir o máximo definido, vai aumentando com o mínimo de crescimento da matéria coletável.

Este sistema é bastante trabalhoso e complicado, em virtude de se tornar necessário um número elevadíssimo de taxas. Quase tantas quantos os contribuintes, o que dificultava e demorava o cálculo dos impostos.

Algebricamente, a progressão contínua pode apresentar-se através da seguinte expressão:

$c = 10^{-n}.m_C^2$, donde resulta que: $\frac{c}{m_c} = 10^{-n}m_C \Rightarrow t = 10^{-n}m_C$.

Como $\frac{d(10^{-n}mc)}{dm_c} = 10^{-n}$ e $\frac{d^2(10^{-n}mc)}{dm_c^2} = 0$, isto é, a taxa «móvel» t altera-se na proporção de 10^{-n} em relação ao aumento da matéria coletável m_C; e como a segunda derivada é igual a zero, então o imposto é constantemente progressivo.

Mas, como já referimos, na progressão contínua há um momento em que a taxa atinge os 100%, o que, para o caso em análise, a taxa será de 100% no seguinte momento:

$t=10^{-n}m_C=1 \Rightarrow m_C=10^n$. Isto é, a taxa é igual a 1 quando a matéria coletável atingir os 10^n unidades monetárias[189]. Por isso, há que estabelecer um montante $\bar{X} \leq m_C$, a partir do qual a taxa passa a ser proporcional, o que torna, como já verificámos, o imposto decrescentemente progressivo.

---

[189] Como se sabe da análise da curva de Laffer, aumentos de taxa até um ponto proibitivo fazem com que a receita fiscal diminua, pois o efeito dominante passa a ser o da retração na oferta de trabalho provocada por taxas marginais muito elevadas. Além desta consequência, há outros tipos de resistência à tributação excessiva, por exemplo, a evasão e fraude fiscal crescente.

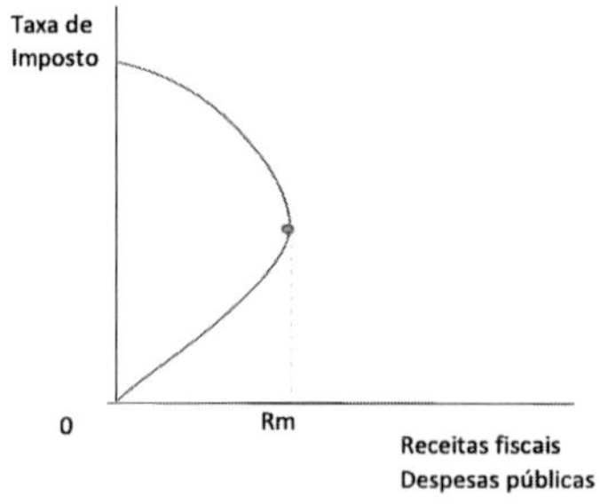

Curva de Laffer, com Rm o rendimento máximo.

E2.2 Progressão por dedução

Nesta situação, consegue-se uma progressão quase contínua, pois consiste em aplicar uma taxa proporcional à matéria coletável, deduzida de uma importância fixa.

Por exemplo, aplicar uma taxa de 10% à matéria coletável, deduzida sempre de um montante de 100 euros, de modo que:

Rendimento (em euros)	Dedução (em euros)	Imposto (10%)	Taxa efetiva (em %)
500	100	40	8
700	100	60	8,57
1000	100	90	9
1500	100	140	9,33
2000	100	190	9,5
2600	100	250	9,6
3000	100	290	9,66

Verifica-se que o cálculo do imposto é simples, tendo, contudo, um senão: a taxa efetiva, para valores de matéria coletável mais elevados, tende para um valor quase constante, e, por isso, para uma tributação quase proporcional.

Em síntese, a progressão contínua é um imposto decrescentemente progressivo, como se demonstra de seguida.

Na progressão por dedução, que é uma modalidade de progressão contínua, fixa-se previamente uma taxa $\bar{t}$ (com $\bar{t} > 0$ e < 1), que se aplica à matéria coletável (m_c) após a dedução de um montante fixo $\bar{f}_x$, com $m_c \geq \bar{f}_x > 0$, sendo a taxa efetiva t_e tanto maior quanto maiores forem as diversas matérias coletáveis:

Assim,

$c = \bar{t}_x(m_c - \bar{f}_x) = t_e m_c$ (1)

$t_e = \bar{t}(1 - \bar{f}_x \times m_c^{-1})$ (2), o que implica:

$\frac{dt_e}{dm_c} = \bar{t}\,\bar{f}_x \times m_c^{-2}$ (3)

$\frac{d^2t_e}{dm_c^2} = -2\bar{t}\,\bar{f}_x \times m_c^{-3}$ (4),

Com $t_e = t_e\,(m_c) = \bar{t} - \bar{f}_x \times m_c^{-1}$ como função contínua, monótona e diferenciável, com os valores de t_e em sucessão decrescentemente crescente, tendendo assintoticamente para $\bar{t}$ (10% no caso em análise):

$m_c \rightarrow +\infty => t_e = \bar{t}\ (1-\bar{f}_x \times m_c^{-1}) \rightarrow \bar{t}$.

Graficamente, tem-se:

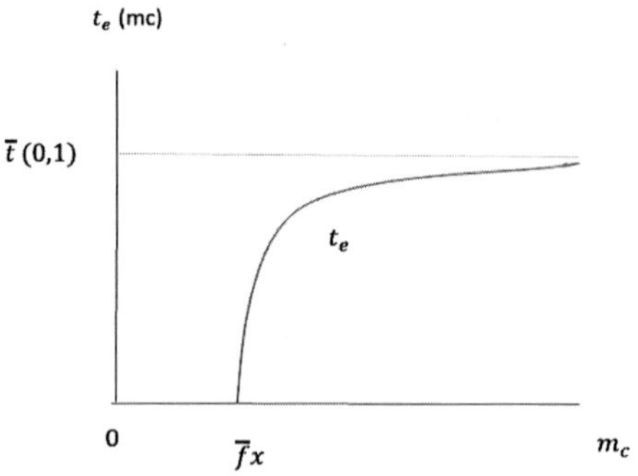

Da análise do gráfico, verifica-se que a taxa efetiva (t_e) não pode atingir 100% nem sequer o nível $\bar{t}$, porque por mais elevada que seja m_c, $\bar{f}_x$, mesmo que pouco significativo, será sempre rendimento pessoal sobre o qual não incide a taxa formal fixa $\bar{t}$.

Para concluirmos, pode afirmar-se que nem o rendimento disponível na progressão por dedução se pode tornar decrescente, pois ele aumenta com o crescimento de m_c, isto é:

$m_c\text{-}c = \bar{t} \times \bar{f}_x + (1-\bar{t})\, m_c$

$=> \dfrac{d(m_c - c)}{dm_c} = 1-\bar{t} > 0.$

E2.3 Progressão por classes

Nesta modalidade, estabelecem-se classes de matéria coletável crescente, aplicando-se-lhes taxas de imposto, também crescentes em cada classe, e, no caso em análise, com isenção na base (com o primeiro escalão de taxa zero).

Exemplo

Classes de rendimento (em euros)	Taxa (%)
De 0–8000	0
De +8000–20 000	10

De +20 000–40 000	20
De +40 000–70 000	30
De +70 000	40

Assim, quem tem um rendimento de 10 000 euros pagará 1000 euros; quem tem uma matéria coletável de 50 000 euros paga 15 000 euros.

Todavia, se A tiver um rendimento de 20 000 euros, a coleta será de 2000 euros, pelo que ficará com um rendimento disponível de 18 000 euros.

Se, porém, o rendimento for de 22 000 euros, pagará 4400 euros e o seu rendimento disponível será de 17 600 euros, pelo que tem um menor rendimento disponível do que quem tem um rendimento inferior, isto é, na passagem de classe para classe, o aumento de imposto excede o aumento da matéria coletável. Há, assim, neste sistema, que corrigir este defeito. Como? De acordo com a maioria dos teóricos, há, pelo menos, dois processos. Um, estabelecendo-se que o contribuinte não poderá ficar com rendimento disponível menor do que aquele com que ficaria se a sua matéria coletável correspondesse ao limite máximo da classe imediatamente anterior. Outra forma de corrigir o referido defeito é utilizar a progressão por escalões, que analisaremos no ponto seguinte.

A progressão por classes pode formalmente ser analisada do seguinte modo:

Partindo da regra que nenhum contribuinte poderá ficar com um rendimento disponível inferior ao que ficaria se a matéria coletável correspondesse ao valor superior da classe imediatamente anterior, pode apresentar-se através da expressão abaixo:

m_{ci}-c_i=$(1-t_i)m_{ci} \geq (1-t_{i-1})L_{si-1}$, onde t_i é a taxa própria da classe i; L_{si-1}, valor superior da classe i-1 e m_{ci} a matéria coletável compreendida na classe i, com $L_{si} \geq m_{ci} > L_{si-1}$ (sendo L_{si} o limite superior da classe i e L_{si-1} o limite superior da classe i-1).

Tendo, contudo, em atenção a exceção à regra, resulta formalmente:

$(1-t_i)\ mci < (1-t_{i-1})L_{si-1}$=>

$t_i \curvearrowright l_i=1-(1-t_{i-1})\ \frac{L_{si-1})}{m_{ci}}$, ou seja, l_i é a taxa que, aplicada à matéria coletável da classe i, produz o mesmo rendimento disponível que o que corresponde a $(1-t_{i-1})L_{si-1}$.

Porém, há um valor na classe i acima do qual aplicar a taxa dessa classe proporciona um rendimento disponível maior do que o da classe imediatamente anterior (i-1) e, quando aplicada a valores abaixo dessa referência, o rendimento disponível menor do que o correspondente ao da classe anterior.

Aquele valor de referência designa-se por montante de indiferença, e que é dado por:

$\frac{1-t_{i-1})}{1-t_i}$ L_{si-1}

Para cada classe do nosso exemplo, temos os seguintes valores:

Classe 2: $\frac{1-0}{1-0,1} \times 8000 = 8800$ *euros*

Classe 3: $\frac{1-0,1}{1-0,2} \times 20\,000 = 22\,500$ *euros*

Classe 4: $\frac{1-0,2}{1-0,3} \times 40\,000 = 45\,680$ *euros*

Classe 5: $\frac{1-0,3}{1-0,4} \times 70\,000 = 81\,620$ *euros*.

Refira-se que a indiferença em relação ao uso de L_{si-1} e L_{si} não é perfeita, porque se não definem L_{si-1} para i=1 e L_{si+1} e L_{si} para i=n.

E2.4 Progressão por escalões

É uma modalidade admitida quase de modo universal pelos diferentes sistemas tributários, e onde a matéria coletável se divide em tantas parcelas quanto os grupos que nela cabem, aplicando-se às várias parcelas as taxas próprias dos sucessivos grupos, de 1 a i-1, só se aplicando a taxa própria do último escalão à diferença entre a matéria coletável e o limite do último escalão (L_i) que coincide com o limite superior do escalão anterior (i-1), ou seja, $(m_i - L_i)t_i = (m_i - L_{si-1})t_i$ (onde $L_i = L_{si}-1$)[190], pelo que, a coleta é dada por uma soma de produtos.

Tendo presente o que se referiu, pode, por exemplo, calcular-se a taxa efetiva do imposto.

Assim, designando:

t_i — taxa própria do escalão i;

L_i — base do escalão i>1 ($L_i = L_{si-1}$, na progressão por escalões);

L_{si} — limite superior do escalão;

m_{ci} — matéria coletável do escalão i, com $L_{si} \geq m_{ci} \geq L_i$, então a taxa efetiva (t) será:

$t = \frac{c}{m_{ci}} = \sum_{n=1}^{i-1} \frac{(L_{sn} - L_{in})t_n}{m_{cn}} + (1 - \frac{L_i}{m_{ci}})t_i$ (1), onde L_{sn} é o limite superior do escalão n e L_{in} o inferior do mesmo escalão.

[190] 38 O CIRS, no seu artigo 68.º, diz de mais de *x* até *y*, ou seja, intervalo aberto à esquerda e fechado à direita; por exemplo]7091 até 20261].

Tal modo de proceder não conduz a conclusões muito diferentes das que resultam da nossa análise.

Da expressão (1), facilmente se infere que a taxa t tende para a taxa própria do último escalão, sem jamais a alcançar. Assim, se n tender para ∞, então:

$$m_{cn} \rightarrow +\infty \Rightarrow t = \frac{c}{m_{cn}} = \sum_{n=1}^{i-1} \frac{(L_{sn}-L_{in})t_n}{m_{cn}} + \left(1-\frac{L_i}{m_{ci}}\right)t_i \rightarrow t_n.$$

Mas se, em vez da taxa efetiva, desejarmos calcular a coleta, então tem-se:

$$c = tm_{ci} = \sum_{n=1}^{i-1}(L_{sn} - L_{in})t_n + (m_{ci} - L_i)\,t_i$$

$= L_iK_{i-1} + (m_{ci} - L_i)\,t_i = m_{ci}t_i - p_i(2)$, onde K_{i-1} é a taxa média do escalão i-1 e p_i a parcela a abater.

De (2), e tendo presente que $c=tm_{ci}$, resulta, por um lado: $t=ti\frac{p_i}{m_{ci}}$, e, por outro lado: $K_{i-1} = t_i - \frac{p_i}{l_i}$.

Seguidamente, vamos apresentar um exemplo numérico:

Matéria coletável (em euros)	Taxas (%)	
	Normal[191]	Média
(1) De 0–8000	0	0
(2) De 8000–20 000	10	6
(3) De 20000–40 000	20	13
(4) De 40 000–70 000	30	20,285
(5) De 70 000 em diante	40	

Pretende-se:

a) O montante de p_i para cada escalão;

b) As taxas efetivas para as seguintes matérias coletáveis: 10 000 euros; 25 000 e 40 960 euros.

Para responder à alínea a), vamos iniciar o cálculo pelo escalão (2):

$K_{2-1} = t_2 - \frac{p_2}{L_2}$, donde $0 = 0{,}10\,\frac{p_2}{8000}$, pelo que $p_2 = 800$ euros

Escalão (3):

$0{,}06 = 0{,}20 - \frac{p_3}{20000} \Rightarrow p_3 = 2800$ euros

---

[191] [39] Julgamos, apesar de o CIRS a designar por normal, que seria mais apropriada a designação: taxa própria. Normal, porquê? Em relação a quê?

Refira-se, porém, que há autores que designam a taxa normal por marginal, o que nos parece também uma designação desajustada.

Escalão (4):

$0{,}13 = 0{,}30 - \frac{p_4}{40000} \Rightarrow p_4 = 6800$ euros

Se a matéria coletável fosse de 75 000 euros, então para o escalão (5) seria:

$0{,}20285 = 0{,}40 - \frac{p_5}{70000}$, pelo que $p_5 = 13\,800$ euros.

A coleta calcular-se-ia do seguinte modo:

€ 75 000 × 0,40 – €13 800 = 16 200 euros.

Se calculássemos para uma matéria coletável de 80 000 euros, ter-se-ia:

€ 80 000 × 0,40 – €13 800 = 18 200 euros.

Em síntese, pode afirmar-se que, para valores para além de 70 000 euros, para os quais já não há escalões, a parcela a abater é sempre de 13 800 euros, em virtude de a taxa própria se tornar proporcional (40%) a partir do montante referido (70 000 euros); o que implica uma zona de pura tributação progressiva por dedução, pelo que a taxa efetiva do imposto progressivo por escalões tende para a taxa própria do último escalão, sem, no entanto, jamais a alcançar, como se vê na figura da nota abaixo[192].

Para se calcular a taxa efetiva respeitante à matéria coletável de € 10 000, tem-se:

$$\frac{t}{100} = \frac{10}{100} - \frac{€\,800}{€\,10\,000}$$

$= 0{,}10 - 0{,}08$

$= 0{,}02 \Rightarrow t = 2\%$

Para o montante de € 25 000, então o valor é dado do seguinte modo

$$\frac{t}{100} = 0{,}20 - \frac{€\,2800}{€\,25\,000}$$

$= 0{,}088 \Rightarrow t = 8{,}8\%$

192 

Para a matéria coletável de € 40 960, tem-se:

$$\frac{t}{100} = 0{,}30 - \frac{€\,6800}{€\,40\,960}$$

= 0,134=>t = 13,4%, valor muito mais baixo do que a taxa do mesmo escalão, na progressão por classes.

Para concluirmos este ponto, vamos demonstrar por que razão t = ti − $\frac{Pi}{mci}$ e *Ki* − 1 = *ti* − $\frac{Pi}{Li}$. Assim, da primeira parte da equação (2), tem-se: *c* = *tmci* = *LiKi* − 1 + *timci* − *Liti,* donde *tmci* − *timci* = *Liki* $-_1$ − *Liti. Fazendo Liki* $-_1$ − *Liti* = −*pi, então, tmci* − *limci* = −*pi, pelo que t* = *ti* − $\frac{pi}{mci}$, *Q.E.D.Porém,* −*pi também é igual ti* − 1. *Li* − *ti Li, com ti* > *Ki* − 1, *isto é,* −*pi* = *Ki* − 1. *Li* − *ti Li, donde Ki* − 1 = *ti* − $\frac{pi}{Li}$

Com base no sistema progressivo por escalões e nas equações desenvolvidas, há três modos equivalentes de apurar a matéria coletável:

1 – O apuramento dito escalão a escalão;

2 – O referido no n.º 2 do artigo 68.º do CIRC;

3 – O apuramento baseado na parcela a abater.

E2.5 O imposto regressivo

Um imposto diz-se regressivo, o caso da «*poll tax*», quando a taxa aplicável diminui à medida que aumenta a matéria coletável, representando-se formalmente do seguinte modo:

$\bar{c} = tm_c$, onde $\bar{c}$, a coleta, é uma constante predefinida[193] e constantemente de proporcionalidade inversa entre t e m_c, ou seja, quando m_c aumenta, então t é constantemente decrescente, como se prova a seguir:

Como $\bar{c} = tm_c \Rightarrow t = \frac{\bar{c}}{m_c}$(1). Assim, derivando a expressão (1) em relação a m_c, tem-se: $\frac{d_t}{dm_c} = \bar{c}m_c^{-2}$, que é igual a $-\frac{t}{m_c}$. Isto é, a taxa diminui na mesma proporção em que

[193] É equivalente estatuir, para o imposto regressivo, na respetiva «norma fiscal material», uma coleta predeterminada ou quota fixa de $\bar{c}$, ou uma expressão analítica para a função constante $\bar{c}$ de m_c, que se resolve naquela mesma relação ($\bar{c} = tm_c$), e revelar-se-ia mais ou menos inútil estatuir uma expressão analítica para a função constantemente decrescente t de m_c, do tipo: t = t(m) = $\bar{c}m^{-1}$.

se dá o aumento da matéria coletável, ao contrário do que se passa com a progressividade, onde o imposto aumenta mais do que proporcionalmente ao aumento da matéria coletável[194].

Como se pode também verificar $\frac{d^2t}{dm_c^2}$ $2\bar{c}^{-3}$, o que implica que a taxa é constantemente regressiva, o que não é compatível com a capacidade contributiva.

Sobre o imposto regressivo, não há muito mais que dizer. Contudo, não queremos terminar sem citar Almeida (2000):

> Se definirmos uma coleta fixa universal $\bar{c}$ e pretendermos calcular, em face da matéria coletável (m_c) de cada um dos «numerosos contribuintes», a que taxa virtual lhe é «liquidado» o «imposto», a questão (e a resposta) é (ou são) de tal maneira simples que basta pôr o problema em equação para se concluir que, estando t e m_c, entre si, numa relação de proporcionalidade inversa, se **Alguém** tiver uma matéria coletável n > 1 vezes superior à de **Outrem**, a taxa virtual a que Alguém pagará terá de ser n>1 vezes inferior à de Outrem, posto que, na verdade, $\bar{c} = tm_c = t(n^{-1} \times n)m_c$. Fiquemos por aqui!

F. A tributação proporcional e a tributação progressiva

F1. Enquadramento

Apesar de os «pais fundadores» da Economia Política, Adam Smith e Stuart Mill, terem defendido os impostos proporcionais, a maioria dos sistemas fiscais tem também impostos progressivos[195] e, muito residualmente, regressivos[196], pelo que a questão da tributação proporcional ou tributação progressiva deve ser analisada no âmbito das características desejáveis de um sistema fiscal — entendido, de forma simples, como o conjunto de impostos vigentes num determinado país.

Sabe-se que uma das justificações para a existência de impostos é a obtenção de receitas para financiar a provisão de bens públicos, pelo que se torna necessário verifi-

---

[194] Na tributação progressiva, é necessário admitir que a utilidade marginal do rendimento decresce mais do que proporcionalmente ao aumento do rendimento. Não se chegará ao imposto progressivo: teremos imposto proporcional, se a utilidade marginal for inversamente proporcional ao nível do rendimento. Teremos tributação regressiva, se a utilidade marginal decrescer menos que proporcionalmente.

[195] Sobre os defensores do imposto progressivo, ver C. Webber e A. Hildadsky, *A History of Taxation in the western World* — Nova Iorque, 1986, página 347.

[196] Por exemplo, a contribuição audiovisual que todos meses é inserida nas faturas da EDP (5,70 euros + 6% de IVA).

car em que medida o sistema fiscal é capaz de gerar os meios financeiros considerados necessários.

Porém, o sistema fiscal deve ser também analisado na perspetiva do modo como reparte, de forma socialmente aceitável, tal encargo obrigatório entre os cidadãos, bem como se o objetivo de redistribuição, no que respeita ao rendimento e riqueza, está a ser prosseguido.

Por último, um sistema fiscal deve ser também analisado na perspetiva dos efeitos económicos que provoca.

Assim, de acordo com Musgrave e outros teóricos de Finanças Públicas, um sistema fiscal deve ser encarado nas perspetivas da equidade, da eficiência, da flexibilidade, da transparência, da eficácia financeira e do baixo custo.

1 — A equidade ou justiça fiscal: a distribuição da carga fiscal deve ser equitativa, ou seja, não arbitrária e de acordo com os princípios da equidade horizontal e da equidade vertical, em que cada um deve suportar uma parcela justa com a atividade pública;

Vê-se, assim, que para a equidade é possível estabelecer dois princípios para a concretizar: a igualdade horizontal e a vertical.

A primeira, a igualdade horizontal, exige o tratamento igual dos iguais: pessoas nas mesmas condições devem suportar o mesmo ónus da carga fiscal. Trata-se de uma dimensão de igualdade que é não só uma consequência do princípio da igualdade dos cidadãos perante a lei, mas também uma dimensão psicológica — a igualdade de sacrifícios.

Todavia, se a igualdade horizontal obriga a tratar igualmente os iguais, então deve ser diferente o imposto a pagar por pessoas em diferentes condições: mas quanto diferente? Esta é a questão da igualdade vertical, isto é, se uma pessoa está em melhor situação económica do que outra, deve suportar um ónus de tributação superior.

Refira-se, contudo, que os dois princípios analisados têm subjacentes dois princípios orientadores: o princípio do benefício e o princípio da capacidade de pagar.

Segundo o princípio do benefício, que remonta a Adam Smith[197], os indivíduos devem pagar mais ou menos impostos conforme recebem mais ou menos benefícios dos bens públicos.

---

[197] Adam Smith, *An Inquiry into the Nature and Causes of the Wealth of Nations*:

«The subjects of every state ought to contribute towards the support of the government, as nearly as possible, in proportion to their respective abilities; that is, in proportion to the revenue which they respectively enjoy under the protection of the state. The expense of government to the individual of a great nation is like the expense of management to the joint tenants of a great state, who are all obliged

Neste critério, estão nas mesmas condições os que apreciam igualmente as utilidades dos bens públicos e que, por isso, estão dispostos a pagar o mesmo preço pela unidade de cada um desses bens. Assim, estando dispostos a pagar o mesmo preço, compreende-se que se lhes exija o mesmo imposto, ou seja, estamos perante a igualdade horizontal.

Porém, apesar da sua simplicidade e algumas vantagens, o princípio do benefício apresenta algumas limitações, por exemplo:

— Não constitui uma base geral de tributação, pois há indivíduos que recebem benefícios de bens públicos e que, no entanto, não devem ser chamados a contribuir para as despesas com a produção desses bens, por causa da sua pobreza;
— Não permite a prossecução de políticas redistributivas por causa da neutralização, pelo menos parcial, que naturalmente se operaria entre benefícios recebidos e montante de imposto a pagar;
— Não conhecer o benefício que cada indivíduo recebe de cada bem público e, portanto, o preço que está disposto a pagar (ou que lhe há de ser cobrado) pela unidade de cada um desses bens.

Pelas limitações referidas, e outras que podiam ser analisadas, são poucas as aplicações do princípio do benefício, no que respeita aos impostos. No caso das taxas, é mais e mais bem aplicado.

Quanto ao outro princípio, o da capacidade de pagar[198], os indivíduos que têm capacidades diferentes de pagar devem pagar diferentes impostos, na medida da diferença. Esta é a questão da igualdade vertical, que tem como consequência a alternativa tributação proporcional *versus* tributação progressiva. Há ainda a referir que a equidade vertical tem, entre outros, como alvo primordial a eliminação ou redução da pobreza. Como eliminá-la ou reduzi-la? Somente através do fornecimento aos mais desfavorecidos dos bens que lhes faltam ou a concessão de subsídios que lhes permitam comprar os bens. É nesta atitude que se situa o chamado *imposto negativo de rendimento*[199]. Este, claro

---

to contribute in proportion to their respective interests in the state. In the observation or neglect of this maxim consists what is called the equality or inequality of taxation».

[198] A capacidade de pagar é, como se sabe, medida adequadamente pelo rendimento.

[199] Le principe de l'impôt négatif répose sur l'idée que si «L'État n'a pas a corriger les inegalités engendrée par le fonctionnement des mécanismes du marche, il exist taute fois un certáin nombre d'exclus du marché du travail aux quels il se doit de venir en aid» — J. Percebois, *Economie des finances publiques*, A. Colin, 1991.

está, é o contrário do imposto positivo (o pago ao Estado pelos que têm rendimentos superiores ao mínimo de existência).

No imposto negativo, é o Estado que paga aos que têm rendimentos inferiores ao mínimo de existência, consistindo numa prestação pecuniária que aumenta com a descida do rendimento. Acrescente-se que o critério da capacidade de pagar, como vimos, foi defendido por Adam Smith na sua monumental obra: *An Inquiry in the Nature and causes of the Wealth of Nations*[200].

Em síntese, pode dizer-se que o princípio do benefício conduz a distribuir os encargos conforme a medida em que cada um utiliza os serviços públicos, enquanto o princípio da capacidade de pagar, que é promotor da equidade[201], leva a ignorar a utilização dos serviços públicos e distribuir os encargos conforme a capacidade de os pagar que cada um revele, ou seja, o Estado pode produzir um bem público independentemente de saber se os contribuintes estão ou não dispostos a arcar com as responsabilidades de tal produção ou provisão, bastando-lhe saber que eles têm capacidade para isso. O valor dos benefícios e, portanto, o montante das receitas deixa de ser, assim, limite das despesas.

Terminada a análise da equidade, passamos, de seguida, ao estudo do outro requisito de um sistema fiscal: a eficiência.

2 — A eficiência: os impostos devem minimizar a interferência em decisões eficientes dos agentes económicos e devem promover a eficiência corrigindo externalidades negativas.

Assim, a intervenção do Estado tem, principalmente, que ver com a correção de fracassos de mercado (externalidades, bens públicos, regulação dos mercados e correção

---

Autrement dit , l'impôt negatif constitue un moyen de redistribution des revenus en direction de plus démunis et s'inscrit dans une politique globale de restructuration du rôle de l'Ètat. Michel Bouvier *et al.* Finances Publiques, 15.ª edição — LGDJ.

[200] Além do critério da capacidade de pagar, Adam Smith admitiu também, como razoável, a tributação progressiva:

«A tax upon house-rents, therefore, would in gene real fall heaviest upon the rich; and this sort of inequality there would not, perhaps, be anything very unreasonable. It is not very unreasonable that the rich should contribute to the public expense, not only in proportion to their revenue but something more than in that proportion».

[201] O Estado deve recorrer a leis não influenciadoras das escolhas dos agentes económicos, de forma a não cobrar abruptamente o normal funcionamento do mercado, a tal ponto, que um agente não deve ser impedido de seguir determinada escolha económica apenas pela desvantagem tributária que tal escolha acarretaria. Ou seja, a eficiência tem como consequência o regime de neutralidade fiscal, ou seja, se o sistema funcionar em condições de eficiência, minimiza-se, sem dúvida, as distorções que ponham em causa «a neutralidade fiscal».

de informação assimétrica), por forma a assegurar, na perspetiva de Pareto, a eficiência na afetação de recursos.

Tendo presente o que foi dito acerca da equidade e da eficiência, facilmente se insere que em algumas medidas de política social é possível encontrar pontos de conflito entre os referidos critérios normativos, como determinantes de decisões, tais como:

— Existência de subsídio de desemprego;

— Existência de um salário mínimo nacional.

Para economistas como Hayek e Friedman, a prioridade é o critério da eficiência. Mas para Rawls, por exemplo, o critério da equidade deve ter prioridade sobre a eficiência.

3 — Outros requisitos para um «bom» sistema fiscal:

3.1 — Flexibilidade: os impostos devem contribuir para, de forma automática, ter um efeito estabilizador no ciclo económico, nomeadamente promovendo um efeito expansionista no PIB em períodos de recessão e um efeito contracionista em período de forte expansão;

3.2 — Transparência: as regras tributárias devem ser, tanto quanto possível, estáveis e de fácil compreensão para os contribuintes, e permitir a responsabilização política dos governos pelas medidas fiscais tomadas;

3.3 — Baixo custo: os custos de cumprimento das obrigações fiscais por parte dos contribuintes e da administração fiscal, por parte do Ministério das Finanças, devem ser tão baixos quanto o permitam os restantes objetivos de política fiscal;

3.4 — Eficácia financeira: as receitas fiscais geradas pelo sistema fiscal devem ser adequadas e suficientes para fazer face ao financiamento das despesas públicas e da política orçamental do governo.

F2. Tributação proporcional ou tributação progressiva. Que opção?

Apesar do que foi dito até agora acerca dos vários requisitos a que deve obedecer um sistema fiscal, pensamos que não há bases suficientes para podermos afirmar, com objetividade, que um sistema fiscal deve ser prioritariamente baseado numa perspetiva de proporcionalidade ou de progressividade (pelo menos moderada).

A resposta não é fácil, porque a opção por uma ou outra perspetiva tem sido, por norma, fundamentada em juízos de valor, apesar do desenvolvimento de algumas teorias, como a do sacrifício[202].

---

[202] Stuart Mill afirmou que a igualdade tributária deve ser entendida como igualdade de sacrifícios.

Porém, desde finais do século XVIII que os mais prestigiados economistas, quer liberais quer keynesianos, têm analisado os impostos proporcionais e progressivos. Uns, como Stuart Mill[203], defenderam e justificaram a tributação proporcional[204]. Outros, como J. B. Say e K. Marx, defenderam a tributação progressiva.

Não obstante as divergências entre os teóricos, a progressividade da tributação foi evoluindo e teve um grande defensor: Cohen-Stuart, que, em 1889[205], escreveu que o sistema progressivo é necessário, não para corrigir as desigualdades de rendimento, mas para atingir a igualdade de sacrifícios.

Contudo, o referido autor, apesar de ter aplicado a matemática à defesa da sua posição, enfrentou diversas dificuldades no que respeita às teorias do sacrifício[206], pelo que foi bastante criticado[207], embora o sistema progressivo fosse, até meados do século XX, a opção dominante no desenho geral dos sistemas fiscais dos Estados industrializados e fosse defendido sem grandes polémicas, sem contar com a defesa feita por F. Hayek das vantagens do sistema proporcional, no seu famoso livro: *The Constitution of Liberty* (1960).

Entretanto, na década de 60 do século XX, numa análise muito detalhada da tributação progressiva, Walter Blum e Harry Kalven concluíram que o sistema progressivo deve ser defendido no plano da ética ou da moral[208].

---

[203] É de referir que, para Mill, o índice de capacidade fiscal deve ter por base o consumo para o *income tax,* impedindo assim o que se designa como «dupla tributação da poupança». Contudo, apesar de condenar as taxas agravadas do *income tax*, admite-as na tributação das sucessões, como se pode ver no passo seguinte dos *Principles of Political Economy with some of their Applications to social Philosophy* — Londres, 1848:

«The principle of graduation (as it called) that is of levying a larger percentage on a larger sum, though its application to general taxation would be in any opinion objectionable, seems to me both just and an expedient as applied to legacy and inheritance duties».

[204] No livro referido na nota anterior, Mill defende alguma progressividade resultante da dedução da parte fixa do rendimento, ou seja, uma dedução do mínimo de existência. É a chamada progressão por dedução, que analisámos anteriormente, onde a taxa t, para níveis de matéria coletável elevados, tende a dar lugar a uma tributação quase proporcional, pelo que a progressão por dedução é, como se sabe, restrita aos escalões mais baixos de rendimento desvanecendo-se à medida que o rendimento sobe.

[205] Excertos da obra podem ler-se em Richard Musgrave; Allan Peacock, *Classics in the Theory of Public Finance.*

[206] A igualdade de sacrifícios pode ser entendida, pelo menos, em duas aceções diferentes: como igualdade de sacrifícios absolutos (*equal sacrifice*), ou como proporcionalidade de sacrifícios (proportional sacrífice). Para maior desenvolvimento ver J. G. Xavier de Basto, em obra citada.

[207] Sobre críticas às teorias do sacrifício ver Teixeira Ribeiro, em obra citada (páginas 280 a 285).

[208] Walter Blum; Harry Kalven, Jr. — *The uneasy case for Progressive Taxation*, University of Chicago Press, 1963.

Mas, mais recentemente, num livro de 2002, Richard Musgrave referia o pressuposto da tributação progressiva como um caso, afinal, de «boas maneiras»[209] numa sociedade democrática.

Do referido, pode inferir-se que a tributação progressiva começou a perder algum fulgor nos países mais desenvolvidos, o mesmo acontecendo em Portugal, como analisaremos em seguida, comparando a Constituição fiscal portuguesa de 1976 com a atual.

Por exemplo, na Constituição de 1976, o artigo 106.º (que é agora o artigo 103.º, n.º 1) dizia o seguinte:

«O sistema fiscal será estruturado por lei, com vista à repartição igualitária da riqueza e dos rendimentos e à satisfação das necessidades financeiras do Estado».

Por seu turno, o artigo 107.º (que é agora o n.º 1 do artigo 104.º) estabelecia:

«O imposto sobre o rendimento pessoal visará a diminuição das desigualdades, será único e progressivo, tendo em conta as necessidades e os rendimentos do agregado familiar, e tenderá a limitar os rendimentos a um máximo nacional, definido anualmente pela lei».

Refira-se que, na revisão constitucional de 1982, foi eliminada a expressão: *«e tenderá a limitar os rendimentos a um máximo nacional, definido anualmente pela lei»*.

Vamos analisar os mesmos assuntos na Constituição após a revisão de 1989.

Assim, o artigo 103.º, no seu n.º 1, estabelece os seguintes objetivos do sistema fiscal:

«O sistema fiscal visa a satisfação das necessidades financeiras do Estado e outras entidades públicas e uma repartição justa dos rendimentos e da riqueza».

Quanto ao artigo 107.º, n.º 1, que impõe à tributação pessoal do rendimento um objetivo distributivo, refere: «O imposto sobre o rendimento pessoal visa a diminuição das desigualdades e será único e progressivo, tendo em conta as necessidades e os rendimentos do agregado familiar».

Como consequência dos dois últimos artigos, é indiscutível que a Constituição da República Portuguesa impõe um modelo de sistema fiscal que comporte uma distribuição progressiva dos encargos com as despesas públicas, apesar de a crença forte no sistema progressivo, declarada na versão inicial da nossa Constituição, ter sido gradualmente substituída por fins mais brandos.

---

[209] «The case for progressive taxation holds up, not based on dubious behavioral assumptions, but on what may be called good manners in democratic society» — Richard Musgrave, Equity and the Case for Progressive Taxation, em The Ongoing Debate, Tax Justice.

Como consequência do que foi exposto, infere-se que a progressividade da tributação não tem sido posta em causa no que respeita aos seus princípios, mas sim em relação às elevadas taxas e base do imposto sobre o rendimento[210].

Há, no entanto, outros que são adversários da progressividade do imposto, em virtude de provocar distorções nas escolhas individuais e ser um freio ao investimento, ao consumo e à atividade económica em geral, o que agrava o objetivo da justiça social. Por isso, em finais do século XX, surgiu uma proposta de imposto proporcional sobre o rendimento[211] de taxa única (*flat rate income tax*) desenvolvida no livro *The Flat Tax*.

Além do referido livro, J. Slemrod e J. Bakija escreveram, em 2004, também uma obra com o título *Taxing Ourselves — A Citizen Guide to the Debate over Taxes*, onde defenderam que uma reforma fiscal desejável devia ter por base, necessariamente:

— Um *flat tax income tax*;
— A «limpeza da base tributável» com a eliminação da generalidade das deduções, o que permitiria diminuir a taxa do imposto;
— Um imposto único sobre o consumo (*sales tax*), que incidiria sobre a generalidade dos bens e serviço, mas somente aplicável no ato final da transação;
— Um imposto tipo IVA em que todos os estádios da produção são tributados, mas considerando-se apenas o valor acrescentado em cada um deles.

Contudo, reconhecem as dificuldades inerentes à implantação de um sistema fiscal similar ao defendido por eles, por diversas razões, entre as quais um sistema baseado no *flat tax*, embora possível, traria problemas de transição por ser difícil determinar, em abstrato, qual a taxa desejável, podendo mesmo converter-se num verdadeiro confisco para os titulares de rendimentos mais baixos se não se permitisse a isenção do mínimo de subsistência.

---

210 Veja-se, por exemplo, o caso do nosso IRS em relação ao peso das taxas liberatórias (rendimentos de capital, por exemplo) e certos benefícios (mais-valias, por exemplo), o que põe em causa a justiça fiscal e, moralmente, a neutralidade na tributação.

211 O movimento levado a cabo nos Estados Unidos acerca da reforma fiscal tinha por principal objetivo substituir os impostos existentes por um só imposto proporcional, pelo que foram defendidos, em primeiro lugar, uma imposição sobre o rendimento e, mais tarde, sobre o consumo, a fim de evitar uma tributação sobre a poupança.

F.3. *The flat tax*

O livro *The Flat Tax* foi consequência das ideias desenvolvidas por dois professores da Universidade de Stanford, Robert E. Hall e Alvin Rabushka, onde defenderam um alargamento da base de tributação através da supressão de abatimentos e outras deduções, bem como uma taxa única de 10% e uma dedução fixa na base de $ 25 500 para uma família de quatro pessoas.

Porém, apesar de o referido imposto transmitir a ideia de ser um imposto proporcional, vamos demonstrar que tecnicamente é um imposto progressivo, em virtude de se deduzir na base a importância de $ 25 500.

Como se sabe, um imposto diz-se proporcional quando a taxa média se mantém constante ou, de outro modo, a um acréscimo da matéria coletável corresponde um acréscimo nulo da taxa do imposto ($d\bar{t}/d_{mc}{}^{=0}$), o que não acontece com as taxas respeitantes ao *flat tax* com dedução.

Assim, sendo:

$\bar{t}$ — taxa proporcional, com $0 > \bar{t} < 1$

Mc — matéria coletável

C — coleta

$\bar{f}$ — dedução de base

t_e — taxa efetiva para cada matéria coletável,

então tem-se:

$c = \bar{t}\ (m_{c\,-}\bar{f})$

$= t_e m_c$,o que implica:

$t_e m_c = (m_c - \bar{f}_x)$, donde $t_e = \bar{t}(1 - \bar{f}_x m_c^{-1})$ (1), pelo que

$\dfrac{dt_e}{dm_c} = \bar{t}\bar{f}_x m_c^{-2})$ e $\dfrac{d^2t_e}{dm_c^2} = 2\bar{t}\bar{f}_x m^{-3})$.

Ou seja, como a primeira derivada é positiva, significa que se trata de uma função crescente t_e de $m_{c,}$ o que implica que estamos perante um imposto progressivo, como se sabe.

Quanto à segunda derivada, que é negativa, revela que se trata de uma função decrescentemente crescente t_e de m_c, o que implica ser um imposto decrescentemente progressivo.

Em virtude de (1), pode resultar a conclusão abaixo:

mc $\rightarrow +\infty =>$ te $= \bar{t}(1 - \bar{f}_x m^{-1}) \rightarrow \bar{t}$, então temos graficamente[212]:

---

[212] Se o mínimo de existência não for sujeito a dedução e for o limite do rendimento disponível, o gráfico seria o da nota 188.

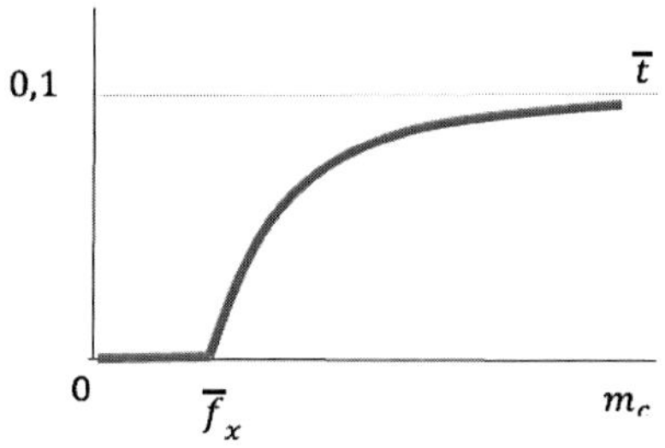

Com uma dedução fixa na base, verifica-se que transformamos um imposto proporcional em progressivo.

4.3.5 Efeitos económicos dos impostos

4.3.5.1 Introdução

Aquando da análise das despesas públicas, verificámos que, utilizando o modelo keynesiano, o aumento do rendimento é superior ao aumento dos gastos públicos, ou seja, existe um efeito multiplicador para os gastos públicos[213], sendo a expressão (com $t < 1$):

$\Delta Y = \frac{\Delta \overline{G}}{1-c(1-t)}$, onde ΔY representa o acréscimo de rendimento; ΔG o aumento dos gastos públicos; c a propensão marginal para o consumo e t a taxa de imposto.

O que acontecerá se os impostos aumentarem?

Como se infere facilmente, um imposto tem sempre como consequência a diminuição de recursos à disposição dos indivíduos, bem como, paralelamente, distorções associadas a ações empreendidas pelos contribuintes para o «evitarem». É, assim, relevante, efetuar uma distinção entre impostos destorcedores e não destorcedores (neutrais) e, como afirma Paulo T. Pereira, subsequentemente, entre impostos «intencionalmente» e «não intencionalmente» destorcedores.

---

[213] Há economistas (por exemplo, Eugene Fama, da Universidade de Chicago) que argumentaram que o que um aumento dos gastos públicos faz é simplesmente afastar os recursos de uma despesa privada mais eficiente, pelo que o seu efeito multiplicador será de zero ou até menos do que zero. Assim, porque há duas visões — despesa pública (visão neokeynesiana) ou despesa privada (visão neoclássica) —, então por qual optar? Esta tarefa, pouco invejável, compete aos responsáveis pelas políticas governamentais.

4.3.5.2. Impostos destorcedores e não-destorcedores

Um imposto diz-se distorcedor, e só se, não existir nada que os agentes possam fazer para evitar ou reduzir a incidência do imposto. Caso contrário, é destorcedor[214].

Ao primeiro tipo de impostos referidos, chama-se, na literatura económica, impostos *lump-sum*, de montante fixo por cabeça (ou *poll tax*, em inglês).

Isto é, os impostos *lump-sum* estão simplesmente dependentes da existência física do contribuinte. Assim, os impostos não destorcedores são neutrais em relação à eficiência dos mercados.

Em relação à equidade, estes têm impactos significativos e representam um conflito entre esta e a eficiência. A equidade, por exemplo, é violada ao obrigar-se, por um lado, um indivíduo a pagar um montante fixo do imposto, ignorando as diferenças de capacidade contributiva, o que faz com que os contribuintes de baixos rendimentos paguem proporcionalmente mais relativamente a outros de elevado rendimento, o que é, sem dúvida, uma situação de regressividade.

Mas, por outro lado, também em relação ao princípio do benefício existem reservas, em virtude de os indivíduos não recolherem de modo igual os benefícios decorrentes da despesa pública em alguns bens.

Quanto aos impostos intencionalmente destorcedores, visam corrigir fracassos de mercado (externalidades negativas, por exemplo) e, como tal, são uma resposta para aumentar a eficiência num mercado.

São exemplos deste tipo de impostos os designados impostos *pigouvianos*, que, como se sabe, são um instrumento fiscal para corrigir externalidades negativas em mercados de bens, forçando a redução da quantidade transacionada pelo comportamento no sistema de preços.

Como impostos *pigouvianos* no sistema fiscal português, temos:

— O imposto sobre o tabaco;
— O imposto sobre o álcool, as bebidas alcoólicas e as bebidas adicionadas de açúcar;
— O imposto sobre produtos petrolíferos.

---

[214] Os impostos não destorcedores são de montante fixo, independentes do rendimento e do momento em que são cobrados, o que, para o consumidor, torna indiferente pagá-lo no presente ou no futuro.

Quanto aos impostos destorcedores, variáveis em função do rendimento, os consumidores são tentados a alterar a distribuição temporal dos rendimentos, o que pode, por exemplo, levar a um aumento do consumo no curto prazo quando há uma redução dos impostos sobre o rendimento.

Verifica-se facilmente que os referidos impostos dizem respeito a mercados onde se identificam externalidades negativas na produção ou consumo.

A nível macroeconómico, qual será o efeito no PIB de um aumento dos impostos?

4.3.5.3 Efeito de um aumento dos impostos

Sendo Y o rendimento; C, o consumo privado; G, o gasto público; Tr, transferências do Estado para as Famílias; T, o montante dos impostos; I_P, investimento privado; I_E, investimento do Estado e Yd, rendimento disponível, então, e utilizando o modelo keynesiano com o Estado e não aberto, sabemos que:

$Y = C + G + I_P + I_E$, donde

$C = \bar{C} + cY_d$ ($\bar{C}$: consumo autónomo)

$Yd = Y - T + Tr$

$I_P = \bar{I}_P$

$T = \bar{T} + tY$

$Tr = \bar{Tr}$

$G = \bar{G}$

$I_E = \bar{I}_E$, sendo $\bar{I}_P + \bar{T} + \bar{Tr} + \bar{I}_E$ e $\bar{G}$ exógenas, ou seja, não dependem dos fatores considerados no modelo.

Com as referidas equações, podemos resolver o modelo em ordem a Y, variável endógena, cuja evolução poderemos analisar quando se alteram algumas variáveis das finanças públicas.

Assim, temos:

$$Y = \frac{\bar{C} - c\bar{T} + c\bar{T}r + I_P + I_E + \bar{G}}{1 - c(1-t)}$$

Então, um aumento dos impostos ($\bar{T}$) acrreterá a seguinte variação de Y:

$\Delta Y = \dfrac{-c\Delta\bar{T}}{1-c\,(1-t)}$, ou seja, o aumento de uma unidade dos impostos provoca uma diminuição do rendimento de $^{-c}/_{1-c(1-t)}$, que é mais do que proporcional se $c > \dfrac{1}{2-t}$.

Porém, se o Estado transferir o aumento dos impostos para as famílias mais desfavorecidas, verificar-se-á, *ceteris paribus*[215], a seguinte variação de Y: $\Delta Y = \dfrac{c\Delta\bar{T}r}{1-c(1-t)}$, isto

[215] *Ceteris paribus*: «o resto permanece constante», ou seja, com exceção da variação considerada para uma dada grandeza, não se alteram os valores das restantes.

é, se *ex ante* $\Delta\overline{Tr} = \Delta\overline{T}$, então as variações são simétricas, o que implica uma redistribuição de rendimentos, sem qualquer alteração no saldo orçamental, como iremos demonstrar.

Suponha-se que o saldo orçamental é dado pela seguinte expressão e que é igual a 0: $\overline{T} + tY - \overline{G} - \overline{Tr} - \overline{I}_E = 0$

Derivando em ordem a $\overline{Tr}$ e $\overline{T}$, temos:

$$t\frac{\partial Y}{\partial \overline{T}}d\overline{T} - t\frac{\partial Y}{\partial \overline{Tr}}d\overline{T}r = 0, \text{ pelo que}$$

$$t\frac{1-c}{1-c(1-t)}d\overline{T} - t\frac{1-c}{1-c(1-t)}d\overline{T}r = 0, \text{ donde}$$

$$t\frac{1-c}{1-c(1-t)}d\overline{T} = t\frac{1-c}{1-c(1-t)}dTr.$$

Resolvendo, por exemplo, em ordem a $\frac{d\overline{T}}{dTr}$, vem $\frac{d\overline{T}}{d\overline{T}r} = 1$, pelo que o saldo orçamental não sofre qualquer alteração.

4.3.5.4 Efeito de uma variação conjunta dos gastos públicos e dos impostos

Como já vimos, o rendimento nacional pode ser dado pela seguinte expressão:

$$Y = \frac{\overline{C} - c\overline{T} + c\overline{T}r + \overline{I}_P + \overline{I}_E + \overline{G}}{1 - c(1 - t)}$$

Daqui conclui-se que a política orçamental terá um efeito expansionista se se verificar o seguinte: $\frac{\partial Y}{\partial \overline{T}}d\overline{T} + \frac{\partial Y}{\partial \overline{G}}d\overline{G} > 0$

Para verificar se esta condição é verdadeira, há que substituir $\frac{\partial Y}{\partial \overline{T}}$ *e* $\frac{\partial Y}{\partial \overline{G}}$ pelos respetivos multiplicadores. Assim, e porque $c > 1$, tem-se: $-\frac{c}{1-c(1-t)}d\overline{T} + \frac{1}{1-c(1-t)}d\overline{G} > 0$,

pelo que $\frac{1}{1-c(1-t)}d\overline{G} > \frac{c}{1-c(1-t)}d\overline{T}$ e resolvendo em relação a $\frac{d\overline{G}}{d\overline{T}}$ vem:

$\frac{d\overline{G}}{d\overline{T}} = \frac{c[1-c(1-t)]}{1-c(1-t)}$ (1) pelo que $d\overline{G} > c \times d\overline{T}$. Isto é, para que haja um efeito expansionista, é necessário que a variação ocorrida nas despesas públicas seja superior a c% da variação dos impostos.

Qual será a consequência na economia se $d\bar{G} = d\bar{T}$?

Haavelmo[216] — Prémio Nobel da Economia em 1989 — demonstrou que, mesmo numa situação em que o orçamento se mantenha equilibrado, isto é, se um aumento nas despesas públicas é acompanhado de igual aumento dos impostos, acaba por ter um efeito expansionista sobre a economia. É o designado **Teorema de Haavelmo**.

Tendo em atenção que $d\bar{G} = d\bar{T}$, então da expressão (1) resulta:

$\frac{d\bar{G}}{d\bar{T}} > c \iff 1 > c$, o que é obviamente verdadeiro, uma vez que a propensão marginal ao consumo é inferior à unidade, mostrando, assim, que o rendimento[217] aumenta quando $d\bar{G} = d\bar{T}$.

Qual a importância prática deste teorema?

Significa, por um lado, que as autoridades podem fazer aumentar o nível de atividade económica, mesmo mantendo o equilíbrio orçamental.

Por outro lado, o teorema de Haavelmo contradiz não só a neutralidade do equilíbrio orçamental, mas também a ideia de que o Estado só desenvolve a sua atividade recorrendo aos défices ou reduzindo excedentes.

Há, porém, algumas críticas a este teorema, entre as quais:

a) Implica um montante excessivo de gastos ou de impostos, porque poder-se-ia obter o mesmo aumento do rendimento com menos gastos públicos ou, em alternativa, com diminuição da tributação, embora com um desequilíbrio orçamental (que não é um objetivo na Zona Euro). Isto porque os multiplicadores isolados de G e de T provocam variações de renda mais elevadas do que quando atuam conjuntamente (em orçamento equilibrado);
b) No modelo keynesiano, as transferências do Estado para os particulares deixam de ser exógenas e tornam-se endógenas.

   Com efeito, de $T - G - I_E - Tr = 0$, vem, com I_E constante, $T = \bar{T} + tY$, $\underline{G} > 0$ e $Tr > 0$:

---

[216] «Multiplier Effects of a Balanced Budget», Econometrica, 1945, Trygve Haavelmo.

[217] O aumento do rendimento ΔY é igual ao aumento da despesa (ΔY) ou dos impostos (ΔT), como se demonstra, com S_0 igual ao saldo orçamental. $\Delta So = 0 \iff \Delta T = \Delta\bar{G}$, ou seja: $\Delta Yd = \Delta Y - \Delta T - \Delta G$, o que implica, em virtude de $\Delta Y_d = 0$, pois não houve qualquer aumento, então

Ou, de outro modo:

Sabendo-se que, para o rendimento de equilíbrio (Y) com o orçamento equilibrado (So=0),

$Y = \frac{\bar{C}}{1-C} + \left(\bar{G} + I_E\right)$, então $\frac{\partial Y}{\partial G} = 1$, pelo que Y aumenta no mesmo montante que o gasto público.

$\bar{G}$

$T\Delta Y - \Delta G - \Delta Tr = 0$. Mas como , então obtemos: $\Delta Tr = (t - 1)\Delta G$.

Porém, como $t > 1$, a variação das transferências é negativa. Ou seja, para aumentar o nível de atividade através de um aumento dos gastos públicos, mantendo-se o equilíbrio orçamental, é necessário reduzir as transferências, o que não é fácil nas sociedades atuais. Daí a pequena margem de atuação que os governos têm para utilizar as finanças públicas para aumentar o nível de atividade económica quando se impõe o equilíbrio orçamental;

c) O equilíbrio orçamental implica também a instabilidade conjuntural, impedindo a ação dos estabilizadores automáticos (efeito exercido sobre a procura global pela reação espontânea do orçamento face às flutuações conjunturais), quer em situações de recessão quer em situações de sobreaquecimento.

Para terminarmos o assunto em análise, uma questão se levanta: em situação de equilíbrio orçamental, o acréscimo de rendimento (ΔY) é sempre igual ao aumento dos gastos (ΔG)?

Recordamos o que escreveu Rendhal (2012), em *A time to spend: new insights into the multiplier effect*, ed. Giancarlo Corsette:

> ... verificadas três condições, o multiplicador dos gastos pode ultrapassar o valor de 1, qualquer que seja o modo de financiamento. A primeira condição é a de que a economia esteja numa situação de armadilha de liquidez. Quando as taxas de juro estão próximas de zero, as reservas em caixa e as obrigações tornam-se substitutos perfeitos.
>
> Um dólar emprestado já não é mais um dólar recebido por empréstimo e o dinheiro é, antes, acumulado.
>
> Nestas circunstâncias, as normas económicas mudam.
>
> Um dólar gasto pelo Estado deixa de ser um dólar a menos gasto noutro lado qualquer. Ao invés, é menos um dólar guardado no colchão. A segunda condição é a de existência de uma alta taxa de desemprego. Na verdade se o desemprego se encontra próximo da sua taxa natural, não é provável que o aumento da despesa se traduza num aumento substancial do *output*. Pelo contrário, com desemprego elevado, o aumento da procura pelo Estado conduz, com elevada probabilidade, ao aumento da produção, com efeitos negligenciáveis sobre os preços. O efeito *crowding-out* é também desprezável nesta situação. A terceira condição é a persistência do desemprego. O aumento da despesa financiado pelo aumento dos impostos conduz ao crescimento do PIB, diminuindo a taxa de desemprego, quer presente quer futura. O efeito estimado do multiplicador, em tais circunstâncias, corresponderá, segundo o mesmo autor,

a um valor inverso da elasticidade da substituição intertemporal (parâmetro que geralmente assume o valor de 0,5 ou menos). Ou seja, o multiplicador orçamental pode atingir o valor de 2.

4.4 A classificação de impostos da OCDE

Como temos visto, as diversas classificações de impostos são, por norma, dicotómicas, que, apesar de úteis para determinados efeitos de análise, não são suficientemente descritivas das realidades, pelo que Xavier de Basto, em obra citada, refere:

«Uma verdadeira taxonomia fiscal, isto é, uma chave de classificação que permita o enquadramento de todos os tributos, sem deixar resíduos, e os agrupa em relativamente poucas classes homogéneas, é tanto mais útil quanto mais geralmente aceite for. É por isso que as principais tentativas de classificação de tributos têm origem em organizações internacionais».

É exemplo a classificação da OCDE, que inclui seis classes de impostos, cada uma das quais é suscetível de desagregação a três dígitos.

As seis classes[218] principais (*main headings*, na expressão inglesa) são:

1000	Impostos sobre os rendimentos, os lucros e mais-valias
2000	Contribuições para a Segurança Social
3000	Imposto sobre salários e mão de obra
4000	Impostos sobre o património
5000	Impostos sobre bens e serviços
6000	Outros impostos

Cada uma das referidas classes desagrega-se em várias subclasses.

Analisadas classificações de impostos mais usados, vamos, de seguida, analisar os momentos da técnica tributária.

[218] Para maior desenvolvimento, ver Revenue Statistics of OECD Member Countries, publicada anualmente pela OCDE.

4.5 Os «momentos da vida do imposto»[219]

A exigência de um imposto supõe, em primeiro lugar, que se definam os factos a que se associa a obrigação de o pagar, bem como as pessoas a ele sujeitas e que hão de pagá-lo. As normas que definem estes dois primeiros «momentos da vida do imposto» são as chamadas normas de incidência. Umas são as designadas normas de incidência real, ou objetiva, que são as que definem os factos ou situações a que se liga a obrigação de pagar o imposto — designados factos geradores ou pressupostos de facto do imposto — e as normas de incidência pessoal ou subjetiva, ou seja, as que identificam os obrigados tributários ou sujeitos passivos do imposto[220].

As normas de incidência definem, assim, o campo de aplicação, objetivo e subjetivo, do imposto. Porém, não o definem completamente, porque, geralmente, outras normas — as designadas normas de isenção — excluem desse campo certos factos ou pessoas. Há, por isso, que olhar conjuntamente as normas de incidência e as normas de isenção, para conhecer com rigor o campo de aplicação do imposto.

No que respeita às isenções, as normas também se dividem em normas de isenção real ou objetiva[221] — as que excluem de imposição certas situações abrangidas em primeira linha, pelas normas de incidência real — e em normas de isenção pessoal ou subjetiva[222] — as que afastam da obrigação de pagar o imposto certas pessoas, abrangidas, em primeira linha, pelas normas de incidência pessoal.

Identificados os factos geradores e os sujeitos passivos, há que definir o valor sobre o qual recai o imposto, isto é, as normas de determinação da matéria coletável ou do valor tributável (expressão utilizada no CIVA)[223].

---

[219] Seguimos, de perto, Xavier de Basto, *Fiscalidade*, Faculdade de Economia da Universidade de Coimbra.

[220] A Lei Geral Tributária (LGT) define, no n.º 3 do artigo 18.º, sujeito passivo como «a pessoa singular ou coletiva, o património ou a organização de facto ou de direito que, nos termos da lei, está vinculado ao cumprimento da prestação tributária, seja como contribuinte direto, substituto ou responsável».

Acerca da substituição fiscal e dos responsáveis fiscais, ver respetivamente artigos 20.º e 22.º da LGT.

[221] Por exemplo, o n.º 1 do artigo 9.º do Código sobre o valor Acrescentado (CIVA) isenta de imposto «as prestações de serviços efetuadas no exercício na sua atividade por protésicos dentários».

[222] Por exemplo, a alínea b), do n.º 1 do artigo 9.º do Código do Imposto sobre o Rendimento das Pessoas Coletivas (CIRC) isenta de impostos «as associações e federações de municípios e as associações de freguesia que não exerçam atividades comerciais, industriais ou agrícolas».

[223] O artigo 81.º da LGT refere, no seu n.º 1, «a matéria tributável...».

Determinada a matéria coletável, há que definir a taxa de imposto, ou seja, a percentagem da matéria coletável[224] que constitui o montante a entregar ao Fisco.

Mas como escreve Cardoso da Costa[225], «estabelecidos através destas normas os elementos essenciais do imposto — os elementos que lhe definem a fisionomia típica —, importa seguidamente pôr em execução as mesmas normas, identificando, nos seus elementos e conteúdo, as situações concretas que cabem no modelo abstrato da previsão legal».

Para este efeito, terá de existir uma atividade administrativa a cargo da administração fiscal, que, em colaboração com os contribuintes, aplique as normas referidas aos casos concretos. Essa atividade, num Estado de Direito, está, obviamente, regulada por lei. As normas que a se refere são normas de lançamento e liquidação, sendo o lançamento a atividade que se traduz na identificação concreta dos contribuintes e no cálculo da respetiva matéria coletável, enquanto por liquidação se entende a operação final de aplicação da taxa à matéria coletável, com o consequente apuramento da coleta, isto é, do imposto a pagar.

Contudo, ainda não se esgota aqui o conteúdo das normas jurídicas fiscais, porque para garantir o exato cumprimento das obrigações fiscais por parte dos contribuintes é necessário, por um lado, que a administração seja dotada de poderes de fiscalização, que, num Estado de Direito, têm de ser objeto de rigorosa definição e regulamentação. As normas de fiscalização, de acordo com Xavier de Basto, formam, pois, geralmente, um outro capítulo das leis fiscais. Mas, por outro lado, podem suscitar-se, e verificam-se, na realidade, conflitos e contenciosos entre a administração fiscal e os contribuintes, acerca do respeito pelos direitos e obrigações de cada um. Aos contribuintes é reconhecido o direito de reclamar ou recorrer de atos da administração que entendam que lesem os seus direitos, assim como a administração tem o poder de tornar efetivo o seu direito ao imposto através de adequados meios executivos. As normas que disciplinam estas matérias podem ser designadas como normas de contencioso fiscal.

Por último, se as obrigações de pagar o imposto não forem cumpridas, é lógico que haja sanções, geralmente multas administrativas, posto que algumas infrações mais

---

[224] É expressa em percentagem a taxa dos impostos chamados *ad valorem*. Há, contudo, casos em que o montante a pagar é definido, como já foi referido, de outra forma: é o que sucede nos impostos específicos, em que se fixa o próprio montante do imposto, por unidade do bem tributado, pois que a tributação específica tem o seu campo de aplicação mais corrente nos impostos de consumo.

[225] Cardoso da Costa, *Curso de Direito Fiscal*, Coimbra, 1970.

graves possam originar ações de natureza penal. Existe, assim, um outro corpo de normas sobre sanções ou penalidades.

De seguida, analisaremos os momentos do imposto nas diversas tributações do sistema fiscal português.

4.6 Sistema fiscal português. Breve referência

Já referimos que no sistema fiscal português há a considerar a tributação do rendimento, do património, do consumo e outras tributações.

Quanto à tributação do rendimento, esta concretiza-se através de dois impostos: o imposto sobre o rendimento das pessoas singulares[226] (IRS) e o imposto sobre o rendimento das pessoas coletivas (IRC), que atinge especialmente os lucros das sociedades e que, por isso, vem muitas vezes designado por imposto sobre os lucros das sociedades ou, sinteticamente, imposto sobre as sociedades.

Acerca da tributação do património, esta realiza-se através do Imposto Municipal sobre imóveis (IMI), bem como através do imposto do selo (IS), para a transmissão gratuita dos bens, e do Imposto Municipal sobre as transmissões Onerosas de Imóveis (IMT).

No que respeita ao consumo, este é tributado através de um imposto geral sobre o consumo — o IVA — e de diversos impostos especiais (*accise, excise*) sobre o consumo: os IEC (*sin taxes*), considerando-se como tais:

- O imposto sobre o álcool, as bebidas alcoólicas e as bebidas adicionadas de açúcar ou outros edulcorantes (IABA);
- O imposto sobre os produtos petrolíferos e energéticos (CISP);
- O imposto sobre o tabaco.

Para além dos impostos referidos, há ainda no sistema fiscal português:

[226] É um imposto único, atingindo a totalidade do rendimento dos contribuintes, em contraposição com o sistema em que existia uma tributação dita analítica do rendimento, através de impostos diferenciados incidentes sobre os rendimentos das diferentes fontes. Este sistema, que existiu em Portugal até à reforma de 1989, designa-se por tributação cedular ou parcelar do rendimento.

— O imposto sobre veículos (ISV);
— O imposto único de circulação (IUC);
— O imposto do selo.

É também, muitas vezes, considerada a contribuição para a Segurança Social.

Capítulo 5
A Conta Geral do Estado

5.1 Nota introdutória

São inúmeras as entidades públicas ou privadas que, estando integradas na Administração Pública, se regem quer pelo direito público quer pelo direito privado. Uma Administração Pública que em tempos apresentou determinadas limitações, dado que se transformou enquanto Administração básica, para uma Administração que agora cujo papel é atingir resultados, isto inserido num contexto de um Estado moderno onde estão estabelecidos os conceitos de *accountability* e de *value of money*, e também onde o Direito, a Economia e as Finanças Públicas fazem parte.

Há muito que as necessidades fazem parte do contentamento de uma sociedade e, como tal, foram criadas determinadas instituições onde os recursos humanos dedicaram o seu maior tempo no âmbito da defesa, segurança e execução de várias obras para a sociedade; voltando um pouco atrás no tempo, quando havia um sistema de monarquia absoluta que detinha a centralização do poder, o que acabou por mudar com as várias revoluções.

Foi na década de 30 que ocorreu a transição do Estado Liberal para o Estado Social, em que este acaba por ter uma ação mais prestativa. Perante isto, foi necessário expandir os organismos da Administração Pública e, graças a esta alteração, a estrutura acabou por ter de atuar mais sobre a proteção do direito privado.

Foi nos anos 70 que surgiu um novo modelo de Estado e da Administração Pública, ou seja, um modelo em rede cujo objetivo é que o Estado tenha um papel menos interventivo e que haja mais atividade de carácter jurídico-privado. Com isto, o objetivo é que o Estado crie oportunidades em que o sector privado consiga realizá-las. Deste modo, o Estado passa a ter apenas a função de mediador.

Perante o crescimento que o Estado teve, foi necessário aumentar o número de funcionários, o que levou a um aumento da despesa pública. Por seu turno, acabaram por surgir novas teorias, nomeadamente a *new public management*, que consiste numa nova gestão pública, grandes critérios de desempenho, divisão das unidades administrativas, disputa entre agências, o desempenho de práticas de gestão privada, sendo o objetivo fazer mais, mas com menos recursos financeiros.

Durante a sua evolução, e com toda a grandeza que a Administração Pública comporta, esta acabou por se ir modificando; contudo, esta modificação nem sempre foi contínua. Nos anos 90, surge a Governança, um modelo idealizado para melhorar a *performance* das organizações em geral e da Administração Pública em especial, nomeadamente, quanto à eficácia e eficiência e aos rácios de despesa pública.

A Administração Pública, no seu funcionamento e organização, está regulada de forma a evitar a burocratização. Deste modo, para se dar resposta a esta contínua expansão, foram constituídas a Administração Direta e a Administração Indireta do poder central. Para a Administração Autónoma, foram ainda constituídas Instituições Particulares que seguem fins públicos, estando estas subordinadas ao Direito público.

É por meio de exercício de funções que os Estados exercem a sua atividade administrativa e financeira. O que se destaca por função administrativa é a atividade exclusiva dos organismos e indivíduos que, segundo a direção e fiscalização do poder político, realizam em prol do povo, em que as necessidades públicas devem ser cumpridas com racionalidade e economicidade.

A atividade dos órgãos do Estado denomina-se por função legislativa, onde são criadas normas de natureza jurídica. A função jurisdicional assume-se como aquela a quem compete julgar os factos ao aplicar a lei vigente.

O controlo externo é uma das funções do Estado, que é realizada de forma autónoma e independente. Conforme a Constituição da República Portuguesa (CRP) prescreve — o artigo 214.º e a Lei 98/97, de 26 de agosto (LOPTC) — consagra, o Tribunal de Contas (TC) é o órgão de controlo financeiro por excelência em Portugal, efetuando o controlo externo de forma independente da atividade financeira, no campo da despesa e da receita pública[227]. Quanto à organização, estrutura e poderes, existem três sistemas: o Sistema de Tribunal de Contas; o Sistema de Auditor e o Sistema Misto, Tribunal de Contas e Auditor-Geral. Fazem ainda parte da sede do Tribunal três secções: a 1.ª faz previamente uma fiscalização e, em determinados casos, concomitante, a 2.ª Secção efetua uma fiscalização concomitante e sucessiva, a 3.ª Secção é responsável pelo julgamento dos processos. O Tribunal de Contas tem a seu cargo emitir pareceres sobre

[227] *Vide* Varela, Pedro, «A independência do Tribunal de Contas», in Gameiro, António R. (Org.) (2021), *O Controlo Financeiro Externo do Estado*, Almedina, pp. 107-132.

a Conta Geral do Estado, abrangendo também a da Segurança Social, a fiscalização prévia e a fiscalização sucessiva[228].

Em Portugal, a relação entre o Parlamento e o TC tem-se intensificado muito, à semelhança do acontece noutros Estados na União Europeia e internacionalmente, apesar de o caminho ter vindo a apresentar, por vezes, alguns constrangimentos, nomeadamente, pela fraca ineficácia na implementação da Lei de Enquadramento Orçamental (LEO) por parte do Governo[229].

No âmbito do controlo político, está atualmente previsto na LEO em vigor que a Assembleia da República (AR) acompanhe a execução do Orçamento do Estado e dos demais orçamentos da Administração Central — ECE[230] — e aprove a Conta Geral do Estado (Gameiro, 2020). Do mesmo modo e no mesmo sentido, compete à Assembleia da República aprovar em cada ano duas auditorias a serviços do Estado a realizar pelo Governo e solicitar ao TC também a auditoria a dois organismos do Sistema de Controlo Interno (SCI), sem prejuízo de poder solicitar àquele Tribunal auditorias suplementares. O TC envia obrigatoriamente à AR os seus relatórios finais referentes ao exercício das suas competências de controlo orçamental e financeiro.

A AR pode solicitar ao Governo, nos termos previstos na Constituição e no Regimento da Assembleia da República, a prestação de quaisquer informações suplementares sobre a execução do Orçamento do Estado. Além disso, o TC, enquanto órgão de assessoria técnica, pode fornecer à AR, quando lhe for solicitado — n.º 5 do artigo 75.º da LEO:

- Informações técnicas relacionadas com as respetivas funções de controlo financeiro;
- Relatórios intercalares e pareceres sobre os resultados do controlo da execução do Orçamento do Estado ao longo do ano;
- Informações técnicas ou esclarecimentos necessários ao controlo da execução orçamental, à apreciação do Orçamento do Estado e parecer sobre a Conta Geral do Estado.

---

[228] *Cfr.* Gameiro, António R., Costa, Nuno Moita da, Pimentel, Liliana Marques (2020), *As Finanças Públicas e o seu Controlo*, Almedina, pp. 93-156.

[229] *Cfr.* os diversos relatórios de auditoria e acompanhamento do Tribunal de Contas desta reforma, entre os quais o Relatório n.º 25/2019 e o Relatório n.º 14/2021, 2.ª Secção, de 25 de novembro.

[230] Conceito analisado no Capítulo 2, ponto 2.4.3.

A Conta Geral do Estado, por se tratar de um documento que faz um registo *ex post* da execução orçamental, representa a «síntese de toda a execução do orçamento durante o período financeiro»[231], pois esta não se concretiza em qualquer previsão, como acontece no caso do OE. A CGE é muito mais do que um registo ou uma síntese orçamental, ela constitui, sobretudo, «um meio de controlar as operações em que consistiu essa execução e de responsabilizar os seus agentes pela fiscalização a *posteriori*»[232]. Aliás esta linear conceção, desde então, não foi mais abandonada pela doutrina[233], tendo no mesmo sentido José Tavares sublinhado que as contas são o reflexo, o espelho da atividade financeira e têm ainda uma função especial no controlo e no apuramento de responsabilidades[234].

Nesta perspetiva, para nos aproximarmos com rigor da definição concreta do conceito de Conta Geral do Estado e conhecer as operações financeiras espelhadas nela em cada ano, torna-se imperioso iniciar esse caminho analisando o conteúdo dos artigos 62.º e 66.º da LEO e dos artigos 41.º, 42.º e 43.º da Lei n.º 98/97, de 26 de agosto (LOPTC). Nesta sede, estes dispositivos normativos estabelecem a exigência do reflexo: *i)* da execução orçamental, em razão das receitas e despesas efetivamente realizadas; *ii)* da situação de tesouraria, espelhando as cobranças e pagamentos realizados, as reposições abatidas nos pagamentos e os movimentos e saldos das contas e as caixas de Tesouraria do Estado; *iii)* da situação patrimonial, refletindo o resultado da aplicação do produtos dos empréstimos do Estado e o movimento da dívida pública, bem como; *iv)* dos fluxos financeiros do Estado num dado económico.

Na verdade, toda esta realidade se deve encontrar refletida nos mapas definidos no artigo 42.º da LEO e nas demonstrações orçamentais e financeiras definidas no artigo 43.º da LEO, uma vez que, nos termos do artigo 62.º, se consagra o princípio de que o Estado organiza uma contabilidade que proporcione uma imagem cabal, verdadeira e apropriada da execução orçamental, pois vai muito para além do previsto no Orçamento do Estado, uma vez que a CGE contém a situação da tesouraria, dos fluxos financeiros e da situação patrimonial do Estado.

Estamos perante um documento de natureza constitucional-financeira que traduz um reporte, um registo e uma demonstração global responsabilizante de toda a ativi-

---

[231] Franco, António L. de Sousa (1998), *Finanças Públicas e Direito Financeiro*, vol. I, 4.ª ed., 6.ª reimp., Almedina, p. 337.

[232] *Idem*, p. 474.

[233] Martins, Guilherme D'Oliveira *et al.* (2007), *A Lei de Enquadramento Orçamental, anotada e comentada*, Almedina, p. 316.

[234] Tavares, José F. F. (2004), *Estudos de Administração e Finanças*, Almedina.

dade financeira do Estado, elaborado pelo Governo e colocado ao dispor do controlo técnico-jurisdicional e parlamentar, na medida em que cabe ao Tribunal de Contas pronunciar-se através do parecer[235] sobre o conteúdo da mesma e à Assembleia da República aprovar ou rejeitá-la — artigo 166.º n.º 5, da CRP, em razão desse parecer, do Relatório da UTAO e da avaliação política realizada pelos 230 deputados[236].

Assim, em Portugal, a entidade — AR — que aprova o Orçamento do Estado, julga e aprova também o resultado da execução orçamental espelhada na CGE e responsabiliza politicamente o Governo pelos seus resultados, sendo que, no caso de a CGE ser rejeitada, isso significa uma desautorização do Governo e uma censura à sua capacidade política e eventualmente resultaria na abertura de diversos processos de avaliação, averiguação, auditoria e até inspeção, bem como ao apuramento das responsabilidades financeiras e uma acesa censura à capacidade política do Governo[237].

O controlo financeiro público executa-se em paralelo à atividade financeira, garantindo o cumprimento das regras e parâmetros determinados pela lei[238].

Por outro lado, a Conta Geral do Estado (CGE) compreende o conjunto das contas relativas às entidades que integraram o perímetro do Orçamento do Estado, tal como definido no artigo 2.º da LEO, compreende um relatório de gestão, as demonstrações orçamentais e financeiras, outros documentos exigidos por lei, como as notas às demonstrações orçamentais e financeiras artigo 65.º da LEO.

É através da prestação de contas, perante os cidadãos, que os titulares do poder político veem renovada a sua legitimidade para o respetivo exercício orçamental seguinte, aliás, como reflexo direto do princípio do consentimento.

É neste paradigma que se sustenta o princípio da transparência, que implica a existência de um dever de informação entre todas as entidades públicas na direta dependência dos princípios da solidariedade recíproca e da estabilidade orçamental. A decisão orçamental deve ter como pressupostos a transparência, a estabilidade e prever

---

235 Artigo 107.º, 162.º e 214.º da CRP e artigo 41.º da LOPTC.

236 A Unidade Técnica de Apoio Orçamental é uma unidade espacializada que funciona sob a orientação da comissão parlamentar permanente em matéria orçamental e financeira, prestando-lhe apoio na elaboração de estuos e documentos de trabalho técnico sobre gestão orçamental e financeira pública — Lei n.º 13/2010, de 19 de julho.

237 Franco, António L. de Sousa (1998), *Finanças..., ob. cit.*, p. 296.

238 A questão do controlo financeiro previsto na LEO já foi anteriormente aprofundada nos pontos 3.4 e 3.5 no Capítulo 3.

a responsabilização dos atores financeiros. O processo orçamental deve ser transparente, para um maior controlo e fiscalização e responsabilização efetiva[239].

A obrigação de prestar contas perante o Tribunal de Contas envolve também os conceitos de transparência e *accountability*. As entidades, para cumprirem essa responsabilidade, têm como obrigação a transparência, nomeadamente o dever de prestar contas aos *stakeholders*, e a responsabilidade e conformidade, em relação aos seus atos, decisões e resultados[240].

Porém, em Portugal, repetimos o que já sublinhámos em 2004[241]: a CGE não tem, infelizmente, o tratamento constitucional e regulamentar que merece, pois quer o Regimento da AR quer a vontade política da Mesa da Assembleia da República e dos líderes partidários está muito longinquamente colocada das exigência de um verdadeiro controlo parlamentar das Finanças Públicas, o que tem suscitado em cascata um diminuto interesse dos deputados nestas matérias[242], dado que a maioria das vezes a CGE foi aprovada intempestivamente, num debate reduzido em Plenário a uns meros e efémeros minutos, o que implicou quase sempre debates muito superficiais, em que o seu conteúdo foi menorizado e até totalmente menosprezado[243].

5.2 A Conta Geral do Estado

Nos termos da Constituição e da Lei, compete ao Tribunal de Contas emitir o parecer acerca da Conta Geral do Estado[244], da Conta da Assembleia da República, das Contas das Regiões Autónomas, das Assembleias Legislativas das Regiões Autónomas e da

---

239 Sobre a responsabilidade financeira pública, veja-se Gameiro, António R. (Org.) (2021), «A Responsabilidade Financeira Pública: Sua modernidade», in *O Controlo Financeiro Externo do Estado*, Almedina, pp. 11–44.

240 Gameiro, António R. (2004), *O Controlo Parlamentar das Finanças Públicas em Portugal (1976–2002)*, Almedina, pp. 171–226.

241 *Idem*, pp. 171–226.

242 Rolo, Filomena Maria de Oliveira (2005), «A qualidade da Prestação de Contas Públicas em Portugal», dissertação de mestrado em Administração e Políticas Públicas— ISCTE, *Revista do Tribunal de Contas*, n.º 46, julho/dezembro, pp. 87–164.

243 Sousa, Zaida Cristina Vieira de (2011), *O que é divulgado da avaliação da Conta Geral do Estado junto cidadão?*, pp. 50–53, dissertação de mestrado em Administração e Políticas Públicas — ISCTE. www.iscte.pt

244 *Vide* n.º 2 e n.º 3 do artigo 41.º da Lei n.º 98/97, de 26 de agosto (LOPTC). No parecer está incluído um juízo sobre temas como a legalidade e correção financeira dos valores referidos na CGE, bem como as recomendações ao Governo, o objetivo é que as deficiências detetadas sejam solucionadas para que não

Conta da Segurança Social[245]. Nestes pareceres é avaliada toda a atividade financeira do Estado, nos termos dos artigos 66.º e 67.º da LEO.

Estão incluídas na CGE[246] várias contas, nomeadamente Administração Central (dos serviços integrados (SI) e dos serviços e fundos autónomos (SFA)), entidades públicas reclassificadas (EPR) e a Conta da Segurança Social. A CGE também abarca várias contas respeitantes às entidades constantes no perímetro do Orçamento do Estado[247], onde existe um relatório, demonstrações financeiras e orçamentais, bem como vários apontamentos às demonstrações orçamentais e financeiras[248]. O apuramento final das contas é efetuado com base nos trabalhos efetuados pela DGO, pelo Tribunal, juntamente com as entidades executoras e as auditorias realizadas em áreas de gestão e execução orçamentais[249].

No início do ano (ano N-1), é efetuado o orçamento, ou seja, o que antecede o ano a que o OE se refere (ano N). O OE é elaborado pelo Governo que incorpora todos os Ministérios; com estes, prepara uma estratégia orçamental a longo prazo, onde ficam estipuladas as prioridades de política e distribuição dos recursos e metas estipuladas para o OE[250]. É elaborada a Proposta de Lei do Orçamento do Estado sob proposta do Governo, que num prazo de 50 dias discute e aprova a Proposta de Lei do OE, nos termos do 38.º da LEO[251].

---

haja perturbações que afetem o processo orçamental, a credibilidade das demonstrações orçamentais financeiras, a transparência da conta e os sistemas de controlo.

[245] *Ver* artigo 214.º da CRP, artigo 41.º da Lei n.º 98/97, de 26 de agosto.

[246] Note-se que é um documento em que se pode verificar que a execução do Orçamento do Estado coincidiu com as previsões apontadas, tendo também como função apreciar o exercício dos serviços da realização das despesas públicas.

[247] Artigo 2.º e 3.º da LEO.

[248] Artigos 65.º, 66.º e 67.º da LEO, com remissão para os mapas previstos no artigo 42.º da LEO.

[249] Várias entidades executoras, como o Ministério das Finanças e o Ministério do Trabalho, Solidariedade e Segurança Social, disponível em https://www.tcontas.pt/pt-pt/ProdutosTC/PareceresTribunalContas/ParecerCGE/Documents/Ano%20econ%C3%B3mico%20de%202016/pcge2016.pdf (consultado em 24/01/2022).

[250] Lei n.º 151/2015, de 11 de setembro, na redação da sua mais recente revisão pela Lei n.º 41/2020, de 18 de agosto, de onde resulta claro no artigo 33.º e no artigo 34.º a previsão normativa de um planeamento atempado, por via da entrega da atualização do Programa de Estabilidade apreciada no prazo de dez dias após ser apresentada até 15 de abril do ano (ano – N) e da Proposta de Lei das Grande Opções, também apresentada até ao dia 15 de abril do ano (ano – N), que deve ser aprovada até ao limite máximo de 30 dias.

[251] O limite para entrega da Proposta de Lei do OE na AR é a 10 de outubro do (ano – N), nos termos do artigo 36.º da LEO, concatenada com alínea g) do artigo 161.º da CRP.

Esta Proposta de Lei do OE é depois promulgada pelo Presidente da República e, por fim, passa ser a Lei do Orçamento do Estado. Cabe ao Governo executar as despesas e cobrança das receitas conforme o artigo 199.º da CRP e alínea f) do n.º 1 do artigo 200.º da CRP e do Decreto-Lei da Execução Orçamental, determinado na LEO e nos termos da Lei do OE[252]. Já no ano seguinte (ano + N), após a execução do OE, o Governo apresenta a CGE à Assembleia da República, até ao dia 15 de maio[253]. Para melhorar o controlo e um melhor acompanhamento da execução orçamental, interna e externamente à pessoa do Estado, é publicada mensalmente ao longo do ano económico e orçamental uma Síntese de Execução Orçamental, pela Direção-Geral do Orçamento, nos termos da LEO[254].

Neste sentido, até 15 de maio, a CGE é igualmente submetida pelo Governo ao Tribunal de Contas, a quem compete emitir o seu competente parecer e certificar a conta até ao dia 30 de setembro do ano (ano + N), nos termos do artigo 66.º da LEO.

A Assembleia da República aprova a CGE, analisando-a, bem como aos seus demais elementos informativos, à luz do Parecer do Tribunal de Contas.

Não havendo espaço nem lugar nesta sede, não deixamos de enfatizar a intempestividade com que a AR aprova a CGE nem a simplicidade procedimental com que realiza a efetivação de responsabilidades políticas. De realçar, entre muitas outras insuficiências, o tempo destinado à discussão da CGE, do Parecer do Tribunal de Contas e do Parecer da Unidade Técnica de Apoio Orçamental (UTAO), quer em Comissão Parlamentar especializada (Comissão de Orçamento e Finanças) quer em Plenário, que habitualmente, tem mediado entre 12 e 36 minutos, numa grelha de tempos mínima, denotando uma total insensibilidade para o tema por parte da Mesa da AR e dos líderes parlamentares[255].

---

[252] Este Decreto-Lei determina as regras para a execução do Orçamento do Estado. http://www.dgo.pt/politicaorcamental/Paginas/ConhecerProcessoElaboracaoOE/index.html.

[253] Nos termos do artigo 65.º da LEO.

[254] Na Síntese Orçamental são mostrados os valores das receitas cobradas, bem como da despesa realizada no mês anterior, em comparação com o período homólogo. http://www.dgo.pt/politicaorcamental/Paginas/ConhecerProcessoElaboracaoOE/index.html.

[255] Realidade testemunhada factualmente por nós e com que nos confrontamos múltiplas vezes, durante 16 anos de atividade parlamentar (2005–2022), tendo afirmado, por diversas ocasiões, a necessidade de ultrapassar esta falta de rigor no controlo financeiro político democrático e social. Veja-se Gameiro, António R. (2004), *ob. cit.*, pp. 171–240.

O Parecer do TC inclui respostas dos demais serviços. Na CGE, existe um relatório, vários mapas contabilísticos e vários componentes informativos; sendo o principal documento de prestação de contas do Estado, fecha o ciclo orçamental anual[256].

A Lei de Enquadramento Orçamental (LEO) define normas sobre organização, preparação, identificação, argumentação e a votação das contas do Estado, abarcando também a Segurança Social, definindo outras questões como o conteúdo, o prazo para a devida apresentação e a publicação da CGE.

Nos relatórios constam a apresentação da Conta Geral do Estado e a apreciação de vários componentes, como o progresso dos agregados macroeconómicos no decorrer do período da execução orçamental, do progresso da situação financeira do Estado, estando também incluída a da Segurança Social, entre inúmeros aspectos da execução para a justificação da Conta Geral do Estado.

Segundo os artigo 68.º a 72.º da Lei de Enquadramento Orçamental, a execução do Orçamento é sujeita a um controlo administrativo, jurisdicional e político, seguida de responsabilização financeira, isto conforme a Lei Enquadramento Orçamental e da restante legislação, que tem como objetivos a averiguação da legalidade e da regularidade financeira das receitas e das despesas públicas, assim como de uma boa gestão, tanto dos dinheiros públicos como do acumulado da dívida pública e dos encargos com juros que lhe estão associados — artigo 67.º da LEO.

Deste modo, o Parecer do TC emite uma avaliação sobre a legalidade e consequente correção financeira dos valores apresentados na CGE e as orientações formuladas[257] à Assembleia da República ou ao Governo, com o objetivo de se solucionar as limitações que influíam no processo orçamental, a confiabilidade das demonstrações financeiras, dos sistemas de controlo interno e da transparência da Conta[258].

Por isso mesmo, de acordo com o princípio da transparência orçamental, a Conta Geral do Estado (CGE) é disponibilizada ao público, em formato acessível, até ao último dia do mês de maio do ano seguinte ao que diz respeito — artigo 73.º, n.º 3, alínea c), da Lei de Enquadramento Orçamental.

Segundo o *Manual de Auditoria e Princípios Fundamentais do Tribunal de Contas*, em determinadas circunstâncias, poderá ter de se incluir no relatório um parágrafo deno-

---

[256] Lei n.º 41/2014, de 10 de julho, oitava alteração à Lei n.º 91/2001, de 20 de agosto (lei de enquadramento orçamental).

[257] Desta forma, este tipo de controlo representa uma contribuição para a estabilidade da vida financeira. Tavares, José F. F. (1998), *Avaliação, controlo, avaliação e responsabilidade*, Lisboa, 1.º encontro INA, p. 6.

[258] Artigos 73.º e 76.º da LEO e nos termos do artigo 41.º, n.º 2, da Lei n.º 98/97, de 26 de agosto.

minado de *ênfases*, com o intuito de «alertar» para uma situação de importância acrescida no que respeita a contas ou outro tema não abordado no relato financeiro, e que é pertinente para a auditoria, das obrigações do auditor e do relatório do mesmo[259].

5.3 A essência dos destaques e das recomendações

Quanto à etimologia, *recomendação* provém do latim — *commendare, recommendare* —, indicando ato de recomendar, e que significa alguém de confiar algo a alguém, por exemplo, uma missão, que seja merecedor de acatamento[260].

Destacando a atividade do Tribunal de Contas e a sua ação na atividade administrativa e financeira das entidades perante o seu controlo, a recomendação do Tribunal de Contas é uma ação de um órgão público, no cumprimento dos seus poderes de controlo da legalidade, da boa gestão financeira, por meio de verificação de certas situações, onde indica, sugere e incentiva os órgãos que são controlados a seguir um determinado caminho, de maneira a que se consiga retificar certas situações, evitando que estas surjam no futuro[261].

Deste modo, as *recomendações* do Tribunal de Contas servem para garantir, certificar e cooperar no desempenho da atividade administrativa e financeira pública[262], para que este seja o mais exemplar possível. Da mesma forma, a Lei n.º 98/97, de 26 de agosto, antecipa, em vários artigos, o poder deste Tribunal para *elaborar recomendações,* ao longo da sua atividade à Assembleia da República ou ao Governo, de modo a serem colmatadas as limitações de gestão orçamental, dívida pública, tesouraria e até o funcionamento de vários inúmeros serviços[263].

---

[259] *Manual de Auditoria Princípios Fundamentais do Tribunal de Contas*. Disponível em https://www.tcontas.pt/pt-pt/NormasOrientacoes/ManuaisTC/Documents/mapf_20161107.pdf

[260] *Vide* Adriano Moreira (1983), «Conceitos Operacionais», *in Polis*, vol. I, Ed. Verbo, pp. 1062-1063. Ferreira, Silvestre Pinheiro (1996), *Preleções*, Ed. INCM, Lisboa, p. 43. Mencionado por Tavares, José F. F. (2001), «Reflexões sobre o conceito, a natureza e o regime das recomendações do Tribunal de Contas». *In Separata de estudos em homenagem a Cunha Rodrigues*, p. 722.

[261] *Vide* José F. F. Tavares (2001) «Reflexões sore o conceito, a natureza e o regime das recomendações do Tribunal de Contas», *in Separata de estudos em homenagem a Cunha Rodrigues*, p. 723.

[262] *Idem*, p. 723.

[263] No n.º 3 do artigo 41.º da Lei n.º 98/97, de 26 de agosto, no relatório e Parecer sobre a Conta Geral do Estado, existe a possibilidade de serem colocadas recomendações à Assembleia da República ou ao Governo.

As recomendações são o seu foco, a sua estrutura essencial[264]. As recomendações do TC não são decisões nem pareceres, mas sim ações de um órgão jurisdicional, incluindo um *juízo* contestável[265], no que respeita a certas situações financeiras ou organizacionais. No entanto, indica aos seus destinatários determinados caminhos, para que se consiga reparar essas situações ou até prevenir o seu aparecimento no futuro[266].

Uma recomendação do TC é um ato de um Tribunal. Não é um ato jurisdicional, mas sim uma função que tem como objetivo assegurar que os atos efetuados no exercício da sua atividade sejam adaptados aos objetivos que se pretende alcançar e as normas a que se tem de obedecer[267].

Desta forma, uma recomendação do TC é vista como um ato externo que faz parte do desempenho das suas funções de controlo, estando sempre presente a sua posição referente a certos atos ou situações merecedoras de destaque, mais concretamente sobre a atividade financeira pública, dado que poderão ser necessárias medidas para corrigir eventuais erros, tendo em conta uma melhor defesa do interesse público[268].

Finalmente, as recomendações do TC podem incidir sobre contratos ou atos[269], ou até sobre o funcionamento e atividade de entidades que são «reféns» do seu controlo[270]. Estas recomendações simbolizam instruções ou ordens que os destinatários têm o dever de as acatar. No entanto, este dever pode ou não ser exercido e, em caso de não ser cumprido por circunstâncias que o provem, em qualquer dos casos, há sempre lugar a responsabilidade; esta, por sua vez, pode ser política, civil, social ou financeira[271].

Estas recomendações constituem mais responsabilização para as entidades que intervêm. Posto isto, as recomendações são um método exigente do exercício de controlo, isto é, tanto para quem controla como para aquele que é controlado, havendo lugar a resultados positivos — cidadãos, *maxime*, os cidadãos contribuintes[272]. As reco-

[264] *Vide* José F. F. Tavares, «Reflexões», *op. cit.*, p. 724.

[265] Ver *Manual de Auditoria Princípios Fundamentais do Tribunal de Contas*, p. 106, juízo de auditoria. Disponível em https://www.tcontas.pt/pt-pt/NormasOrientacoes/ManuaisTC/Documents/mapf_20161107.pdf

[266] *Vide* José F. F. Tavares, «Reflexões...», *op. cit.*, p. 723.

[267] *Idem*, pp. 728-729.

[268] *Idem*, p. 729.

[269] Artigo 44.º da Lei n.º 98/97, de 26 de agosto.

[270] Artigo 41.º, n.º 3, da Lei 98/97, de 26 de agosto.

[271] *Vide* José F. F. Tavares, «Reflexões...», *op. cit.*, pp. 731-732. Veja-se, igualmente, o artigo 57.º da Lei n.º 98/97, de 26 de agosto, e o artigo 68.º da LEO.

[272] *Vide* José F. F. Tavares, «Reflexões...», *op. cit.*, p. 734.

mendações previstas nos pareceres do TC recaem sobre a legalidade, retificação de valores, economia, eficácia e credibilidade dos sistemas de controlo interno e outras[273].

5.4 As recomendações e as ênfases: estudo comparado da sua eficácia da última década

As recomendações emanadas pelo Tribunal de Contas visam corrigir os constrangimentos verificados ao nível da fiabilidade da Conta Geral do Estado. Uma perspetiva bastante generosa e lata é a que nos é facultada pela avaliação do nível de aceitação das recomendações não acolhidas pela AR e/ou Governo[274]. De seguida, apresenta-se o registo do grau geral de acolhimento das recomendações no período temporal 2007-2017:

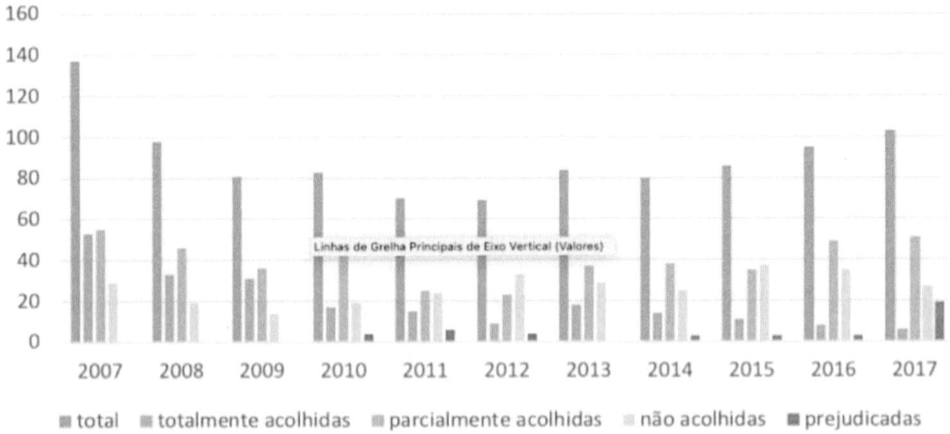

Fonte: Elaboração própria

[273] Artigo 41.º, n.º 2 e n.º 3, da Lei n.º 98/97, de 26 de agosto.

[274] De referir que as recomendações são sempre dirigidas ao Governo. Ainda assim, no parecer da CGE do ano de 2007, são mencionadas três recomendações à AR, bem como no ano de 2010 é mencionada igualmente uma recomendação à AR.

a) Na X Legislatura, na Conta Geral do Estado 2007, está mencionada, no Relatório, a avaliação global em relação ao acolhimento das recomendações, tendo estas sido acolhidas na sua maioria, total ou parcial as recomendações que visaram a AR e o Governo por via dos pareceres das Contas de 2004 e 2005. Reitera ainda a necessidade do acolhimento das recomendações parcialmente acolhidas, bem como da relevância das recomendações não acolhidas, para que seja possível alcançar o propósito de contas públicas fidedignas e transparentes na ótica da melhor gestão do erário público. Sublinhava então o Tribunal de Contas que existe um percurso longo a percorrer para que a Conta Geral do Estado possa ser o reflexo da atividade financeira e patrimonial do Estado. Neste âmbito, indicou um conjunto de 81 recomendações, algumas das quais já mencionadas em pareceres anteriores[275].

Na figura abaixo, é refletido o grau de acolhimento das recomendações realizadas pela TC no Parecer da CGE:

Fonte: Elaboração própria

[275] Cfr. Relatório do PCGE de 2007, p. 251. Disponível em https://www.tcontas.pt/pt-pt/ProdutosTC/PareceresTribuanalContas/PareceresCGE/Documents/Ano%20econ%C3%B3mico%20de%202007/pcge2007.pdf. (Consultado em 04/11/2019).

Apresentam-se, de seguida, as recomendações não acolhidas:

Tipologia	Em número			Em percentagem		
	Totalmente acolhidas	Parcialmente acolhidas	Não acolhidas	Totalmente acolhidas	Parcialmente acolhidas	Não acolhidas
Legalidade e regularidade	18	16	9	34%	29%	31%
Correção dos valores apresentados na Conta	10	13	9	19%	24%	31%
Economia, eficiência e eficácia da gestão	12	9	2	23%	16%	7%
Fiabilidade dos sistemas de controlo interno	13	17	8	25%	31%	28%
Outras	0	0	1	0%	0%	3%
Total	**53**	**55**	**29**	**100%**	**100%**	**100%**

Fonte: Elaboração própria

Apresentam-se, igualmente, as recomendações não acolhidas, especificamente pela Administração Central e respetivas tipologias.

Tipologia	Recomendações
Legalidade e regularidade. Receita	Recomendação 4-7— PCGE/2005
PIDDAC	Recomendação 38 — PCGE/2005
Benefícios fiscais	Recomendação 75 — PCGE/2005
Dívida pública	Recomendação 93 — PCGE/2005
Operações de tesouraria	Recomendação 106 — PCGE/2005
Fluxos financeiros com a União Europeia	Recomendação 116 — PCGE/2005
Correção de valores apresentados conta receita	Recomendação 11-12-14 — PCGE/2005
Despesa	Recomendação 34-36 — PCGE/2005
PIDDAX	Recomendação 39-40 — PCGE/2005
Economia, eficiência e eficácia gestão PIDDAC	Recomendação 42-43 — PCGE/2005
Fiabilidade dos sistemas de controlo interno, Receita	Recomendação 20-21-21-26-28 — PCGE/2005
PIDDAC	Recomendação 51 — PCGE/2005
Concessão de apoios	Recomendação 62- PCGE/2005
Benefícios fiscais	Recomendação 88 — PCGE/2005
Fluxos financeiros com o sector público empresarial	Recomendação 114 — PCGE/2005

Em 2007, foram igualmente dirigidas três recomendações à Assembleia da República, a saber:

Recomendação 89 — PCGE/2005
Recomendação 90 — PCGE/2005
Recomendação 96 — PCGE/2005

b) Na X Legislatura, na Conta Geral do Estado de 2008, mantendo a mesma linha de pensamento e argumentação, do longo percurso a percorrer com a finalidade de refletir um outro estado qualitativo-financeiro da Conta Geral do Estado, enquanto reflexo da atividade financeira e patrimonial do Estado, no Relatório da PCGE, são formuladas 83 recomendações (57 da Administração Central e 36 Segurança Social), algumas delas já mencionadas em pareceres anteriores.

De seguida, ilustra-se o grau de acolhimento das recomendações:

	Em número	Em percentagem
Totalmente acolhidas	33	34%
Parcialmente acolhidas	46	47%
Não acolhidas	19	19%
Total	**98**	**100%**

Na figura abaixo, identificam-se as recomendações não implementadas por tipologia:

Tipologia	Em número			Em percentagem		
	Totalmente acolhidas	Parcialmente acolhidas	Não acolhidas	Totalmente acolhidas	Parcialmente acolhidas	Não acolhidas
Legalidade e regularidade	15	13	7	45%	28%	37%
Correcção dos valores apresentados na Conta	7	19	6	21%	41%	32%
Economia, eficiência e eficácia da gestão	5	3	1	15%	7%	5%
Fiabilidade dos sistemas de controlo interno	6	11	4	18%	24%	21%
Outras	-	-	1	-	-	5%
Total	**33**	**46**	**19**	**100%**	**100%**	**100%**

Apresentam-se, igualmente as recomendações não acolhidas, organizadas por tipologia:

Tipologia	Recomendações
PIDDAC	Recomendação 19 — PCGE/2006
Dívida pública	Recomendação 40 — PCGE/2006
	Recomendação 43 — PCGE/2006
Património financeiro	Recomendação 47 — PCGE/2006
Fluxos financeiros com o sector público empresarial	Recomendação 57 — PCGE/2006
Fluxos financeiros com a União Europeia	Recomendação 60 — PCGE/2006

Tipologia	Recomendações
Correção dos valores apresentados na Conta Receita	Recomendação 8 — PCGE/2006
Despesa	Recomendação 14 — 15 PCGE/2006
PIDDAC	Recomendação 20 — PCGE/2006
Benefícios fiscais	Recomendação 36 — 37 - PCGE/2006
PIDDAC	Recomendação 21 — PCGE/2006
Fiabilidade dos sistemas de controlo interno Receita	Recomendação 9 — PCGE/2006
Património imobiliário	Recomendação 50 — PCGE/2006
Operações de tesouraria	Recomendação 51 — 55 PCGE/2006
Fluxos financeiros com o sector público empresarial	Recomendação 58 — PCGE/2006

Neste sentido, identificam-se também as recomendações formuladas no relatório do PCGE de 2008:

Tipologia	Recomendações
Consignação de receitas para abertura de créditos especiais	Recomendação 1 — PCGE/2008
Execução e contabilização das receitas	Recomendação 2 — PCGE/2008 Recomendação 3 — PCGE/2008 Recomendação 4 — PCGE/2008
Correção dos valores apresentados na Conta Geral do Estado	Recomendação 5 — 6 — PCGE/2008
Fiabilidade dos sistemas de controlo interno	Recomendação 7 — PCGE/2008

c) **Na X Legislatura, na Conta Geral do Estado de 2009**, o relatório do PCGE reconhece uma avaliação global positiva relativamente às recomendações formuladas no PCGE do Estado de 2007, verificando-se que foram acolhidas e executadas na sua maioria, total ou parcialmente (83%). No entanto, sublinha que, para que a CGE evidencie rigorosamente e de forma transparente a atividade financeira e patrimonial do Estado, muito existe ainda a concretizar. O Tribunal de Contas indica, neste ano, a necessidade de ser dado cumprimento às recomendações não acolhidas e de dar seguimento à implementação das recomendações parcialmente acolhidas, com o propósito da transparência, fidedignidade e fiabilidade das contas do Estado. São, por isso, formuladas pelo Tribunal de Contas 70 recomendações (46 AC e 24 SS).

Sublinhe-se igualmente o grau de acolhimento das recomendações:

	Em número	Em percentagem
Totalmente acolhidas	31	38
Parcialmente acolhidas	36	45
Não acolhidas	14	17
Total	**81**	**100**

Quanto à avaliação do acolhimento das recomendações, conforme a sua tipologia, apresentam-se os seguintes dados:

Tipologia	Recomendações
6.2 — Recomendações formuladas no âmbito da Administração Central 6.2.1 — À Assembleia da República 6.2.1.1 — Dívida pública legalidade e regularidade	Recomendação 28 — PCGE/2009
6.2.2 — Ao Governo e à Administração Central 6.2.2.1 — Processo orçamental legalidade e regularidade	Recomendação 1 — PCGE/2009 Recomendação 2 — PCGE/2009
6.2.2.2 — Execução do orçamento da receita Legalidade e regularidade	Recomendação 3 — 4-5-6-8-9 - PCGE/2009
Correção dos valores apresentados na Conta Geral do Estado	Recomendação 7 — 10-11-12 PCGE/2009
6.2.2.3 — Execução do orçamento da despesa Correção dos valores apresentados na Conta Geral do Estado	Recomendação 13 — 14-15-16-17-18-19-20-21 PCGE/2009
6.2.2.4 — PIDDAC — Correção dos valores apresentados na Conta Geral do Estado	Recomendação 22 — PCGE/2009
Economia, eficácia e eficiência da gestão	Recomendação 23 — 24 PCGE/2009
6.2.2.5 — Apoios financeiros não reembolsáveis Correção dos valores apresentados na Conta Geral do Estado	Recomendação 25 — PCGE/2009
6.2.2.6 — Benefícios fiscais Economia, eficácia e eficiência da gestão	Recomendação 26 — PCGE/2009
6.2.2.7 — Dívida pública — Legalidade e regularidade	Recomendação 27 — PCGE/2009
Correção dos valores apresentados na Conta Geral do Estado	Recomendação 32 — PCGE/2009
Economia, eficácia e eficiência da gestão	Recomendação 29 — PCGE/2009

Tipologia	Recomendações
Fiabilidade dos sistemas de controlo interno	Recomendação 30 — 31 PCGE/2009
6.2.2.8 — Património financeiro — Correção dos valores apresentados na Conta Geral do Estado	Recomendação 33 — 34 PCGE/2009
6.2.2.9 — Património imobiliário — Fiabilidade dos sistemas de controlo interno	Recomendação 35 — PCGE/2009
6.2.2.10 — Operações de Tesouraria — Legalidade e regularidade	Recomendação 37 — PCGE/2009
Fiabilidade dos sistemas de controlo interno	Recomendação 36 — 38 –39 - PCGE/2009
6.2.2.11 — Fluxos financeiros com o sector público empresarial	
Legalidade e regularidade	Recomendação 40 — PCGE/2009
Outras	Recomendação 41 — PCGE/2009
6.2.2.12 — Fluxos financeiros com a União Europeia Legalidade e regularidade	Recomendação 42 — PCGE/2009 Recomendação: 43 — PCGE/2009
Correção dos valores apresentados na Conta Geral do Estado	Recomendação: 44 - 45 - 46 PCGE/2009

No quadro abaixo, são identificadas as recomendações não acolhidas pela Administração Central:

Tipologia	Recomendações
a) Legalidade e regularidade Dívida pública	
	Recomendação 25 — PCGE/2007
b) Legalidade e regularidade	
Fluxos financeiros com a União Europeia	Recomendação 44 — PCGE/2007
c) Correção dos valores apresentados na Conta	
Dívida pública	Recomendação 28 — PCGE/2007
d) Economia, eficiência e eficácia da gestão	
Dívida pública	Recomendação 29 — PCGE/2007
e) Fiabilidade dos sistemas de controlo interno	
Receita	Recomendação 9 — PCGE/2007
f) Outras	
Fluxos financeiros com o sector público empresarial	Recomendação 43 — PCGE/2007

No parecer sobre a Conta Geral do Estado de 2009, de 70 recomendações, 46 visam a Administração Central e 24 a Segurança Social:

Tipologia	Em número				Em percentagem			
	Totalmente acolhidas	**Parcialmente acolhidas**	**Não acolhidas**	**Prejudicadas**	**Totalmente acolhidas**	**Parcialmente acolhidas**	**Não acolhidas**	**Prejudicadas**
Legalidade e regularidade	3	8	8	3	17,6	18,6	42,1	75,0
Correção dos valores apresentados na Conta	6	23	6	1	35,3	53,5	31,6	25,0
Economia, eficiência e eficácia da gestão	6	4	2	0	35,3	9,3	10,5	0,0
Fiabilidade dos sistemas de controlo interno	2	8	2	0	11,8	18,6	10,5	0,0
Outras	0	0	1	0	0%	0%	5,3	0,0
Total	**17**	**43**	**19**	**4**	**100,0**	**100,0**	**100,0**	**100,0**

Fonte: Elaboração própria

d) Quanto à Conta Geral do Estado de 2010, na XI Sessão Legislativa, o relatório do PCGE menciona um grau de satisfação face ao acolhimento das recomendações, sendo que 72,3% das recomendações indicadas pelo TC no parecer de 2008 foram acolhidas pela AR e ou pelo Governo, o que se regista com satisfação. O parecer alerta, no entanto, para o facto de existirem recomendações vindas de pareceres de anos anteriores, que se encontram por acolher e concretizar, sem que existam justificações plausíveis para esse facto por parte dos diversos responsáveis governamentais. No parecer em questão, são identificadas 69 recomendações para efeitos de acolhimento por parte da AR e do Governo.

Veja-se as recomendações não acolhidas pela AC e pela AR:

2008	Em número	Em percentagem
Totalmente acolhidas	17	20,5
Parcialmente acolhidas	43	51,8
Não acolhidas	19	22,9
Prejudicas	4	4,8
Total	**83**	**100,0**
2007 – Recomendações não acolhiadas	**2**	

Fonte: Elaboração própria

De seguida, apresentam-se as recomendações não acolhidas na AC e na AR:

Tipologia	Recomendações
a) Legalidade e regularidade	
Fluxos com o sector público empresarial	Recomendação 47 — PCGE/2008

Recomendações não acolhidas pela Administração Central:

a) Legalidade e regularidade	
Processo orçamental	Recomendação1 — PCGE/2008
Receita	Recomendação 2 — PCGE/2008
Dívida pública	Recomendação 31 — PCGE/2008
Fluxos financeiros com a União Europeia	Recomendação 49 — PCGE/2008
b) Correção dos valores apresentados na Conta	
Receita[445]	Recomendação 5 — PCGE/2008
Despesa	Recomendação 12 — PCGE/2008
Dívida pública	Recomendação 32 — PCGE/2008
Património financeiro	Recomendação 35 — PCGE/2008
c) Economia, eficiência e eficácia da gestão	
PIDDAC[446]	Recomendação 22 — PCGE/2008
d) Fiabilidade dos sistemas de controlo interno	
Receita	Recomendação 9 — PCGE/2007
Subsídios, créditos e outras formas de apoio	Recomendação 27 — PCGE/2008
e) Outras	
Fluxos financeiros com o sector público empresarial	Recomendação 48 — PCGE/2008

O Tribunal de Contas, no Parecer da CGE 2009, emite um juízo na sua maioria favorável acerca da legalidade da execução orçamental da Administração Central. Realça-se, do relatório de 2010, as ênfases face à observância dos princípios da anualidade, universalidade, especificação, cabimento prévio e da unidade de tesouraria, da não aplicação integral da reforma da contabilização de receitas. Relativamente à correção financeira, evidenciam-se reservas sobre a fiabilidade e integralidade dos valores inscritos na CGE.

e) Quanto à XII Legislatura — Conta Geral do Estado de 2011, verifica-se que 57,1% das recomendações emanadas no parecer de 2009 foram acolhidas pela AR e/ou pelo Governo.

É emitido pelo Tribunal de Contas um parecer globalmente favorável em face da legalidade da execução orçamental da Administração Central, com ênfase face à observância dos princípios da anualidade, da universalidade, da não compensação, da especificação, do cabimento prévio e da unidade de tesouraria. Menção igualmente para a não aplicação integral da reforma da contabilização de receitas, indicando ainda reservas em relação correção da CGE, incluindo a da CSS. São consideradas 82 recomendações, 47 da AC e 35 da SS, com o propósito da correção de desconformidades e, bem assim, com vista à melhoria da fiabilidade e rigor da CGE, com a convicção do seu acolhimento pela AR e pelo Governo.

Veja-se o grau de acolhimento das recomendações:

2009	Em número	Em percentagem
Totalmente acolhidas	15	21,4
Parcialmente acolhidas	25	35,7
Não acolhidas	24	34,3
Prejudicadas	6	8,6
Total	**70**	**100,0**
2008 – Recomendações não acolhidas	**4**	-

Veja-se as recomendações não acolhidas pela AC:

Tipologias	Recomendações
Processo orçamental	Recomendação 1 — PCGE/2009
Receita	Recomendação 3 — PCGE/2009 Recomendação 4 — PCGE/2009 Recomendação 9 — PCGE/2009 Recomendação 10 — PCGE/2009 Recomendação 11 — PCGE/2009 Recomendação 12 — PCGE/2009
Despesa	Recomendação14 — PCGE/2009 Recomendação 21 — PCGE/2009
Benefícios fiscais	Recomendação 26 — PCGE/2009
Dívida pública	Recomendação 27 — PCGE/2009
Património financeiro	Recomendação 35 — PCGE/2008, Recomendação 34 — PCGE/2009
Operações de tesouraria	Recomendação 39 — PCGE/2009
Fluxos financeiros com o sector público empresarial	Recomendação 40 — PCGE/2009 Recomendação 41 — PCGE/2009

Enumeram-se, também, as recomendações mencionadas no Parecer da Conta Geral do Estado de 2011:

Tipologia	Recomendações
As previsões macroeconómicas subjacentes à política orçamental em 2011	Recomendação 1 — PCGE/2011
Orçamento do Estado (Administração Central)	
Alterações orçamentais	Recomendação 2 — PCGE/2011
Execução orçamental	
Receita	Recomendação 3, 4, 5, 6, 7, 8 — PCGE/2011
Despesa	Recomendação 9, 10, 11, 12, 13, 14, 15, 16, 17 — PCGE/2011
Aplicação do Plano Oficial de Contabilidade Pública e Planos Sectoriais na Administração Central	Recomendação 18, 19 — PCGE/2011
Dívida financeira direta	Recomendação 20, 21 — PCGE/2011
Garantias do Estado	Recomendação 22, 23, 24 — PCGE/2011
Acompanhamento dos mecanismos de assistência financeira a Portugal	Recomendação 25, 26 — PCGE/2011
Dívida não financeira	
Fluxos financeiros com a União Europeia	Recomendação 27, 28, 29, 30, 31, 32, 33 — PCGE/2011
Fluxos com o sector público empresarial	Recomendação 34, 35, 36 — PCGE/2011
Fluxos financeiros com as Regiões Autónomas e Autarquias Locais	Recomendação 37 — PCGE/2011
Benefícios fiscais	Recomendação 38, 39 — PCGE/2011
Património financeiro	Recomendação 40, 41, 42 — PCGE/2011
Património imobiliário	Recomendação 43 — PCGE/2011
Operações de tesouraria	Recomendação 44, 45, 46, 47 — PCGE/2011

f) Na XII Legislatura, no relatório da Conta Geral do Estado 2012, é mencionado que, da CGE de 2010, 52,2% das recomendações à AR e/ou Governo foram acolhidas ou consideradas ultrapassadas, o que se considera positivo. É emitido um juízo globalmente favorável em face da legalidade da execução orçamental da Administração Central, no entanto, contendo ênfases face ao cumprimento de determinados princípios orçamentais, tais como a anualidade, unidade, universalidade, não compensação, não consignação, especificação, cabimento prévio e unidade de tesouraria, mencionando-se reservas face à correção financeira da CGE e ainda a não aplicação integral da reforma da contabilização das receitas e do POCP.

São enumeradas 77 recomendações.

Das recomendações constantes do PCGE, de 69, 46 dizem respeito à AC, 20 da SS e 3 referentes à consolidação de contas.

Veja-se o grau de acolhimento das recomendações:

2010	Em número	Em percentagem
Totalmente acolhidas	9	13,0
Parcialmente acolhidas	23	33,3
Não acolhidas	33	47,8
Prejudicas	4	5,8
Total	**69**	**100,0**
2009 - Recomendações não acolhiadas	**3**	

Fonte: Elaboração própria

Apresentam-se no quadro abaixo as recomendações não acolhidas pela AC:

Tipologia	Recomendações
Processo orçamental	Recomendação 1 — PCGE/2010
Receita	Recomendação. 2 — PCGE/2010 Recomendação 4 — PCGE/2010 Recomendação 5 — PCGE/2010
Despesa	Recomendação 6 — PCGE/2010 Recomendação 8 — PCGE/2010 Recomendação 11 — PCGE/2010 Recomendação 12 — PCGE/2010
Dívida pública	Recomendação 18 — PCGE/2010 Recomendação 19 — PCGE/2010 Recomendação 20 — PCGE/2010 Recomendação 21 — PCGE/2010 Recomendação 27 PCGE/2010
Fluxos financeiros com a EU	Recomendação 23 — PCGE/2010
Fluxos financeiros com o sector público empresarial	Recomendação 28 — PCGE/2010
Fluxos financeiros com as regiões autónomas e com as autarquias locais	Reco Recomendação 31 — PCGE/2010
Benefícios fiscais	Recomendação 33 — PCGE/2010
Património financeiro	Recomendação 35 — PCGE/2010 Recomendação 37 — PCGE/2010 Recomendação 38 — PCGE/2010
Património imobiliário	Recomendação 40 — PCGE/2010

Operações de tesouraria	Recomendação 41 — PCGE/2010 Recomendação 42 — PCGE/2010 Recomendação 43 — PCGE/2010 Recomendação 46 — PCGE/2010
Consolidação de contas	Recomendação 67 — PCGE/2010

De seguida, esquematizam-se as recomendações formuladas no parecer:

Tipologia	Recomendações
As previsões macroeconómicas subjacentes à política orçamental em 2012	Recomendação 1, 2, 3 — PCGE/2012
Orçamento do Estado (Administração Central)	
Alterações orçamentais	Recomendação 4 — PCGE/2012
Execução orçamental	
Receita	Recomendação 5, 6, 7, 8, 9, — PCGE/2012
Despesa	Recomendação 10, 11, 12, 13, 14, 15, 16, 17, 18 — PCGE/2012
Aplicação do Plano Oficial de Contabilidade Pública e Planos Sectoriais na Administração Central	Recomendação 19, 20 — PCGE/2012
Dívida financeira direta	Recomendação 21, 22, 23 — PCGE/2012
Garantias do Estado	Recomendação 24 — PCGE/2012
Acompanhamento dos mecanismos de assistência financeira a Portugal	Recomendação.25 — PCGE/2012
Fluxos financeiros com a União Europeia	Recomendação 26,27,28,29,30 — PCGE/2012
Fluxos com o sector público empresarial	Recomendação 31, 32 — PCGE/2012
Fluxos financeiros com as Regiões Autónomas e Autarquias Locais	Recomendação 33 — PCGE/2012

São igualmente mencionadas ênfases da legalidade, continua por aplicar a reforma da contabilização das receitas, faltando a ligação dos sistemas próprios ao de contabilização orçamental e a responsabilização efetiva das entidades administradoras; a conta dos fluxos financeiros mantém a tónica no facto de não conter a totalidade dos movimentos correspondentes, relevando dessa forma para o não cumprimento do propósito que lhe cabe no âmbito do controlo das contas do Estado. O relatório do Governo que compõe a CGE carece de informação em áreas significativas. Os princípios da anualidade e universalidade, não compensação, não consignação, especificação, cabimento prévio e unidade de tesouraria não são aplicados em todos os casos. No âmbito da correção financeira, destaca-se a omissão de disponibilidades dos organismos da Administração Central nos saldos da contabilidade orçamental, com especial relevo para o Fundo de Estabilização Tributário.

g) Na XII Legislatura, a Conta Geral do Estado 2013, é considerado pelo Tribunal o acolhimento de 86 recomendações veiculadas no PCGE 2013, sendo que as mesmas foram alvo de correção, total ou parcial, sendo que as inconformidades que originaram 46 recomendações (53,5%), 37 (43,0%) se mantêm por corrigir e três são classificadas prejudicadas por alteração das circunstâncias que as originaram. Uma vez mais, parte das desconformidades assinaladas têm vindo a ser alvo de referência reiterada nas recomendações do PCGE, não se verificando apresentação de justificações plausíveis para o seu não acolhimento.

De seguida, enumeram-se as recomendações não acolhidas pela Administração Central:

Tipologias	Recomendações
Previsões macroeconómicas	Recomendação 2, 3 — PCGE/2013
Alterações orçamentais	Recomendação 4 — PCGE/2013
Receita	Recomendação 6, 10 — PCGE/2013
Despesa	Recomendação 12, 14, 17 — PCGE/2013
Aplicação da contabilidade patrimonial na Administração Central	Recomendação 23 — PCGE/2013
Dívida pública	Recomendação 27, 28, 29 — PCGE/2013
Fluxos financeiros com o sector público empresarial	Recomendação 35 — PCGE/2013
Património financeiro	Recomendação 43, 44 — PCGE/2013
Património imobiliário	Recomendação 46 — PCGE/2013
Operações de tesouraria	Recomendação 48, 49, 52 — PCGE/2013

h) Ainda na XII Legislatura, a Conta Geral do Estado 2014, referindo-se ao âmbito do PCGE de 2012, menciona expressamente que, das 55 recomendações inscritas no parecer de 2012 à AR e/ou Governo, foram maioritariamente acolhidas total ou parcialmente, o que se avalia de positivo. Ficam de fora 25 recomendações para integração, sendo que algumas delas são classificadas prejudicadas por motivo de alteração de circunstâncias que as motivaram. Parte das recomendações não acolhidas são reiteradas em diversos PCGE, sem que tenham sido assinaladas quaisquer justificações por parte dos responsáveis para efeitos de correção.

São consideradas 77 recomendações no parecer relativamente à CGE de 2012. Verifica-se igualmente a apreciação relativa ao acolhimento de três recomendações emitidas no PCGE de 2011 e não reiteradas no PCGE de 2012 e não acolhidas até 2013, contabilizando o total de 80 recomendações.

O parecer da Conta do Estado de 2014 contém 95 recomendações, 55 da AC e 40 da SS.

Veja-se o grau de acolhimento das recomendações:

Recomendação	Em número	Em percentagem
Totalmente acolhidas	14	17,5
Parcialmente acolhidas	38	47,5
Não acolhidas	25	31,3
Prejudicadas	3	3,8
Total	**80**	**100,0**

De seguida, apresenta-se a esquematização das recomendações não acolhidas pela AC:

Tipologia	Recomendações
Previsões macroeconómicas	Recomendação 3 — PCGE/2012
Alterações orçamentais	Recomendação 4 — PCGE/2012
Receita	Recomendação 6 — PCGE/2012 Recomendação 9 — PCGE/2012
Despesa	Recomendação 10 — PCGE/2012 Recomendação 17 — PCGE/2012
Dívida pública	Recomendação 23 — PCGE/2012
Mecanismo de assistência financeira a Portugal	Recomendação 25 — PCGE/2012
Fluxos financeiros com o sector público empresarial	Recomendação 31 — PCGE/2012
Património financeiro	Reco Recomendação 39 — PCGE/2012
Benefícios fiscais	Recomendação 33 — PCGE/2010
Operações de tesouraria	Recomendação 42 — PCGE/2012 Recomendação 43 — PCGE/2012

Vejam-se as 95 recomendações, enumeradas no Parecer da Conta Geral do Estado de 2014:

Enquadramento macroeconómico e orçamental	**Recomendação 1, 2, 3 — PCGE/2014**
Orçamento do Estado (Administração Central)	
Alterações orçamentais	Recomendação 4 — PCGE/2014
Execução orçamental	
Receita	Recomendação 5, 6, 8, 9,10, 11, 12, 13, 14, 15 — PCGE/2014

Enquadramento macroeconómico e orçamental	**Recomendação 1, 2, 3 — PCGE/2014**
Despesa	Recomendação 16, 17, 18, 19, 20, 21, 22, 23, 24, 25 — PCGE/2014
Aplicação da contabilidade patrimonial na Administração Central	Recomendação 26, 27 — PCGE/2014
Dívida financeira	Recomendação 28, 29, 30, 31, 32 — PCGE/2014
Dívida não financeira	Recomendação 33 — PCGE/2014
Fluxos financeiros com a União Europeia	Recomendação 34, 35, 36, 37, 38, 39 — PCGE/2014
Fluxos financeiros com o sector público empresarial	Recomendação 40 — PCGE/2014
Fluxos financeiros com as regiões autónomas e autarquias locais	Recomendação 41 — PCGE/2014
Benefícios fiscais	Recomendação 42 — PCGE/2014
Património financeiro	Recomendação 43, 44, 45, 46, 47, 48 — PCGE/2014
Património Imobiliário	Recomendação. 49, 50 — PCGE/2014
Operações de tesouraria	Recomendação 51, 52 ,53, 54, 55 — PCGE/2014

São mencionadas ênfases por motivo da não aplicação da reforma da contabilização das receitas, pelas deficiências na conta dos fluxos financeiros, na contabilização das disponibilidades e no cumprimento de princípios orçamentais. É igualmente mencionada uma limitação de âmbito por a CGE não incluir a receita e a despesa de nove entidades, incluindo o Fundo de Resolução.

i) Quanto à XIII Legislatura, relativamente à Conta Geral do Estado de 2015, no âmbito do PCGE de 2012, é mencionado que 53,5% das 55 recomendações inscritas no Parecer de 2013 à AR e/ou Governo foram acolhidas total ou parcialmente, o que se avalia como positivo.

O Parecer da Conta do Estado de 2015 contém 98 recomendações, 55 da AC e 43 da SS.

Veja-se o grau de acolhimento das recomendações:

Recomendação	Em número	Em percentagem
Totalmente acolhidas	11	12,8
Parcialmente acolhidas	35	40,7
Não acolhidas	37	43,0
Prejudicadas	3	3,5
Total	**86**	**100,0**

No quadro abaixo, apresentam-se igualmente as recomendações formuladas no Parecer da Conta Geral do Estado de 2015:

Tipologias	Recomendações
Enquadramento macroeconómico e orçamental	Recomendação 1, 2, 3 — PCGE 2015
Orçamento do Estado (Administração Central)	
Alterações orçamentais	Recomendação 4 — PCGE 2015
Execução orçamental	
Receita	Recomendação 5, 6, 7, 8, 9, 10, 11, 12, 13, 14, 15 — PCGE 2015
Implementação da entidade contabilística Estado	Recomendação 16 — PCGE 2015
Despesa	Recomendação 17, 18, 19, 20, 21, 22, 23, 24, 25, 26 — PCGE 2015
Consolidação da Administração Central	
Implementação do Sistema de Normalização Contabilística para as Administrações Públicas (SNC-AP)	Recomendação 27 — PCGE 2015
Dívida financeira	Recomendação 28, 29, 30, 31 — PCGE 2015
Garantias do Estado	
Dívida não financeira	Recomendação 32 — PCGE 2015
Fluxos financeiros com a União Europeia	Recomendação 33, 34, 35, 36, 37, 38 — PCGE 2015
Fluxos financeiros com o sector público empresarial	Recomendação 39 — PCGE 2015
Fluxos financeiros com as regiões autónomas e autarquias locais	Recomendação 40 — PCGE 2015
Benefícios fiscais	Recomendação 41 — PCGE 2015
Património financeiro	Recomendação 42, 43, 44, 45, 46 — PCGE 2015
Património imobiliário	Recomendação 47, 48, 49, — PCGE 2015
Operações de tesouraria	Recomendação 50, 51, 52,53, 54,55 — PCGE 2015

O Tribunal de Contas refere no juízo relativo à Conta Geral do Estado que a mesma reflete um conjunto de erros materialmente de destaque que originam a emissão de reservas, ênfases e uma limitação de âmbito.

No que respeita a ênfases de legalidade, mantêm-se por aplicar a reforma da contabilização das receitas, encontrando-se inexistente a ligação dos sistemas próprios ao de contabilização orçamental e a responsabilização efetiva das entidades administradoras. Salienta-se, neste quadro:

- a alteração sistemática de valores vinculativos inicialmente inscritos no quadro plurianual;
- a conta dos fluxos financeiros, que não desempenha o papel que lhe cabe no âmbito do controlo das contas do Estado;
- o relatório do Governo que compõe a Conta Geral do Estado mantém omissões em áreas relevantes como: os princípios da anualidade, da universalidade; da não compensação, não consignação, cabimento prévio, especificação, e da unidade de tesouraria. No que respeita às ênfases de correção financeira, verifica-se que a comparabilidade, entre anos, ao nível da receita e da despesa, não se encontra verificada por motivo de alterações do universo abrangido;
- insuficiências explicitadas no relatório de contas;
- ativos financeiros de médio e longo prazo retirados da consolidação da conta;
- omissão de disponibilidades dos organismos da Administração Central nos saldos ao nível da contabilidade orçamental, com relevância para o Fundo de Estabilização Tributário.

j) Na XIII Legislatura, a Conta Geral do Estado de 2016 reflete, neste âmbito, que se mantêm diversas reservas que originam a inscrição de reservas e ênfases de âmbitos do sistema contabilístico, da legalidade, da correção financeira e de limitação de âmbito. É considerado pelo Tribunal que a Conta Geral do Estado mantém as irregularidades de omissão de princípios orçamentais, com incumprimentos de normas legais de âmbito de execução e contabilização de receitas e insuficiências dos sistemas de contabilização e controlo, factos que relevam para a autonomia financeira de entidades que erradamente inscrevem receitas do Estado enquanto receitas próprias, formulando-se omissões materiais.

Foi ainda considerado o acolhimento de 95 recomendações emitidas no Parecer da Conta Geral do Estado de 2014, com verificação de apreciação sobre duas recomendações inscritas no Parecer da Conta Geral do Estado de 2013 que não foram reiteradas no Parecer da Conta Geral do Estado de 2014. Refere ainda o Parecer da Conta Geral do Estado que 63% das recomendações inscritas em 2014 para a AR e/ou Governo foram acolhidas total ou parcialmente.

No Parecer da Conta Geral do Estado de 2016, foram emitidas 75 recomendações, 45 sobre a Administração Central e 30 sobre a Segurança Social.

Veja-se agora o grau de acolhimento das recomendações:

Recomendações – PCGE 2014	Número	Percentagem
Totalmente acolhidas	8	8
Parcialmente acolhidas	49	52
Não acolhidas	35	37
Prejudicadas	3	3
Total	95	100

Recomendações não acolhidas – PCGE 2013	2

De seguida, apresentam-se as recomendações não acolhidas pela Administração Central:

Tipologia	Recomendações
Previsões macroeconómicas	Recomendação 2 — PCGE 2014
Alterações orçamentais	Recomendação 4 — PCGE 2014
Receita	Recomendação 11, 12, 13, 15 — PCGE 2014
Despesa	Recomendação 16, 17 — PCGE 2014
Dívida pública	Recomendação 28, 30, 31, 32 — PCGE 2014
Dívida não financeira	Recomendação 33 — PCGE 2014
Património financeiro	Recomendação 48 — PCGE 2014
Património imobiliário	Recomendação 50 — PCGE 2014
Operações de tesouraria	Recomendação 52, 53, 54 — PCGE 2014

No quadro seguinte, apresentam-se as recomendações inscritas no Parecer da Conta Geral do Estado de 2016:

Tipologias	Recomendações
Enquadramento macroeconómico e orçamental	Recomendação 1, 2 — PCGE 2016
Orçamento do Estado (Administração Central)	
Alterações orçamentais	Recomendação 3 — PCGE 2016
Execução orçamental	
Receita	Recomendação 4, 5, 6, 7, 8, 9, 10, 11 — PCGE 2016
Atividade dos Fundos de Estabilização Tributário e Aduaneiro	Recomendação 12 — PCGE 2016
Despesa	Recomendação 13, 14, 15, 16, 17, 18, 19 — PCGE 2016

Tipologias	Recomendações
Consolidação da Administração Central	
Dívida pública, dívida financeira	Recomendação 20, 21, 22, 23 — PCGE 2016
Garantias do Estado	Recomendação 24 — PCGE 2016
Dívida não financeira	Recomendação 25 — PCGE 2016
Fluxos financeiros com a União Europeia	Recomendação 26, 27, 28, 29, 30, 31, 32 — PCGE 2016
Fluxos financeiros com o sector público empresarial	Recomendação 33 — PCGE 2016
Fluxos financeiros com as regiões autónomas e autarquias locais	Recomendação 34 — PCGE 2016
Benefícios fiscais, subsídios e outras formas de apoio	
Benefícios fiscais	Recomendação 35 — PCGE 2016
Subsídios e outras formas de apoio	
Património do Estado	
Património financeiro	Recomendação 36, 37 — PCGE 2016
Saldo das receitas e das despesas orçamentais relativas ao BPN	
Património imobiliário	Recomendação 38, 39, 40, 41 — PCGE 2016
Operações de tesouraria	Recomendação 42, 43, 44, 45 — PCGE 2016
Atividade do Fundo de Resolução	

Ao nível de ênfases inscritas, são várias, tais como: o princípio da anualidade mantém-se por operacionalizar a reforma da contabilização das receitas; diversas alterações dos valores vinculativos inicialmente inscritos no quadro plurianual; a conta de fluxos financeiros continua a não desempenhar o papel no âmbito do controlo das contas do Estado e o relatório do Governo mantém omissões em áreas relevantes.

É igualmente referida preocupação por parte do Tribunal no sentido de diversas entidades assumirem impossibilidade de realizar a transposição para o SNC-AP no prazo estabelecido, e por se continuarem a verificar vários constrangimentos que poderão comprometer a feitura das demonstrações orçamentais e financeiras no âmbito da Administração Central e da Segurança Social.

A Conta Geral do Estado em análise mantém, ao fim de duas décadas, a inexistência do balanço e da demonstração de resultados da Administração Central do Estado, por motivo da falta de aplicabilidade total do POCP e planos sectoriais, sendo que as demonstrações financeiras constantes da CGE são suportadas por variados sistemas contabilísticos em vigor. Por essa via, o juízo emanado não é ainda totalmente correspondente ao modelo inscrito nas Normas Internacionais de Auditoria.

k) Na XIII Legislatura, a Conta Geral do Estado 2017 aprecia o acolhimento de 98 recomendações inscritas no parecer da Conta Geral do Estado de 2015, bem como de quatro recomendações referentes ao ano de 2014, foi constatado que foram acolhidas total ou parcialmente 57 (31 da AC e 26 da SS). É ainda referido no relatório do parecer que 55% das recomendações constantes em pareceres anteriores são acolhidas. É constatada uma evolução no âmbito de operações de consolidação, na contabilização da receita fiscal, registo dos fluxos financeiros das entidades da Administração Central, contabilização da Segurança Social ao nível de quotizações e contribuições e na informação da despesa total financiada por fundos europeus e quantificação da despesa fiscal.

Foi inscrito o total de 60 recomendações no Parecer, 24 respeitantes à Segurança Social e 31 à Administração Central.

Veja-se o grau de acolhimento das recomendações:

Quadro III. 1 – Recomendações formuladas e acolhidas por tipologia

Tipologia	Recomendações		
	Formuladas	Acolhidas	Grau de acolhimento
Processo orçamental	5	3	60%
Âmbito orçamental e contabilístico	5	0	0
Fiabilidade das demonstrações orçamentais, financeiras e dos elementos patrimoniais	43	27	63%
Sistemas de gestão e controlo	38	21	55%
Informação e transparência da CGE	12	6	50%
Total	103	57	55%

De seguida, apresentam-se as recomendações não acolhidas pela Administração Central:

Tipologia	Recomendações
Processo orçamental	Recomendação 17 — PCGE 2015
Âmbito orçamental e contabilístico	Recomendação 9, 10 — PCGE 2015
Fiabilidade das demonstrações orçamentais	Recomendação 29 — PCGE 2015
Fiabilidade dos elementos patrimoniais	Recomendação 30, 48, 49 — PCGE 2015
Sistemas de gestão e controlo	Recomendação 4 — PCGE 2015
Informação e transparência da CGE	Recomendação 13, 32 — PCGE 2015

Veja-se igualmente as recomendações inscritas no Parecer da Conta Geral do Estado:

Tipologia	Recomendações
Processo orçamental	Recomendação 1, 2, 3 — PCGE 2017
Âmbito orçamental e contabilístico	Recomendação 4, 5 — PCGE 2017
Fiabilidade das demonstrações orçamentais	Recomendação 6, 7, 8, 9, 10, 11 ,12, 13 — PCGE 2017
Fiabilidade dos elementos patrimoniais	Recomendação 14, 15, 16, 17, 18, 19, 20 — PCGE 2017
Sistemas de gestão e controlo	Recomendação 21, 22, 23, 24, 25, 26 — PCGE 2017
Informação e transparência da CGE	Recomendação 27, 28, 29, 30, 31, 32 — PCGE 2017

O juízo emitido relativamente à Conta Geral do Estado não se encontra nesta fase totalmente em linha com o modelo previsto nas Normas Internacionais de Auditoria; por não aplicação total do POCP e planos sectoriais, após duas décadas, mantém a inexistência de balanço e demonstração de resultados da Administração Central, bem como o facto de plasmar a informação financeira e orçamental em diferentes sistemas contabilísticos não integrados.

A Lei de Enquadramento Orçamental de 2015 fixa que a Conta Geral do Estado tem de incluir as demonstrações financeiras e orçamentais elaboradas conforme o SNC-AP.

É ainda mencionada a ressalva de que o Tribunal considera que poderá estar em causa a elaboração das demonstrações orçamentais e financeiras, nos termos da Lei, por verificação de atrasos e constrangimentos. Emite ainda recomendações com vista à correção de diversos constrangimentos assinalados[276].

5.4.1 O Governo e a implementação das ênfases e das recomendações do Tribunal de Contas

Constata-se que nos diversos pareceres da Conta Geral do Estado emitidos pelo Tribunal existe uma preocupação face às recomendações não acolhidas em razão do seu impacto na transparência das Contas do Estado e na ótica da melhor gestão dos dinheiros públicos, relevando essa ação para o eventual défice na fiabilidade e no rigor das Contas do Estado.

[276] Veja-se relatório do PCGE de 2017, p. 243. Disponível em https://www.tcontas.pt/pt-pt/ProdutosTC/PareceresTribunalContas/ParecerCGE/Documents/Ano%20econ%C3%B3mico%20de%202017/pcge2017.pdf.

Retira-se igualmente desta análise a dificuldade existente do Governo na implementação das diversas recomendações, sendo que são várias as recomendações que são reiteradas em diversos pareceres da Conta Geral do Estado, sem que se verifiquem justificações plausíveis para esse facto.

Por sistema, constata-se que o parecer emite um juízo favorável face à legalidade da execução orçamental[277], com ênfases nos princípios orçamentais da Lei de Enquadramento Orçamental[278], como seja o princípio da anualidade.

No que concerne à tipologia das recomendações não acolhidas nos anos de 2007 e 2008, anos em que fomos confrontados com a crise, a maioria das recomendações são relativas a questões de legalidade e regularidade, correção de valores e de fiabilidade dos sistemas de controlo interno.

Em relação aos anos de 2009, 2010 e 2011, as recomendações, na sua maioria, relacionam-se com questões de legalidade e regularidade, correção de valores, fiabilidade dos sistemas de controlo interno, economia, eficácia e eficiência. Já no ano de 2012, as recomendações são transpostas para as áreas relativas ao processo orçamental, receita, despesa, benefícios fiscais, dívida pública, património financeiro, operações de tesouraria e fluxos financeiros de sector público empresarial. No que respeita aos anos de 2013, 2014, 2015 e 2016, são ao nível das alterações orçamentais, receita, despesa, mecanismos de assistência, fluxos financeiros com a União Europeia, património do Estado e operações de tesouraria. Por último, e relativamente ao ano de 2017, as recomendações são, na sua maioria, relativas ao processo orçamental e contabilístico, fiabilidade das demonstrações orçamentais e dos elementos patrimoniais, sistema de controlo de gestão e informação e transparência da Conta Geral do Estado.

Conclui-se igualmente que, nos anos de 2007, 2008, 2009, 2010, 2016 e 2017, as recomendações não acolhidas são superiores às recomendações formuladas, e que nos anos de 2011, 2012, 2013, 2014 e 2015, as recomendações emitidas são mais que as recomendações não acolhidas.

É de salientar igualmente que anualmente se verifica que existe um número significativo de recomendações não acolhidas, sem que os vários Governos as atendam com

[277] *Cfr.* PCGE de 2010, 2011. Disponível em https://www.tcontas.pt/pt-pt/ProdutosTC/PareceresTribunalContas/ParecerCGE/Documents/Ano%20econ%C3%B3mico%20de%202010/pcge2010.pdf [Consultado em 05/11/2019]. https://www.tcontas.pt/pt-pt/ProdutosTC/PareceresTribunalContas/ParecerCGE/Documents/Ano%20econ%C3%B3mico%20de%202011/pcge2011.pdf.

[278] Lei n.º 151/2015, de 11 de setembro (do artigo 9.º ao artigo 19.º).

fundamentação admissível[279]. De mencionar ainda que se constata que as ênfases são destacadas com relevo a partir do ano económico de 2010.

De relevo ainda é o facto de o juízo constante no parecer de 2017 mencionar algumas preocupações com o atraso relativamente à implementação da LEO e do SNC-AP.

5.4.2 Análise crítica ao controlo político pelo Parlamento

No âmbito da análise às recomendações e ênfases emitidas pelo Tribunal de Contas face aos relatórios dos pareceres à Assembleia da República e ao Governo, no período temporal compreendido entre 2007 e 2017, cumpre trazer à colação o contexto interno e externo que influencia as dimensões política e social dos Estados-Nação. Assim, o ano de 2007 ficou pautado pela crise do *subprime*[280], um tempo que reflete o incumprimento na área do crédito para aquisição de bens imobiliários para aquisição de bens imobiliários concedidos a clientes de maior risco[281]. No ano de 2007, apesar de a economia mundial dar indício de uma evolução de crescimento, no início de agosto, com a suspensão de três fundos do banco europeu BNP Paribas, surgia o primeiro sinal da crise internacional. Em janeiro de 2008, os constrangimentos relacionados com a crise internacional estavam já muito acentuados com a questão de as bolsas internacionais registarem fortes quebras que perduraram por todo o ano. O ano de 2008 transformou a crise do *subprime* imobiliário norte-americano numa crise económica e financeira internacional. A partir do último trimestre de 2008, a contaminação da economia real gerou a entrada generalizada das principais economias em situação de recessão técnica. Verificou-se, no ano de 2018, uma precipitada desaceleração da economia mundial. No âmbito da União Europeia, verificou-se a redução do crescimento de diversos países; Letónia, Estónia, Irlanda, Dinamarca, Suécia e Itália foram bastante afetados pela crise, com registo

[279] *Cfr.* parecer do ano de 2014, p. 381, «Uma parte significativa das recomendações não acolhidas tem vindo a ser reiterada nos sucessivos PCGE, sem que tenham sido apresentadas pelos responsáveis justificações atendíveis para a não correção das deficiências apontadas». Disponível em https://www.tcontas.pt/pt/ProdutosTC/PareceresTribunalContas/ParecerCGE/Documents/Ano%20econ%C3%B3mico%20de%202014/pcge2014.pdf [Consultado em 05/11/2019].

[280] *Cfr.* PCGE de 2007 — Crise financeira desencadeada em 24 de julho de 2007, motivada pela concessão de empréstimos hipotecários de alto risco.

[281] *Cfr.* PCGE do ano económico de 2007. Disponível em https://www.tcontas.pt/pt-pt/ProdutosTC/PareceresTribunalContas/ParecerCGE/Documents/Ano%20econ%C3%B3mico%20de%202007/pcge2007.pdf

de taxas negativas de crescimento nesse ano. Esta situação estendeu-se igualmente a Portugal, que se situou nos países com um registo de crescimento de 0% no ano de 2008.

Esta circunstância deve ser avaliada considerando que Portugal teve uma das mais baixas de crescimento no ano de 2007, na ordem de 1,9%, e de se verificar durante dez anos um crescimento reiteradamente abaixo da média europeia, formulando um processo de divergência real cujas causas estão muito para além da crise atual[282].

Constata-se reiteradamente que desde 2007 as recomendações não acolhidas são em número significativo e em número superior face às recomendações emitidas, com especial destaque nos anos de 2007, 2008, 2009 e 2010. Verifica-se igualmente que algumas recomendações que são reiteradas nos diversos anos não são acolhidas pelos respetivos governos.

Como referido anteriormente, as recomendações incidem, na sua maioria, sobre questões relacionadas com a legalidade do processo orçamental, execução orçamental, alterações orçamentais, dívida financeira, informação e transparência, sistemas de gestão de controlo, fiabilidade dos elementos e fluxos financeiros da União Europeia e sector público empresarial.

É igualmente mencionado por parte do Tribunal de Contas a necessidade da implementação das reiteradas recomendações com vista à concretização do objetivo de as contas públicas serem fidedignas, transparentes, relevando essa condição para uma melhor gestão dos dinheiros públicos[283].

Em relação ao relatório do parecer da Conta Geral do Estado de 2007, o Tribunal de Contas evidencia que existe um longo percurso a realizar para que a referida Conta seja o reflexo da atividade financeira e patrimonial do Estado[284]. Comparativamente ao relatório do parecer da Conta Geral do Estado de 2017, transpostos dez anos, o mesmo continua a inscrever os constrangimentos que se mantêm ao nível do desrespeito pelos princípios orçamentais, incumprimento de disposições legais que conformam a execução orçamental e ainda faltas nos sistemas de contabilização e controlo, pelo que o juízo emanado não corresponde ao modelo previsto nas Normas Internacionais de Audito-

---

[282] *Cfr.* PCGE do ano económico de 2008. Disponível em https://www.tcontas.pt/pt-pt/ProdutosTC/PareceresTribunalContas/ParecerCGE/Documents/Ano%20econ%C3%B3mico%20de%202008/pcge2008.pdf.

[283] Parecer de 2007, p. 251. Disponível em https://www.tcontas.pt/pt-pt/ProdutosTC/PareceresTribunalContas/ParecerCGE/Documents/Ano%20econ%C3%B3mico%20de%202007/pcge2007.pdf.

[284] *Cfr.* PCGE de 2007, p. 251. E na síntese, p. 5. Disponível em https://www.tcontas.pt/pt-pt/ProdutosTC/PareceresTribunalContas/ParecerCGE/Documents/Ano%20econ%C3%B3mico%20de%202007/pcge2007.pdf.

ria. Volvidas duas décadas, mantém a circunstância da falta de balanço e demonstração de resultados da Administração Central e, bem assim, a questão da apresentação por diferentes sistemas contabilísticos não integrados face à informação orçamental e financeira.

O Tribunal de Contas revela preocupação pelos atrasos e ressalta constrangimentos e riscos que poderão colocar em causa a elaboração das demonstrações financeiras e orçamentas nos termos e prazos fixados na Lei[285].

É, ainda, evidenciado por parte do Tribunal de Contas a existência de constrangimentos no âmbito da sustentabilidade das finanças públicas portuguesas que ultrapassam os valores da execução orçamental do ano[286], tendo em conta as auditorias das contas da Administração Central e da Segurança Social.

O TC menciona e sublinha diversos atrasos relevantes que têm posto em causa a implementação, sendo a operacionalização da Entidade Contabilística Estado um marco determinante para a elaboração da Conta Geral do Estado 2021, com demonstrações financeiras consolidadas. Ficam ainda por regulamentar diversas áreas que põem em causa as metas a atingir nos próximos três anos[287].

Por fim, constata-se que a Conta Geral do Estado continua a conter situações de desrespeito por princípios orçamentais, incumprimento de disposições legais que regulam a execução orçamental e insuficiências dos sistemas de contabilização e controlo[288].

Neste enquadramento, considera-se pertinente e adequado que o Governo possa acolher em número superior as recomendações emanadas pelo Tribunal de Contas, uma vez que, com a continuidade da prática registada, seguir-se-ão consequências ao nível da sustentabilidade das finanças públicas portuguesas.

Nesse sentido, para que as recomendações não sejam alvo de inscrição reiterada em diversos relatórios dos pareceres da Conta Geral do Estado anualmente, seria útil a cria-

---

[285] *Cfr.* relatório de PCGE de 2017, Juízo sobre a Conta, p. 1. Disponível em https://www.tcontas.pt/pt-pt/ProdutosTC/PareceresTribunalContas/ParecerCGE/Documents/Ano%20econ%C3%B3mico%20de%202017/pcge2017.pdf.

[286] *Cfr.* relatório do PCGE de 2017, p. 243, e no sumário, p. VII. Disponível em https://www.tcontas.pt/pt-pt/ProdutosTC/PareceresTribunalContas/ParecerCGE/Documents/Ano%20econ%C3%B3mico%20de%202017/pcge2017.pdf.

[287] *Cfr.* relatório do PCGE de 2017, p. 164. Disponível em https://www.tcontas.pt/pt-pt/ProdutosTC/PareceresTribunalContas/ParecerCGE/Documents/Ano%20econ%C3%B3mico%20de%202017/pcge2017.pdf.

[288] *Cfr.* relatório do PCGE de 2017, no sumário, p. II. Disponível em https://www.tcontas.pt/pt-pt/ProdutosTC/PareceresTribunalContas/ParecerCGE/Documents/Ano%20econ%C3%B3mico%20de%202017/pcge2017.pdf.

ção de uma unidade especializada, para que os constrangimentos fossem ultrapassados com o objetivo último de melhorar a prossecução do interesse público.

A Assembleia da República deverá, igualmente, monitorizar as recomendações, para que estas sejam tidas em conta pelos organismos e/ou serviços.

O acolhimento e o não acolhimento das diversas recomendações é matéria em sede de avaliação de culpa, que deveria ser revisitada, com o objetivo de fixar consequências para os atos, uma vez que não se conhecem as consequências para os Governos em relação ao não acolhimento das recomendações. Oportuno seria igualmente o registo e divulgação, por ordem cronológica das recomendações e ênfases.

5.5 Conclusões

Tendo presente a questão de saber como é que os sucessivos Governos tratam e respeitam as recomendações e ênfases que o Tribunal de Contas elabora, no decurso desta análise constata-se que existe um número elevado de recomendações não acolhidas e que são reiteradamente explanadas em sede de relatório de parecer da Conta Geral do Estado anualmente.

Considerando que o controlo financeiro é pedra angular da Administração Pública Financeira, será por essa mesma razão matéria essencial no desempenho das funções de controlo da Assembleia da República, sendo que o Tribunal de Contas, órgão de controlo externo de natureza técnica e jurisdicional de âmbito financeiro, exerce esse mesmo poder de controlo com rigor e exigência. Em termos quantitativos, no período temporal compreendido por dez anos, contabilizam-se 986 recomendações acolhidas[289], sendo 26,9% parcialmente acolhidas[290] e 39,2% não acolhidas[291] e, 29,5% prejudicadas[292].

Apresenta-se ainda a análise realizada por ano:

[289] A recomendação é classificada como totalmente acolhida se verificada a correção das deficiências que a motivaram. Parecer de 2011, p. 391, disponível em file:///C:/Users/Jos%C3%A9/Documents/artigos%20Estado/pcge2011.pdf.

[290] A recomendação parcialmente acolhida quando a correção não é total.

[291] A recomendação não acolhida quando as deficiências subsistem e sem efeito quando, por factos ou circunstâncias supervenientes, deixou de ter pertinência. Parecer de 2011, p. 391, disponível em file:///C:/Users/Jos%C3%A9/Documents/artigos%20Estado/pcge2011.pdf.

[292] Recomendações prejudicadas por alteração das circunstâncias que fundamentaram a sua formulação. No Parecer de 2017, p. 246. Disponível em https://www.tcontas.pt//ProdutosTC/PareceresTribunalContas/ParecerCGE/Documents/Ano%20econ%C3%B3mico%20de%202017/pcge2017.pdf.

Ano	Totalmente acolhidas	Parcialmente acolhidas	Não acolhidas	Prejudicadas
2007	38,6%	40,1%	21,6%	-
2008	33,6%	46,9%	19,3%	-
2009	38,2%	44,4%	19,3%	-
2010	28,4%	51,8%	16,8%	4,8%
2011	21,4%	35,7%	34,2%	8,5%
2012	13%	33,3%	47,8%	5,7%
2013	21,4%	44%	34,5%	-
2014	17,5%	47,5%	31,2%	3,7%
2015	12,7%	40,6%	43%	3,4%
2016	8,4%	51,5%	36,8%	3,1%
2017	5,8%	49,5%	26,2%	18,4%

Constata-se, desta forma, que, de ano para ano, não foi acolhida parte significativa das recomendações, sendo que, no período em análise em termos absolutos, a percentagem fixa-se nos 20 pontos. De referir que, dos anos de 2011 a 2016, os valores passam de 34% para 47%[293].

No ano de 2017, regista-se uma diminuição nas recomendações acolhidas para a percentagem de 5,8%, transpondo-se as recomendações parcialmente acolhidas para a percentagem de 49,5%. De registar igualmente uma diminuição ao nível das recomendações não acolhidas para o valor de 26% em relação ao ano de 2015 e 2016.

No ano de 2010, são referidas as recomendações prejudicadas, com 4,8%, registando-se em 2011 uma taxa de 8,5% e nos anos de 2014, 2015 e 2016 as mesmas recomendações fixam-se na ordem dos 3%, subindo em 2017 para os 18,4%.

De realçar ainda que os pareceres mencionam que parte das recomendações vêm sido inscritas anualmente reiteradamente, sem que se verifiquem justificações atendíveis por parte dos diversos Governos para o não acolhimento das mesmas.

A nível de análise qualitativa, verifica-se que os relatórios contêm quase sempre uma avaliação global positiva no que respeita ao acolhimento das recomendações. Visto em detalhe, no que respeita aos anos de 2007 e 2008, a menção é de avaliação global da sequência dada às recomendações; em 2009, uma menção de avaliação global positiva,

[293] No parecer de 2012, regista-se o número das recomendações não acolhidas ser de 47,8%, ou seja, quase metade do total das recomendações formuladas, num ano de grande exigência orçamental e financeira no âmbito da intervenção da *Troika*.

referindo-se que as recomendações foram acolhidas e cumpridas na sua maioria, já no ano de 2010 é referida satisfação face ao grau de acolhimento das recomendações, nos anos de 2011, 2012, 2013, 2014 e 2015, a menção é de apreço globalmente favorável, sendo que, para os anos de 2016 e 2017, não foi encontrada avaliação global positiva, e o relatório revela que a Conta Geral do Estado está afetada por um conjunto de erros materialmente relevantes.

No que se refere às ênfases, estas aparecem no relatório do parecer a partir do ano de 2010, mantendo-se até aos dias de hoje. As ênfases em termos macros reportam-se à observância dos princípios da anualidade, da universalidade, da especificação, do cabimento prévio e da unidade de tesouraria, e ainda da não aplicação integral da reforma da contabilização das receitas.

Em todos os pareceres emitidos pelo Tribunal de Contas é inscrita a preocupação relativa ao cumprimento das regras e princípios orçamentais, com a exigência do rigor, da transparência e equilíbrio no sentido da correção de erros e para que seja possível melhorar a fiabilidade das contas públicas.

Da análise realizada aos relatórios dos pareceres no período compreendido entre 2007 e 2017, verifica-se que existe um percurso longo a percorrer, pois verifica-se o não acolhimento de um número significativo e expressivo de recomendações não acolhidas.

Recolhe-se igualmente que a matéria alvo desta análise, para que possa realmente espelhar todo o enquadramento subjacente à temática, reclama um estudo mais profundo para que seja possível elaborar hipóteses devidamente fundamentadas que respondam às diversas questões que se colocam, como seja: qual o motivo da passagem anual e reiterada de recomendações não acolhidas por parte dos diversos Governos, entre outras.

Pese embora essa evidência, refere-se a necessidade da revisitação face ao enquadramento legal destas matérias, com vista à operacionalização e implementação efetiva das recomendações, cabendo uma clara desvantagem na falta de responsabilização da inação ao nível das finanças públicas no seu todo.

De referir, por fim, que o sistema nacional de controlo financeiro na sua estrutura organizativa assenta em dois níveis distintos: o controlo interno e o controlo externo, sendo que o controlo financeiro se reporta às estruturas que sustentam o controlo e a forma como elas se organizam, articulam e se relacionam, na forma e no âmbito das suas competências, com o propósito último da promoção do planeamento e da realização e avaliação dos diversos atores envolvidos.

A terminar, é de referir que o Tribunal de Contas realiza um trabalho de excelência em matéria de recomendações, ainda que estas não tenham força jurisdicional; no entanto, são sinónimo do corolário do exercício do decurso da função de controlo estribada num quadro legal próprio.

BIBLIOGRAFIA

Agenda 2030 para o Desenvolvimento Sustentável (2016), Revista da Plataforma Portuguesa das ONGD, 9, Lisboa.

Agum, Ricardo, Riscado, Priscila e Menezes, Monique (2015), «Políticas Públicas: Conceitos e Análise em Revisão», *Revista Agenda Política*, vol. 3, n.º 2 — julho/dezembro.

Almeida, Aníbal (2020), *Teoria Pura de Imposição*, Almedina.

Almeida, Sónia Cristina Machado (2017), *A atividade contratual local e a sua fiscalização pelo Tribunal de Contas*. Dissertação de mestrado, Universidade do Minho.

Amaral, Diogo Freitas do (2016), *Curso de Direito Administrativo*, Vol. II, Almedina.

Amtenbrink, F., & de Haan, J. (2006), «Reforming the stability and growth pact», *EK Ver*, 31.

Antunes, Carlos Morais (2010), «O Julgamento do Tribunal de Contas no âmbito da responsabilização financeira». *Revista do Tribunal de Contas*, n.º 54.

Araújo, Fernando (2010), *A União Económica e Monetária depois do Tratado de Lisboa.*

Araújo, J. (2013), «Da nova Gestão Pública à nova governação pública: pressões emergentes na Administração Pública». In C. Madureira & M. Asensio (Ed.), Handbook de Administração Pública. Lisboa: INA Editora.

Araújo, J. F. F. E. (2007), *Avaliação da gestão pública: a administração pós-burocrática*. Conferência da UNED. Universidade do Minho.

Bernanke, Bem S. & Vicent R. Reinhart (2004), «Conducting Monetary Policy at Very Low Short-Term Interest Rates», *American Economic Review*, 94/2, 85–90.

Bilhim, J. (2017), «Nova governação pública e meritocracia». *Revista Sociologia, problemas e práticas*, n.º 84. Centro de Administração e Políticas Públicas, ISCSP-UL, Lisboa.

Bobbio, Norberto (1987), *Estado, Governo e Sociedade — Para uma teoria geral da política*, Paz e Terra, Rio de Janeiro.

Bobbio, Norberto, (2000), *Teoria Geral da Política — A filosofia Política e as Lições dos Clássicos*, Editora Campus, Rio de Janeiro.

Borges, L. F. M. M. (2014), *A Sustentabilidade das Finanças Públicas das Regiões Autónomas Portuguesas*, dissertação de mestrado em Ciências Económicas e Empresariais, Universidade dos Açores, Ponta Delgada.

Bovaird, T. & Loffler, E. (2009), *Public Management and governance*. 2.ª Edição. Routledge: Londres e Nova Iorque.

Brasil, Tribunal de Contas da União (2013), *Referencial Básico de governança*/Tribunal de Contas da União — Brasília: TCU, Secretaria de Planejamento, Governança e Gestão, Coordenação-Geral de Controle Externo dos Serviços Essenciais ao Estado e das Regiões Sul e Centro-Oeste.

Buti, Marcosylvester & Franco, D. (2005), *The stability Pact pains: a forward-looking assessment of the reform debate.*

Buti, Marcosylvester (2007), *Will the new Stability and Growth Pact Succeed?, An economic and Future Aspects.*

Buti, Marcosylvester, Daniele Franco and Hedwing Ongena (1998), «Fiscal Discipline and Flexibility in MEU: the Implementation of the Stability and Growth Pact», *Oxford Economic Review* — 4, 3.

Buti, Marcosylvester Marco, and André Sapir (1998), *Economic Policy in EMU.* Oxford: Oxford University Press.

Buti, Marcosylvester, and Daniele Franco, (2003), «Revisiting the Stability and Growth Pact: Grand Design or Internal Adjustment?», *European Economy Economics Papers*, No. 180 (Bruxelas: Comissão Europeia).

Caldeira, Vítor (2011), *The Future Role of the ECA: Challenges and Possible Reforms*, Hearing Of the Committee on Budgetary Control of the European Parliament.

Canotilho, J. (2008), «O Tribunal de Contas como Instância Dinamizadora do Princípio Republicano», *Revista do Tribunal de Contas*, n.º 49, janeiro–junho, Lisboa.

Canotilho, J. J. Gomes, (2006), «A *governance* do terceiro capitalismo e a Constituição Social», in Entre discursos e culturas jurídicas, Coimbra Editora.

Carmo, João Franco do (2007), «A responsabilização financeira efectivada por jurisdição especial», Revista Fiscalidade, n.º 32, outubro/dezembro.

Cassese, Sabino, (2004), «L'ordre juridique globale», in *Études en l'honneur de Gérard Tomsit*, Bruylant.

Castells, Manuel, (2001), «Tecnologia de la información y capitalismo global», in Giddens, Anthony e Hutton, Will, eds., *En el Límite, La vida en el capitalismo global*, Kriterios Tusquets Editores, Barcelona.

Cluny, António (2011), *Responsabilidade Financeira e Tribunal de Contas — Contributos para uma reflexão necessária*, Coimbra Editora, 1.ª ed., dezembro.

COSO (2011), *Internal Control — Integrated Framework.*

Costa, Belmiro (1996), *Contabilidade Analítica — Apontamentos*, Faculdade de Economia da Universidade de Coimbra.

Costa, Nuno Moita da (2010), *Gestão de Desempenho Organizacional — A relação entre Balanced Scorecard e o Orçamento*, CEFA, Coimbra.

Costa, Paulo Nogueira (2015), «O Papel dos Tribunais de Contas na Prestação dos Direitos Sociais», JURISMAT — revista jurídica n.º 7, Portimão.

Costa, Paulo Nogueira (2017), *O Tribunal de Contas e a Boa Governança*, 2.ª edição, Editora Petrony.

Crespo, Cuaresma, J., Reitschuler, G., & Silgoner, M. A. (2011), «On the effectiveness and limits of fiscal stabilizers», *Applied Economics*, 43 (9), 1079–1086.

Desmoulin, Corinne Delon (2011), *Droit budgétaire de l'Union Européenne*, Paris, L.G.D.J., Lextenso ed.

Dobrowolski, Z. (2013), «The role of the Supreme Audit Office In Combating Corruption», Liubliana, Eslovénia, in *Guideline for the Audit of Corruption Prevention in Government Agencies*, Bona, 26 de fevereiro.

Duarte, Tiago (2008), «Tribunal de Contas, visto prévio e tutela jurisdicional efectiva? Yes, we can!», Cadernos de Justiça Administrativa, n.º 71, setembro/outubro.

Dunleavy, P. (2005). «New Public Management Is Dead-Long Live Digital-Era *Governance*». *Journal of Public Administration Research and Theory, 16* (3), 467–494. https://doi.org/10.1093/jopart/mui057.

Eurosai Strategic Plan 2011–2017, EUROSAI, 2011, disponível em: EUROSAI. (2007). *The opinions and beliefs are those of the editors and contributors and do not necessarily reflect the views or policies of the Organisation n. °13*. Eurosai.org. Consultado em 25/06/2020, disponível de https://www.eurosai.org/handle404?exporturi=/export/sites/eurosai/.content/documents/magazines/Eu13in.pdf .

Ferreira, A. (2008), *Contabilidade e Controlo de Gestão. Teoria, Metodologia e Prática*, Escolar Editora.

Ferreira, Eduardo Paz (2020), *Ensaio de Finanças Públicas*, Almedina, Coimbra.

FMI (2015), *A new methodology for estimating the output gap in the United States*, WP15/144.

Franco, A. L. Sousa & Tavares, José, (2006), *Orçamento — conceito, natureza e regime dos Orçamentos públicos portugueses*, Lisboa, 2006, atualizado por Martins, Guilherme D'Oliveira & Tavares, José, com a colaboração de Alexandra Pessanha.

Franco, António L. de Sousa (1993), *O Controlo da Administração Pública em Portugal*, Ed. do Tribunal de Contas, Lisboa.

Franco, António L. de Sousa (1997), *O Sistema Nacional de Controlo Financeiro em Portugal*, III Encontro dos Tribunais de Contas dos Países de Língua Portuguesa, realizado em Maputo de 21 a 24 de outubro de 1997, ed. Centro de Estudos e Formação dos Tribunais de Contas das Comunidades de Língua Portuguesa.

Franco, António Sousa, *Finanças Públicas e Direito Financeiro*, Vol. II, 4.ª Ed., 10.ª reimp. Coimbra, 2004.

Franco, António Sousa (2015). *Finanças Públicas e Direito Financeiro – Volume I e II* (4.ª ed.), Almedina.

Gameiro, A. (2004), *O Controlo Parlamentar das Finanças Públicas em Portugal (1976-2002)*, Livraria Almedina, Coimbra

Gameiro, A., Costa, M. N & Pimentel, L. M. (2018), *Finanças Públicas*, Livraria Almedina, Coimbra.

Gameiro, António Ribeiro, Costa, Nuno Moita da e Pimentel, Liliana Marques, (2020), *As Finanças Públicas e o seu Controlo*, Almedina, Coimbra.

Gameiro, António Ribeiro (Org.) (2021), *O Controlo Financeiro Externo do Estado*, Almedina, Coimbra.

GAO, *International Journal of Government Auditing*, janeiro de 2000, Vol. 27, n.º 1.

Garcia, Maria da Glória, (2009), *Direito das Políticas Públicas*, Almedina, Coimbra.

Geldenhuys, L. (2016). *Integrated risk management: a mechanism to minimise risks for local government: a critical perspective* (doutoramento). University of Stellenbosch.

Gonçalves, P. (2013), *Ensaio sobre a Boa Governação da Administração Pública a partir do mote de «New Public Governance»*, in O Governo da Administração Pública, Almedina, Coimbra.

Goodfriend, Marvin (2007), «How the World Achieved Consensus on Monetary Policy». *Journal of Economic Perspectives*, 21/4, 47-68, 56 ss.

Goodhart, C.A. E. (2011), «The changing role of central banks», *Financial History Review*, 18 (02), 135-154.

Habermas, Jürgen, (2009), *Between facts and norms: contributions to a Discourse Theory of Law and Democracy*, Polity Press, Cambridge.

Hernandéz, António M. López (2011), «*Control e Auditoria del sector público en un escenario de crisis económica*», in Auditores — Instituto de Censores Jurados de Cuentas de España, n.º 15, maio.

Hetzel, Robert L. (2000), «The TAYLOR Rule: Ii It a Useful Guide to Understanding Monetary Policy?», *Federal Reserve Bank of Richmond Economic Quarterly*, 86/2.

Hodrick, R.J., & Prescott, E.C. (1997), «Postwar US business cycles: an empirical Investigation», *Jornal of Money, Credit, and Banking*.

Horngreen, Charles, Foster, George, Detar, Strikant, M. (2002), *Cost Accounting: A managerial emphasis*, Practice-Hall, Nova Jérsia.

Intosai, *Coordination and Cooperation between SAI's and Internal Auditors in the Public Sector*, ed. INTOSAI, p. 4, disponível em https://na.theiia.org/standards-guidance/Public%20 Documents/INTOSAI_GOV_9150_E.pdf.

Jesus, Maria Antónia Jorge de (2008), *A contabilidade pública e a contabilidade nacional: principais divergências e implicações no défice público em Portugal*, ISCTE, tese de doutoramento.

Jordan, Hugnes, Neves, João, Rodrigues José (2005), *O control de gestão: ao serviço da estratégia e dos gestores*, Áreas Editora, Lisboa.

Kaplan, R e Norton, D. (1996), *Using the Balanced Scorecard as a Strategic – Translating Strategy into action*, Harvard Business School Press.

Kaplan, R. (1994), *Flexible Budgeting in a Activity Based Costing* Framework, Accounting Horizons, julho, volume 8, n.º 2.

Kaplan, R. e Norton, D. (1992), *The Balanced Scorecard-Mesure that drive performance*, Harvard Business Review (jan.-fev., 1992).

Kaplan, R. e Norton, D. (1996), *Using the Balanced Scorecard as a Strategic Management System*, Harvard Business Review (jan.-fev.; 1996).

Kaplan, R. e Norton, D. (2000), *The Strategy-Focused Organization*, Harvard Business School Press.

Kaplan, R. e Norton, D. (2004), *Strategy Maps: Converting Intangible Assets into Tangible Outcomes*, Harvard Business School Press, Boston.

Koske, I. and N. Pain (2008), «The Usefulness of Output Gaps for Policy Analysis», *OECD Economics*.

Kozicki, Sharon (1999), «How Useful Are Taylor Rules for Monetary Policy?», *Federal Reserve Bank of Kansas City Economic Review*, 2, 5-33.

Lopes, Helena Ferreira (2005), *«O valor probatório do relatório de auditoria em juízo», in* II Encuentro de los Tribunales de Cuentas de España y Portugal. León, 23 y 24 de septiembre de 2004 — Madrid.

Lucas, R.E. (1986), «Principles of fiscal and monetary policy», *Journal of Monetary Economics*, 17 (1), 117-134.

Lucas, R.E., & Sarget, T. (1981), *After Keynesian macroeconomics*. Rational expectations and econometric Practice, 1, 295-319.

Magalhães, Lídio (2006), *«Algumas reflexões sobre o regime da responsabilidade financeira na Lei n.º 98/97 de 26/8»*, Revista *Scientia Iuridica*, T. 50, n.º 307, julho/setembro.

Manaia, Ana e Costa, Belmiro (2017), *Análise Económico-Financeira de Organizações*, Edição Cosmos.

Martins, António (2004), *Finanças Empresariais – Estudo de Casos*, Fundação Bissaya Barreto.

Martins, Guilherme D'Oliveira (2012), «O Tribunal de Contas como Jurisdição completa». *Estudos em Homenagem a Miguel Galvão Teles*, Vol. I., Almedina.

Martins, Guilherme D'Oliveira *et al.* (2007), *A Lei de Enquadramento Orçamental, anotada e comentada*, Almedina.

Martins, Guilherme D'Oliveira, in «*A responsabilidade financeira do Gestor da Coisa Pública*», Estudos em Homenagem ao Professor Doutor Paulo de Pitta e Cunha, Vol. II — Economia, Finanças e Direito Fiscal, Ed. Almedina, 2010.

Mindell, R. A. (1963), «Capital mobility and stabilization policy fixed and flexible exchange rates», *Canadian Journal of Economics and Political Science/Revue canadienne de economiques et science politique*, 29 (04), 475-485.

Miranda, Jorge (2020), *Curso de Direito Constitucional*, vol. 1, Universidade Católica Portuguesa.

Miranda, Jorge (2020), *Teoria da Constituição*, Almedina, Coimbra.

Morais Antunes, Carlos Alberto (2011), «O julgamento do Tribunal de Contas no âmbito da responsabilização financeira», palestra proferida na VI Assembleia Geral da Organização das ISC da CPLP, S. Tomé e Príncipe, 11 a 14 de outubro de 2010, Ed. Centro de Estudos e Formação, Lisboa.

Moreno, Carlos (2000), *Finanças Públicas — Gestão e Controlo dos Dinheiros Públicos*, 2.ª edição, Lisboa, Universidade Autónoma de Lisboa.

Mouraz Lopes, José (2015). «O caminho da autonomia dogmática da responsabilidade financeira — notas breves sobre as alterações à Lei Orgânica e de Processo do Tribunal de Contas, introduzidas pela Lei n.º 20/2015, de 9 de março». *Revista do tribunal de Contas*, n.º 63/64.

Mozzicafreddo, Juan e Salis Gomes, João (Coord.), (2001), *Administração e Política — perspectivas de reforma da Administração Pública na Europa e nos Estados Unidos*, Celta Editora, Oeiras.

Neves, César das (2002), «O Pacto de Estabilidade e Crescimento», *Revista O Economista.*

Normas Internacionais das Entidades Fiscalizadoras Superiores (ISSAI) (2013), Tribunal de Contas da União, 2015, disponível em: Nunes, Mónica Lousã Machado, *A fiscalização prévia da contratação pública e as imposições da União Europeia no contexto da autonomia das instituições de ensino superior de direito público.* Diss. Instituto Superior de Ciências Sociais e Políticas.

Okun, Arthur M. (1962), *Potential GNP, its measurement and significance. Cowles Foundation*, Yale University, http://cowles.econ,yale.edu/P/cp/p01b/p0190.pdf.

Pimentel, Liliana e outros (2014), *O Imposto sobre o rendimento das Pessoas Coletivas*, Bookout.

Pimentel, Liliana *et al.* (2014), *IRC 2014*, Bookout.

Raposo, A. Dias (2004). «O Tribunal de Contas de Portugal — A Função Jurisdicional». *Revista Do Tribunal De Contas*, (42), 43–66. Consultado 15/06/2020.

Ravn, M.O., & Uhlig, H. (2002), «On adjusting the Hodrick-Prescott filter for the frequency of observation», *Review of economics and statistics*, 84 (2), 371–376.

Rocha, Joaquim Freitas da, Gomes, Noel (2012), «*Da responsabilidade financeira*», Revista *Scientia Iuridica*, Tomo LXI, n.º 329, maio/agosto.

Rodrigues, Jorge e Reis, Henriques (2011), *Gestão Orçamental*, Escolar Editora.

Rolo, Filomena Maria de Oliveira (2005), «A qualidade da Prestação de Contas Públicas em Portugal», dissertação de mestrado em Administração e Políticas Públicas — ISCTE, *Revista do Tribunal de Contas*, n.º 46, julho/dezembro.

Romer, C. D., & Romer, D.H. (1989), «Does monetary policy matter? A new test in the spirit of Friedman and Schwartz», in *NBER Macroeconomics Annual 1989*, Volume 4 (pp. 121–184). MIT Press.

Russo, J. (2006), *Balanced Scorecard para PME*, Edição Lidel.

Saldanha, Ricardo, Ana Manaia, António Gameiro e Nuno Moita da Costa (2014) — *Contabilidade para Empresários e Gestores*, Edição Cosmos.

Santos, A.J. (2008), *Gestão Estratégica — Conceito, modelos e instrumentos*, Escolar Editora.

Schuknecht, Ludger S. (2000). «Fiscal policy cycles and public expenditure in developing countries». *Public Choice*, 102: 115–130.

Serra, Rute Alexandra de Carvalho Frazão (2016), «*Controlo Financeiro Público e Responsabilidade Financeira*», *Data Venia — Revista Jurídica Digital*, Ano 4 — n.º 5.

Sousa, Alfredo José de (2010), *Controlo Externo das Finanças Públicas: o Tribunal de Contas.* Disponível em: https://digitalis-dsp.uc.pt/bitstream/10316.2/26203/1/BoletimXLI_Artigo2.pdf?ln=pt-pt. (Consultado a 17/01/2022).

Sousa, M. e Rodrigues, L. (2012), *Balanced Scorecard — Um instrumento de Gestão Estratégica para o século XXI*, Rei dos Livros.

Sousa, Zaida Cristina Vieira de (2011), *O que é divulgado da avaliação da Conta Geral do Estado junto cidadão?*, dissertação de mestrado em Administração e Políticas Públicas — ISCTE. www.iscte.pt.

Stephenson, Paul (2016). *Sixty-Five Years of Auditing Europe*. Journal of Contemporary European Research, 12 (1), pp. 467–485, disponível em: https://www.jcer.net/index.php/jcer/article/view/691, acedido a 02/06/2021.

Tavares, J. (1998), *Administração, Controlo, Avaliação e Responsabilidade*. Comunicação apresentada no 1.º Encontro INA: A Avaliação na Administração Pública. Lisboa.

Tavares, José F. F. (2001). «Reflexões sobre o conceito, a natureza e o regime das recomendações do Tribunal de Contas», *in Separata de estudos em homenagem a Cunha Rodrigues.*

Tavares, José F. F. (2004), «Relações entre órgãos de controlo interno e externo», *Estudos de Administração e Finanças Públicas* (pp. 423–443). Coimbra: Livraria Almedina.

Tavares, José F. F. (2014), *Estudos de Administração e Finanças Públicas*, Ed. Almedina, 2014, 2.ª edição atualizada.

Tavares, José F. F. e Tavares, Miguel Fernandes (2020), *O regime jurídico-financeiro no Estado de Exceção — A necessidade de «fast -law» para situações emergentes.* (Texto disponibilizado pelos seus autores).

Taylor, John B. (1993), «Discretion versus Policy Rules in Practice», *Carnegie-Rochester Conference Series on Public Policy*, 39.

Tribunal de Contas (2016), *Plano Trienal do Tribunal de Contas 2017–2019*, Lisboa.

Tribunal de Contas (2018), *Regulamento do Tribunal de Contas*, Lisboa.

Tribunal de Contas, «Manual de Auditoria — Princípios Fundamentais», Lisboa 2016.

Tribunal de Contas, *Manual de Auditoria e de Procedimentos*, Vol. I, Lisboa, 1999. Disponível em www.tcontas.pt.

Tribunal de Contas, *O Tribunal de Contas na atualidade*. Disponível em https://www.tcontas.pt/pt/apresenta/actualidade.shtm [Acedido em 3/10/2021].

UK National Audit Office (2005), State Audit in the European Union, Dec.

Van Der Ploeg, F., Venables, A. J. (2011), «Harnessing Windfall Revenues: Optimal Policies for Resource-Rich Developing Economies», *The Economic Journal*, 121 (551), 1–30.

Waltzer, Michael, (2005), *Politics and passion: toward a more egalitarian liberalism*, Yale University Press.

World Bank Institute (2013), «*Improving Democratic Accountability Globally*», a *Handbook for Legislators on Congressional Oversight in Presidential Systems*, November.